XINSHIDAI GAOXIAO FUDAOYUAN
GONGZUO SHIJIANG

新时代高校辅导员
工作十讲

冯　刚　刘宏达　主　编
钟一彪　马天威　副主编

北京师范大学出版集团
BEIJING NORMAL UNIVERSITY PUBLISHING GROUP
北京师范大学出版社

本书编委会(以姓氏笔划为序):

冯　刚　北京师范大学思想政治工作研究院院长

刘宏达　华中师范大学学校办主任

钟一彪　中山大学党委学生工作部部长

周作福　山东大学齐鲁交通学院党委书记

蒋利平　湖南科技大学学生处处长

布　超　中国人民大学苏州校区党群工作部主任

马天威　东北大学党委学生工作部部长

金芳芳　浙江大学党委学生工作部副部长

王洁松　厦门大学嘉庚学院党委副书记

严　帅　北京师范大学继续教育与教师培训学院党总支书记

前言
以职业理想建构引领辅导员专业化发展

在现代社会，由于社会结构和社会分工的复杂化，任何人都不可能只承担一种角色，而是要承担多重社会角色，并且这些角色之间还存在着千丝万缕的联系，构成了凝聚在个人身上的角色集。① 角色紧张是个体在多重角色的扮演过程中，由于个人所承担的多种角色同时向其提出各种要求，造成个人在时间、精力、情感等方面的高强度状态，并由此形成心理或生理对外界事物反应的加强。在当下日趋激烈的国际竞争中，特别是在全球思想文化交流、交融、交锋的大背景下，我国高校面临的各种风险挑战日益凸显，高校辅导员工作也面临前所未有的压力，辅导员角色紧张现象越来越普遍。高校辅导员的角色紧张是辅导员责任心与多重角色之间的矛盾和张力，主要表现为情绪焦虑、本领不强、疲于应付和动作变形四种形态。就高校辅导员工作而言，角色紧张的形成原因和应对措施可以从认知和心理层面、技术和能力层面、制度和机制层面入手进行探究。高校辅导员应注重从专门化、专业化、专家化三个维度建构职业理想，引领职业生涯发展，由此对角色紧张问题进行源头治理，以职业理想建构引领辅导员职业发展。

一、深刻认识和把握职业理想的内涵及其功能

理想是人们在实践中形成的、有实现可能性的、对未来社会和自身发展目标的向往与追求，是人们的世界观、人生观和价值观在奋斗目标上的集中体现。正确坚定的理想信念，能够激励人们为一定的社会理想和生活目标而不断追求。② 人的能力发挥多少，与其对自身的要求是密切相关的。也就是说，理想追求直接决定着个人潜能的发挥。以职业理想建构引领辅

① 郑杭生：《社会学概论新修（精编本）》，中国人民大学出版社 2015 年版，第 112 页。
② 《思想道德修养与法律基础》（2018 年版），高等教育出版社 2018 年版，第 28—29 页。

导员职业生涯发展，是舒缓与消解辅导员角色紧张的根本途径，是辅导员角色紧张的源头治理之策。职业理想是人们对职业活动和职业成就的超前反映，与人的职业期待、职业目标密切相关。人们的社会角色总是与一定的行为模式相联系，人们对特定的角色总会有与之相应的预期，也都希望取得相应的成就。青年马克思曾经写道："如果我们选择了最能为人类而工作的职业，那么，重担就不能把我们压倒，因为这是为大家作出的牺牲。"① 可见，职业理想对实现个人价值、推动社会发展具有重要的作用。

社会学家威廉·托马斯认为，人们把情境定义为真实的，那么该情境就会成真。当然，从情境定义到梦想成真是有中介变量的，那就是人的主观见之于客观的实践过程。心理学家雅各布·莫雷诺指出，每个人都在扮演着具有高度创造性的角色。职业理想在个人的角色扮演过程中起着重要的导向功能、激励功能和整合功能。其中，职业理想的导向功能是指职业理想对个人的职业发展起着定向器作用，昭示着个人的职业奋斗目标。只有目标清晰，努力才会有方向，就不会因遇到困难或问题而迷失了前行的路。职业理想的激励功能，是指职业理想能够激发个人的斗志、凝聚前进的力量。只有志存高远，才能充满力量。如果没有职业理想的推动，个人的职业发展就只能趋于平庸。职业理想的整合功能，指的是职业理想能够把人的意识和实践、物质和精神、主观和客观、自身与社会有机统一起来。职业理想能够对工作实践起到升华作用，促使个人把自己的付出转化为助益他人、服务社会的正能量。在此过程中，职业理想也推动着个人在能力、水平、思想、价值、社会关系和文化内涵等方面的充实、提升和发展。

二、科学设计和推动辅导员的职业理想建构

党的十八大以来，党中央把高校思想政治教育队伍建设提升到全新高度，我国高校思想政治工作队伍发展和建设进入了新的发展阶段，呈现出更趋标准化、专业化和精细化的特征。② 作为新时代的高校辅导员，有了更为良好的职业发展环境、更为广阔的职业发展空间、更为光明的职业发展

① 《马克思恩格斯全集》第1卷，人民出版社1995年版，第459页。

② 冯刚、张晓平、苏洁：《中国共产党高校思想政治教育发展史》，人民出版社2021年版，第425—426页。

前景。高校辅导员要将自己的职业理想建构与教育使命以及中华民族伟大复兴紧密结合起来，认清自身所处的历史方位，把握国际坐标，立足中国现实，长远谋划又脚踏实地，落实好立德树人根本任务，为中华民族伟大复兴担当教育使命，培育时代新人。

新时代高校辅导员的职业理想建构，可以从专门化、专业化、专家化三个维度循序渐进地深化拓展。一是立足专门化构建职业理想。新时代高校辅导员要从思想政治工作这个专门的职业领域入手，构建适合自身的职业理想和职业发展路径。思想政治工作是我们党的优良传统和政治优势，是坚持党对教育事业全面领导的具体体现，是学校各项工作的生命线。高校辅导员如果能从坚持党的领导和立德树人根本任务的政治高度去认识自己的职业领域，对所投身的专门化职业领域就会倍感自豪，同时对工作领域的纪律性要求和所需的奉献精神也会有更为深刻的理解。二是扎根专业化夯实职业理想。辅导员在构建自己的职业理想时要有专业化的定位，深入了解高校辅导员的专业标准，厘清高校辅导员的专业能力和素质结构，涵养高校辅导员所需的专业精神，加入辅导员专业组织，不断提升自己的职业技能和职业素养，为做好高校学生工作夯实专业的知识基础和能力基础。三是要立志专家化拓展职业理想。辅导员的职业理想会有一个不断成长和发展的过程，刚入职的高校辅导员，更多的是考虑如何做才能达到辅导员的职业规范，然后是逐步过渡到思考如何提升工作的专业化水平。在工作得心应手之后，高校辅导员应该考虑如何才能成为高校思想政治工作的专家，如何才能在自己的职业领域实现引领，如何才能做出具有开创性的工作实绩。因此，新时代高校辅导员还要不断增强自身的研究能力和创新精神，立志成为本领域的专家，努力为高校学生教育管理工作做出原创性的贡献。

三、认真规划好辅导员的职业生涯发展

人与环境是相互联系的，高校辅导员应从系统视角来规划自己的职业生涯。系统视角强调系统与系统之间的关联性、系统内部的整体联动以及微观与宏观的联结。① 高校辅导员从事的是学生思想政治工作，是高校立德树人的重要组成部分。高校辅导员在规划自己的职业生涯时，要对高校系统有一个全面而完整的梳理。“管理育人、服务育人是思想政治教育的重要

① 童敏：《社会工作理论》，社会科学文献出版社2019年版，第347页。

机制，管理服务育人常态化制度化为学生健康成长起到了不可替代的作用。管理服务涉及学生的学业、生活、就业等方方面面，涉及党团组织建设、班集体建设、学生社团等组织建设等。”①从辅导员自身看，其职业生涯的起点是院系基层的学生教育管理服务工作。但从高校整体系统的角度，这是管党治校的重要组成部分，是贯通学校部门到广大师生的关键环节。从工作部门看，辅导员工作既与基层院系紧密相连，又与机关职能部门密切联动，所以辅导员在部门之间的流动是相对畅通的，这为辅导员的职业生涯发展提供了更多的路径。从职业属性看，辅导员既是高校党政管理干部，又具有教师身份，在职业规划时可以考虑在党政管理和教师两方面齐头并进。从工作内容看，辅导员工作既是思想政治教育工作，又是服务青年学生发展的工作，工作内容多、范围广，具有很强的挑战性，也充满了发展的机会。如果辅导员能够以系统视角来规划自己的职业生涯，就一定能够看到这个职业的广阔发展空间和光明发展前景，就一定会在自己所从事的这份事业中汲取源源不断的养分。由此，角色紧张也就不会是困扰辅导员的问题，而应成为磨砺辅导员能力的试金石。

在做好职业规划的基础上，高校辅导员可从优势视角涵养职业能力。个人职业生涯的持续发展，要以职业能力为基础。职业能力与个人的努力是分不开的，同时也与个人的兴趣爱好及专业特长紧密相关。高校辅导员在提升个人的职业能力时，要从自身优势和专长出发，通过以点带面的方法不断提升自我。思想政治教育是一个师生共同学习的过程，辅导员开展工作的过程并不只是付出，也可以从工作中汲取促进发展的有益养料，可以通过发掘内部和周围环境的育人资源和发展资源，确保自身优势不断凸显并持续巩固。由此，随着能力的提升和优势的彰显，辅导员的自信心也会越来越强，角色紧张自然也将得到有效舒缓。

此外，高校辅导员还要从社会支持网络视角推动职业发展。社会支持网络理论认为，人们在生命发展历程中都会遭遇一些预期或不可预期的生活事件。社会支持网络可以缓解压力带来的负面影响，有助于个人问题的解决。② 无论是舒缓角色紧张还是促进职业发展，高校辅导员都应该建构起自己的社会支持网络。就辅导员而言，要重视发挥正式组织在社会支持中

---

① 冯刚、彭庆红、佘双好、白显良等：《新时代高校思想政治教育学原理》，人民出版社 2021 年版，第 243 页。

② 范明林：《社会工作理论与实务》，上海大学出版社 2007 年版，第 124—125 页。

的作用，相信组织、依靠组织，多主动向党组织负责人请示报告、寻求支持，向相关学科的专家教授请教、求助，与同事友好相处、互帮互助。在必要的时候，还可以向心理咨询、法律部门等专业机构寻求支持和帮助。

冯 刚

2022 年 4 月

目录

第一讲　高校辅导员制度的发端与历史

辅导员是高校学生思想政治工作的主要承担者，建立健全辅导员制度对于加强思想政治工作和落实立德树人根本任务具有重大意义。从历史角度看，辅导员制度有其发生、发展并随着时代进步而与时俱进改革创新的历程。

第一节　高校辅导员制度源起

我国高校辅导员制度具有强大生命力，是符合我国国情的科学制度设计，随着我国政治经济社会文化等各方面发展而演变完善。新民主主义革命时期，我党在军队中探索建立政治指导员制度，从黄埔军校时期政治指导员的设立、到南昌起义中的政治指导员制度、再到秋收起义中的党代表制度，政治指导员制度在军队中经历了建立发展的过程，对提高军队战斗力发挥了重要作用，也孕育了我国高校辅导员制度的萌芽。随着大量红军学校的建立，政治指导员制度在学校中得以实施，为新中国成立后高校辅导员制度的确立和发展奠定了基础。

一、中国军队早期的政治指导员制度

第一次国内革命战争时期，我国外部受帝国主义的恣意侵略，内部受反动军阀的残酷压榨，中华民族与帝国主义、人民大众与封建主义之间的矛盾十分激烈。打倒帝国主义，推翻封建军阀，成为当时民众共同的呼吁。在大革命背景下，中国共产党和中国国民党合作，积极帮助孙中山创立黄埔军校。1924 年 6 月，在苏联和中国共产党的积极帮助下，黄埔军校正式成立。黄埔军校跟以往的旧军校不同，强调军事与政治并重，力求培养出一支深明革命道理、具有革命精神的革命军。

(一)黄埔军校时期的政治指导员制度

为适应对革命军培养的需要，黄埔军校推出了系列政治工作制度，政治指导员制度就起源于黄埔军校时期的政治工作制度。这一时期的“政治指

导员”可看作辅导员的前身，简称为“指导员”，与连长同为连队首长，是连队以及相当于连的基层单位的政治主官，在上级政治机关、首长和连队党支部的领导下，负责连队的各项工作。孙中山认为，创办军官学校的目的就是要用这个学校内的学生做根本成立革命军。为保证革命军成为党军并具有革命精神，孙中山决定汲取苏俄红军的政治工作经验，实行政治工作制度。这是在中国军队中首次建立的新型政治工作制度。其具体做法是：在军校设党代表；在各教导团和后来的党军中，从连至师均设党代表。其主要职责为监察行政、参与部队管理、指导党务及政治训练，保障军事训练以及一切战斗任务的圆满完成。必须有党代表签署意见，军事指挥官的命令才能有效。政治部是校长和党代表开展政治教育的辅佐机关，专司一切政治工作。黄埔军校时期要求在各学生队中设立政治指导员，其主要职责包括：考察各部队的政治教育与政治工作效果；调查各部队军官学生对政治教育与政治工作的意见；调查各部队军纪情况并向政治部报告部队中临时发生的各种重要问题等。该时期的政治指导员与各级党代表和政治部主任一样，大多由共产党员或国民党左派人士担任。周恩来在黄埔军校担任政治部主任期间，主持制定了《国民革命军党代表条例》，该条例的提出标志着党代表制度在军队中正式确立，使军队面貌焕然一新。《国民革命军党代表条例》规定：“党代表为军队中党部之指导人，并施行各种政治文化工作。党代表应深熟所属部队中各长官及该部中一切日常生活情形，研究并考察官兵之思想和心理。”军队党代表也是政治指导员，该条例说明在第一次国共合作时期，中国共产党就开始在黄埔军校中探索推行政治指导员制度。

黄埔军校时期的政治指导员制度可看作辅导员制度的前身，顺应了当时的时代要求，使得军校内部的各项思想政治教育工作有序开展，有力保证了军校的革命性，培养了一批革命目标明确、战斗能力强的反帝反封建革命军人。

(二)党领导下的军队政治指导员制度

加强党对军队的领导，特别是思想政治引领，培养一支在革命时期听党指挥、坚持正确方向的革命军队是势在必行的，中国共产党在加强军队思想政治工作方面不断探索，党领导下的军队政治指导员制度得以确立和完善。

1927 年 8 月 1 日，南昌起义爆发，为加强部队思想政治工作，中国共产党前敌委员会在起义部队中建立了中国共产党的组织，并在各军、师中设立党代表和政治部，在团、营、连中设立政治指导员。这一措施开创了中国共产党领导人民进行革命战争以及创建革命军队的新时期。南昌起义部队中的党代表和政治指导员选拔要求高、标准严，只有共产党员中政治素养高且工作能力强的人员才能担任。1927 年 9 月，毛泽东领导湘赣边界秋收起义的工农革命军进行“三湾改编”，在团、营两级建立中国共产党的委员会，在连级建立支部，从而逐步做到班、排建立党小组。同时，新的党代表制度也在军队中得以实施，以党代表担任同级党组织书记，拥有与同级军事长官相同的权力，分工负责官兵的政治思想教育，领导官兵开展思想和群众工作，还需协助军事长官管理和指挥部队，并在部队中承担党务工作责任。三湾改编后推行的新制度，保证并加强了中国共产党对军队的领导。1929 年 12 月，红军第四军党的第九次代表大会在福建上杭古田召开。这次大会通过了毛泽东主持起草的《中国共产党红军第四军第九次代表大会决议案》，即“古田会议”决议。决议指出，红军必须开展强有力的政治工作。决议规定了红军中政治机关和政治工作的地位，指出红军的政治部、司令部是“在前委指导下，平行地执行工作”的关系。决议指出，红军的各级政治委员和政治部，都应该积极开展政治思想教育工作，加强对官兵的政治训练，从而不断提高官兵的阶级觉悟，及时纠正各种非无产阶级思想，有力保证党的正确路线的深入贯彻落实和各项任务的完成。由此可见，政治委员通过负责其所在军队的党组织工作、政治工作，发挥监督军事指挥员及所属部队的作用，从而达到加强党对红军领导的效果。这一时期，党的军队不断壮大，以条例、条令治军的思路逐步推开，中国工农红军的政治指导员制度也开始以条例的形式确定下来。1930 年 12 月，党中央制订的《中国工农红军政治工作暂行条例草案》指出：“连的政治指导员是红色战斗员，政治教育指导员，须担任政治教育完全的责任”，必须非常了解党、苏维埃政权及工农红军的组织原则、任务和目的，在军事方面应有与连长同等的军事知识；“须做全体军人的模范”“必须了解全连人员的姓名、籍贯、社会出身、个性、工作能力及政治认识程度”等。《草案》对政治指导员的地位、工作内容等有着详细的规定，从而进一步加强了对工农红军的思想政治教育，使得广大红军战士明白自己身上所担负的阶级政治责任以及对敌作战的最终意义。

党领导下的军队政治指导员制度为后来政治辅导员制度的成功实践打

下了坚实基础。这一阶段涌现出了一批素质高、能力强，堪称德才兼备的政治指导员，在军队中积极开展思想政治工作并取得了卓越成效，部队作战能力得到极大提高。这是政治指导员制度在军队工作中的成功尝试。

二、新中国成立前的学校政治指导员制度

在红军转入以正规兵团运动战进行大规模反“围剿”作战阶段后，为满足进一步加强部队干部培养和部队训练的需要，红军学校陆续开始创办，政治指导员制度也从军队走向高校(主要是军校)，在中国共产党领导下的教育事业中扮演了重要角色。毛泽东认为治军必先治校，说明他对创办红军学校非常重视。从1930年年初红四军将随营学校改为闽西红军学校开始，许多红军学校逐渐建立，政治指导员制度不断完善。

1933年，中国共产党在江西瑞金创办了中国工农红军大学，它是一所由中共中央直接领导的以培养军事干部为目的的专门学校，旨在培养“具有高度的政治觉悟、高度的军事技术和指挥艺术，以及模范的铁的纪律，艰苦奋斗，英勇牺牲、顽强制胜的战斗作风”的军事干部。① 党在加强培养军事干部的同时，也积极筹划培养政工干部。同年，党在瑞金创办了苏维埃大学以培养党政干部，实行校长领导下的管理委员会制，设有校务、教务两处。校务处负责全校行政工作事宜，教务处管理全校教务和训育工作。这里的训育工作就是思想政治工作。1936年6月，工农红军大学随红军长征迁到陕北瓦窑堡后改称“抗日红军大学”。1937年迁到延安，改名为“中国人民抗日军事政治大学”，简称“抗日军政大学”(亦简称“抗大”)。中共中央军委在《关于整理抗大问题的指示》中指出：“学校一切工作都是为了转变学生的思想。政治教育是中心的一环。”抗日军政大学设有政治部、训练部、校务部，政治部下设组织、宣传、训育、秘书四科，负责党的思想政治工作。② 在学生管理方面实行基层学员队(即“中队”)的“政治指导员”制度，即“把学员编成若干大队，大队下设若干支队，支队下设若干中队，政治部给大队配备政治委员，支队配备政治协理员，中队配备政治指导员。政治指导员全面负责基层中队学员的思想、学习、健康和生活等工作，协助学校领导对学员进行教育和管理”。抗日军政大学的成立，吸引了大量知识青年

---

① 陈元辉：《老解放区教育资料(一)》，教育科学出版社1981年版，第189页。

② 李才栋：《中国教育管理制度史》，江西教育出版社1996年版，第723页。

加入。这些知识青年中的部分人接受党的教育较少，难免导致一些资产阶级的思想意识以及相对散漫的生活作风混入抗大。此时个别特务分子和投机分子乘虚而入，伺机作乱。政治指导员为挫败个别不良分子的阴谋诡计，通过大量耐心细致的思想政治工作，把广大知识青年紧密团结在党的周围，抗大的日常教学工作因此能够有条不紊地开展。

随着红军学校的建立，我国学校政治指导员制度得以逐渐形成。该制度在红军大学的成功实践，为后来高校辅导员制度的建立提供了宝贵经验，也孕育了高校辅导员制度的萌芽。

三、新中国成立初的高校政治辅导员制度萌芽

新中国成立时全国共有 205 所高等学校，其中公立学校约占学校总数的 60%，私立学校约占总数的 30%，有外国津贴的私立学校约占学校总数的 10%。① 当时新中国的经济落后，文化教育不发达，教育基础薄弱，国内外形势非常严峻，所以新中国成立初期国家对于人才的培养更加看重，尤其注重对于青年人才的思想政治引领。毛泽东指出："不论是知识分子，还是青年学生，都应该努力学习。除了学习专业知识之外，在思想上要有所进步，政治上也要有所进步，这就需要学习马克思主义，学习时事政治。"②

新中国成立后，社会主义革命建设需要大量革命人才，因此在继承根据地办学优良传统的基础上针对人才培养体系采取了一系列措施。依据《中国人民政治协商会议共同纲领》的原则，党和政府对高等学校采取了"维持原有学校，逐步加以必要的与可能的改良"的方针，实施先接管、接收和接办，然后逐步加以改造的方法，先后接管了旧中国的公立学校并且把私立学校改为公立学校。③ 1949 年 12 月 23 日至 31 日，第一次全国教育工作会议在北京召开，提出了新民主主义教育总方针，指出新中国的教育"应该是作为反映新的政治经济的新教育，作为巩固与发展人民民主专政的一种斗争工具的新教育"，着重指明"教育工作要为政治服务"。1950 年 10 月，《中央人民政府教育部关于加强对学校政治思想教育的领导的指示》指出："全

① 刘一凡：《中国当代高等教育史略》，华中理工大学出版社 1991 年版。
② 《毛泽东著作选读》，人民出版社 1986 年版，第 781 页。
③ 郝维谦、龙正中：《高等教育史》，海南出版社 2000 年版。

国各地自解放以来，对教育普遍地进行了改造整顿工作，在课程的改革上、政治思想的进行上，均获得了一定的成绩。但最近在新区土改政策的学习中，部分地区发生了严重的偏向和缺点。”根据这一时期制定的教育总方针，教育部要求教育(文教)部门、厅局和各类学校加强思想政治工作，在广大师生中开展政治学习、自我教育及自我改造教育工作时不可以孤立、斗争的方式粗暴行事，应该以“说服教育的方式，积极鼓励其前进”。1951 年 11 月，政务院正式批准了教育部《关于全国工学院调整方案的报告》(以下简称《报告》)。《报告》指出：“为了加强全国工学院的政治思想教育的领导，各工学院有准备地试行政治辅导员制度，设立专人担任各级政治辅导员，主持政治学习思想改造工作。”在这一时期，我国高校思想政治工作大多紧密围绕党的中心任务展开，如组织师生参加土改、进行反封建教育，开展“抗美援朝”政治教育，结合“三反”“五反”运动开展反腐蚀教育等。

从实践来看，党中央确定的“教育要为政治服务”的方针在当时特殊且复杂的历史环境下无疑是正确并且必要的。试行政治辅导员制度的决定开启了高校辅导员制度诞生和发展的新篇章。

四、高校辅导员制度源起阶段特点

这一时期可看作高校辅导员制度的源起阶段。我国军队早期的政治指导员制度和红军学校的政治指导员制度，孕育了我国高校辅导员制度萌发的初始条件。该制度的主要内容为思想政治教育，其作用和效果在实践中得以充分验证，并且一直适用至今。把军队政治指导员制度应用于大学不是偶然的，一方面，这是军事斗争的需要，正如毛泽东所言：“边界的斗争，完全是军事的斗争，党和群众不得不一齐军事化。”①因此党创办的大学在组织机构上基本都仿照部队编制。另一方面，当时严峻复杂的斗争形势，特别需要革命干部具有较高的思想政治觉悟和坚定的共产主义信念，因此必须加强思想政治教育工作。

历史实践证明，政治指导员在军队思想政治工作方面发挥了重要作用。一是确保党对军队的绝对领导。政治指导员作为连队的政治主官，通过做好政治工作，加强思想引领，从而巩固党在军队中的组织领导基础，提高党组织的威信，把党对军队的绝对领导贯彻到军队最基层。二是团结带领

① 《毛泽东选集》第 1 卷，人民出版社 1991 年版，第 63 页。

党支部发挥战斗堡垒作用。党支部是连队的领导核心，高素质、能力强的政治指导员能团结带领支部成员，充分发挥党支部战斗堡垒作用。三是全面加强连队建设。政治指导员在军事工作和行政管理工作上也负有领导责任，主要通过把握大事方向、组织决策、搞好协调和贯彻落实来保证完成上级赋予的各项任务，从而对连队的全面建设起到“定盘星”和“舵手”的作用。政治指导员制度在军队特别是军校的充分有效运用，为后来高校辅导员制度的诞生奠定了理论和实践基础。

从发展演变看，这一时期高校辅导员制度的源起具有以下特点：新中国成立前实行政治指导员制度，政治指导员以思想政治工作为重，全面负责学员的思想、学习和生活，孕育了新中国成立后高校政治辅导员制度的萌芽；新中国成立之初，对高校进行维持和改良，坚持教育为政治服务，思想政治工作围绕党的中心任务展开，并提出试行政治辅导员制度，但现代意义上的高校辅导员制度尚未真正确立。

第二节　高校辅导员制度的确立

新中国成立后，我国在经济、政治等领域发生了翻天覆地的变化，回应了时代需要，取得了一系列重大成就，高校思想政治工作也势必要进入革故鼎新的实践探索阶段。提出高校政治辅导员制度、设立政治辅导处、建设“双肩挑”学生政治辅导员队伍等措施，陆续在全国各地各高校推广，高校政治辅导员队伍建设开创了新局面。进入社会主义建设十年探索期后，我国高等教育事业快速发展。至1966年，全国各类高校普遍建立起政治辅导员队伍，并逐步完善了政治辅导员制度。实践证明，这一阶段高校辅导员制度的探索和尝试，是我国高校思想政治教育工作历程中的一次新实践、新创造、新发展，对推进我国高校思想政治教育工作具有重要的理论和实践意义。

一、高校政治辅导员制度的提出

新中国成立后，党和国家的工作重心开始转移到经济建设上来，为结合国家建设需要，充实大量技术人才参与新中国的工业建设和国防建设，推动国民经济恢复与发展，高校成为培养“又红又专”社会主义革命建设者和接班人的重要阵地。领导高校立足社会主义办学方向，加强高校学生思想政治教育成为我党必须抓牢、抓好的工作。学习借鉴苏式教育经验，进一步改造拓展军队政治指导员制度，成为加强党和国家对高等教育领导的重要路径。

1952年，政务院正式批准全国工学院院长会议决议，同年4月，《人民日报》刊登《中央人民政府教育部关于全国工学院调整方案的报告》。依照报告要求，全国各工学院开始有准备地试行政治辅导员制度，设立专人担任各级政治辅导员，主持政治学习思想改造工作。制度强调了辅导员角色的政治属性，以及在特殊历史时期的思想改造、组织清理的任务和职责，政治辅导员制度由此提出。同年5月，教育部出台《关于全国高等学校1952年的调整设置方案》，全国高等院校开始大规模的院系裁撤拆分、结构调整，仿照苏联办学模式，取消人文社科类专业，强调专业化发展。经过全盘调整，独立建制的工科院校得到大力发展，重点培养了一批工业建设专业人才和师资，更好适应了当时正处于经济恢复期的国民经济。1952年，全国“三反”“五反”运动开始，思想改造、组织清理运动初具成效，全国范围内初步树立起工人阶级的领导核心地位。为进一步在高校中建立思想政治工作制度，整顿教育工作者队伍，1952年10月，教育部出台《关于在高等学校有重点地试行政治工作制度的指示》，指出：“在高等学校中建立政治工作制度，以加强政治领导，改进政治思想教育，开展马克思、列宁主义的思想建设工作，为全国高等学校教育建设事业打下坚实的政治基础。”①指示提出，要有准备地设立高等学校的政治工作机构——“政治辅导处”，抽调部分政治理论水平较高、斗争经验较丰富的同志主持高等学校党委工作，开展全校师生的思想政治工作。同时，内设政治辅导员若干人，由教师、学生中的优秀党员、团员充任，要求每300名左右的学生设政治辅导员1人，组织推动教职员工和大学生的政治理论学习和社会活动，参加学校党、团支部的领导工作，兼任政治理论课助教。该文件进一步明确和扩展了政治辅导员的职责要求，同时也提出了政治辅导员配备与选聘的相关要求。

政治辅导员制度的提出，有效推动了全国高校教师队伍的自我批评、自我改造运动，在统一全国人民思想、凝聚加快生产建设共识方面发挥了不容忽视的作用，为后续推进全国院系大调整扫清了障碍。当时的学生思

---

① 何东昌：《中华人民共和国重要教育文献(1949—1975)》，海南出版社1998年版，第176页。

想政治工作，是在高校党委的领导下，在政治辅导处和基层共青团组织的具体指导下进行的。政治辅导处的工作人员和许多团干部本身就是政治辅导员，是基层的思想政治工作者，是高校思想政治教育工作的坚实力量。政治辅导员制度的进一步明确，为我国高等教育事业打下了坚实的政治基础。

二、高校学生政治辅导员制度的提出

1953 年，国家开始集中力量进行大规模社会主义建设，推进第一个“五年计划”，国民经济逐步恢复和发展。全国各高校经过院系调整和制度完善，结合国家建设需要，开始大幅度扩招，学生人数激增，思想政治教育任务愈发繁重。这一阶段，不断提升政治工作力度和效果成为高校政治教育工作的主线。部分高校开始主动谋划，积极作为，创新性地发展了高校政治辅导员制度。

1953 年 4 月 3 日，清华大学向高教部、人事部请示设立学生政治辅导员。请示中提到：“为了加强对学生的政治思想教育，保证学习任务的完成，并把学生中党团员的社会工作时间减少至政务院规定的每周 6 小时的限度，我们拟根据 1952 年政务院批准的全国工学院院长会议决议设立政治辅导员制度……由于今后政治工作必须结合学习进行，辅导员由于具有一定业务水平，及其在学习上的模范作用，对展开工作是会有很大便利的。”① 根据批复，时任清华大学校长蒋南翔率先提出并建立了学生政治辅导员制度。这种制度被形象地称为“双肩挑”，即选拔一批思想政治觉悟高、业务素质好的高年级学生，“半脱产”做同学的政治思想工作，一肩挑业务学习，一肩挑思想政治工作。清华大学学生政治辅导员制度研究课题组认为：“辅导员制度强化了学生思想政治工作，是培养‘又红又专’干部的重要途径。”② 1957 年 2 月 27 日，毛泽东作了《关于正确处理人民内部矛盾的问题》的报告，提出：“没有正确的政治观点，就等于没有灵魂。”毛泽东指出，青年学生的思想政治工作，“各个部门都要负责任。共产党应该管，青年团应该

---

① 范绪锋：《永葆生机的“双肩挑”——写在清华大学学生政治辅导员制度走过 50 年之际》，载《中国教育报》，2003 年 11 月 16 日。

② 清华大学学生政治辅导员制度研究课题组：《学生政治辅导员制度四十年度的回顾与探索》，载《清华大学教育研究》，1993 年第 1 期。

管，政府主管部门应该管，学校的校长教师更应该管”①。1958年9月，中共中央、国务院发布《关于教育工作的指示》，指出：“学校党委应配备党员去领导年级和班的工作，配备党员去做政治思想工作、学校的行政工作和生产管理工作，党委书记和委员力求担任政治课的教育、研究工作。”②为贯彻落实指示精神，强化党对高校各项工作的领导，全国各高校进一步建立或完善了基层党团组织，在各二级单位增配了党团专职思想政治工作干部，对广大师生开展日常思想政治教育工作。另外，从1957年开始，中国的政治运动接二连三，“左”倾错误思想蔓延，作为教育革命“大跃进”的标志性文件，《关于教育工作的指示》中强调：“坚持党的教育工作的方针，反对右倾思想和教条主义，调动一切积极因素，鼓足干劲、力争上游，多快好省地扫除文盲，普及教育，培养出一支数以千万计又红又专的工人阶级知识分子队伍，是全党和全国人民巨大的历史任务之一。”③显然，受“左”倾错误思想的影响，本阶段的教育工作也提出了很多不切实际的过高要求，导致高校政治辅导员工作呈现出短暂的曲折发展态势。

该阶段高校学生政治辅导员制度的创建，整体上是一次成功的探索。该制度以其独特的制度优势为党和国家培养了大批政治接班人和社会主义事业建设者，不仅创新拓展了高校政治辅导员制度的内容，又为人才培养模式提供了新思路、新路径，为高校政治辅导员制度的形成和确立奠定了基础，在高校思想政治教育工作进程中产生了深远影响。

三、高校政治辅导员制度的形成和确立

在社会主义建设时期，我国教育理论界对教育的本质有了更深入的思考和认识。为总结1958年以来三年教育革命的经验，分析克服教育“大跃进”的弊端，纠正教条主义错误，推进和拓展“双肩挑”学生政治辅导员队伍建设，高校政治辅导员队伍建设呈现专职化、制度化发展趋势。

1961年9月15日，中共中央批准试行《教育部直属高等学校暂行工作条例(草案)》(亦称“高校六十条”)。“高校六十条”系统总结了新中国成立后我国高等教育正反两方面的经验，规定了高等学校的方针、任务和有关政

① 《毛泽东文集》第7卷，人民出版社1999年版，第226页。

② 何东昌：《中华人民共和国重要教育文献(1949—1975)》，海南出版社1998年版，第859页。

③ 同上书，第858页。

策，指出高等学校的基本任务是贯彻执行党的教育方针，培养社会主义建设所需要的各种专门人才。该条例对高等学校学生的思想政治工作作了明确规定，指出："为了加强思想政治工作，要在大学一、二年级设政治辅导员或者班主任，从专职的党政干部、政治理论课教师和其他青年教师中挑选有一定政治工作经验的人担任，同时，要逐步培养和配备一批专职的政治辅导员。"①这是中共中央文件中第一次正式提出要在高等学校设置专职政治辅导员。此后，各高校专职政治辅导员深入学生集体，宣传马克思列宁主义、毛泽东思想，宣传党的路线方针政策，为提高学生思想政治觉悟和道德品质提供指导，和学生同吃、同住、同学习、同劳动，有效保证了高校人才培养的质量和效果，对我国高等教育事业的巩固、提高和发展起到了积极作用。1964 年 6 月 10 日，中共中央批准了高等教育部党组《关于加强高等学校政治工作和建设政治工作机构试点问题的报告》，要求在直属高校设立政治部作为党委的工作机构，确定北京大学、清华大学为高等学校建立政治部的试点学校。同时提出在二三年内配齐班级的专职政治辅导员或班主任，可从学校优秀毕业生中选留，建议其编制为平均每 100 名学生至少配备 1 人。《报告》从"建立政治部"和"配齐专职政治辅导员"两个角度提出建议和要求，既明确了辅导员的配备和选聘问题，又解决了高校辅导员队伍专职化建设的组织领导问题。1965 年 3 月 1 日，结合高校学生思想政治工作实际，高等教育部政治部通知各直属高等学校，要迅速建立思想政治部，并大力充实政治工作干部队伍，不仅重申了在高等学校设立专职学生思想政治工作干部的要求，而且对编制人数、干部来源也作了明确的规定。同年，高教部出台《关于政治辅导员工作条例》，该条例第一次以法规的形式对政治辅导员的地位、性质、作用、职责和学生工作等一系列问题作出了原则性规定，标志着我国高校政治辅导员制度正式建立起来了。同年 8 月，教育部出台《高等学校学生班级政治辅导员工作条例（草案）》，明确规定了政治辅导员的角色定位及组织领导、选聘条件、主要工作任务、素质要求和工作要求等。这一条例的颁布实施，标志着我国高校辅导员队伍建设更加规范有力，为完善我国高校辅导员制度和开展大学生思想政治教育工作提供了重要的政策支撑和理论依据。

这一阶段，高校各项工作逐步走上正轨，政治教育工作日益完善，政

---

① 《中国教育年鉴（1949—1981）》，中国大百科全书出版社 1984 年版，第 238 页。

治辅导员队伍建设呈现较为快速的上升发展趋势，专职政治辅导员模式逐渐形成、确立和稳固，政治辅导员制度正式形成和确立起来。到1966年的时候，全国各类高校普遍建立起政治辅导员队伍，并逐步完善了政治辅导员制度。

四、高校辅导员制度确立阶段特点

高校辅导员制度的确立，从1952年提出到1966年基本完成。1966年至1976年，“文化大革命”对高校辅导员队伍建设造成了严重冲击，高等学校的各项制度被破坏，高校政治辅导员工作步入低谷、遭受挫折，政治辅导员制度实际上被中断和取消了。1978年以后，我国高校辅导员制度才得以恢复和继续发展。

可以看出，高校政治辅导员制度的发展演变过程仍然是与当时的社会历史背景相适应的。在20世纪50年代复杂多变的国际形势和“以阶级斗争为纲”的社会背景下，为巩固新生政权，提高人民群众的思想政治觉悟，我国高校政治辅导员队伍从无到有，高校辅导员制度得以初步建立。60年代初期是我国积极探索自主发展道路的关键期，我国高校政治辅导员队伍建设依然坚持了“教育工作要为政治服务”的基本方针。伴随着时代发展进程，高校辅导员制度确立阶段呈现出以下特点：

一是紧紧围绕政治工作。高校政治辅导员队伍建设是党和国家加强对高校领导的一项重要政治举措，无论辅导员制度政策如何演变，党为确保对高校的政治领导和高校社会主义办学方向，培养出一批“又红又专”的社会主义事业建设者和接班人，其核心价值始终是为政治服务。可以说，辅导员工作职能源于“政治”，辅导员最初也被称为“政治辅导员”，高校辅导员的工作作为学校政治工作的重要组成部分而存在，辅导员的角色定位和主要职能是做学生的“政治引路人”。

二是由兼职向专职过渡。20世纪50年代初期，高校政治辅导员基本以兼职为主，学生思想政治工作是在学校党委领导下，在政治辅导处、基层共青团组织的具体指导下进行的，许多团干部本身就是政治辅导员，一身二任。“双肩挑”学生政治辅导员制度虽然进行了创新和发展，但仍是兼职模式。随着“设置专职政治辅导员”要求的提出，高校辅导员的地位、职能和工作内容等进一步明晰，专职政治辅导员开始登上历史舞台，这是高校政治辅导员制度发展过程中的重要里程碑。

三是逐渐制度化规范化。随着高校政治辅导员队伍建设和制度建设的不断发展完善，诞生了我国第一个关于高校政治辅导员的正式工作条例——《关于政治辅导员工作条例》，巩固了高校政治辅导员工作制度，规范了高校政治辅导员工作，标志着我国高校辅导员制度的形成和确立。

第三节 高校辅导员制度的恢复与发展

改革开放后，高校辅导员制度经历了拨乱反正时期的恢复重建和发展，适应社会主义市场经济发展的改革探索和21世纪辅导员工作的新发展新变化，走向专业化职业化发展道路。① 尤其是党的十六大之后，中共中央、国务院下发了《关于进一步加强和改进大学生思想政治教育的意见》(中发〔2004〕16号，简称“中央16号文件”)，召开全国高校辅导员队伍建设工作会议，教育部发布了《普通高等学校辅导员队伍建设规定》(简称“教育部24号令”)等，党和国家采取了一系列重要举措，推动高校辅导员队伍建设开启了专业化职业化新局面。② 党和国家有关部门高度重视、加强领导，各地各高校系统推进、抓好落实，高校辅导员队伍规模不断壮大、结构不断优化、培训研修力度不断加强、职业内涵和认同感不断提升、行业协会作用不断凸显。这个阶段，高校辅导员制度得以重构调整、完善加强和深化改革，高校辅导员队伍建设呈现出蓬勃发展的良好局面。

一、高校辅导员制度的重构调整

党的十一届三中全会召开后，重建一支讲政治、有思想、有能力的思想政治工作队伍，开展实事求是、深入细致、讲求实效的思想政治工作，是培养人才、完成高等教育基本任务的迫切需要。自1978年开始，我国先后出台了《关于加强高等学校学生思想政治工作的意见》等系列文件，涉及政治方向、辅导员人才培养、职业发展等内容，辅导员队伍建设的地位、目标、原则、方法等进一步明确。

(一)强调辅导员队伍的重要性

“文化大革命”期间，高等学校的各项制度受到严重破坏，高校辅导员

---

① 冯刚:《改革开放以来高校思想政治教育发展史》，人民出版社2018年版，第410页。
② 同上书，第427—428页。

制度发展遭受严重挫折[①]，学校思想政治工作受到严重影响。改革开放后，为了加强高校思想政治教育，培养又红又专、德智体全面发展，有社会主义觉悟的专门人才，重新构建政治辅导员队伍成为当时迫切需要解决的问题。1978 年，全国教育工作会议强调，学校应该永远把坚定、正确的政治方向放在第一位。会后，教育部讨论和试行了《全国重点高等学校暂行工作条例》，条例明确：为了加强思想政治工作，在一、二年级设政治辅导员或者班主任，从专职的党政干部、政治理论课教师和其他青年教师中挑选有一定政治工作经验的人担任。[②] 1980 年，教育部、共青团中央联合发出《关于加强高等学校学生思想政治工作的意见》，明确指出：高等院校要将学生的思想政治工作放在重要的地位，政工干部及业务课教师都要做学生的思政工作。[③] 1981 年，教育部在《高等学校学生政治工作暂行规定》中明确：高校应当建立一支又红又专、专兼结合的队伍，做好学生的思想政治工作。该文件对高校辅导员的相关规定成为我国现行辅导员制度体系的重要来源。1984 年，中宣部、教育部印发《关于加强高等学校思想政治工作队伍建设的意见》强调：高等学校必须建设一支精干有力的思想政治工作队伍。[④] 1987 年，中共中央颁布《关于改进和加强高等学校思想政治工作的决定》，指出：思想政治工作人员是高等学校进行思想政治教育的骨干力量，必须十分重视这支骨干队伍的培养和建设，学校党委和校长要共同抓好这项工作。[⑤]

(二)完善辅导员人才培养体系

党的十一届三中全会后，随着“双肩挑”辅导员制度的恢复，全国高校逐步重建思想政治工作队伍，队伍规模不断扩大。起初，大多以“双肩挑”辅导员为主，工作业务能力较强，但思想政治工作实效欠佳，高校思想政治工作发展动力不足。1984 年，教育部印发《关于在十二所院校设置思想政治教育专业的意见》决定：在南开大学等 12 所高等学校设置思想政治教育专业，采取正规化的方法培养大专生、本科生和第二学士生等各种规格的

---

① 冯刚：《改革开放以来高校思想政治教育发展史》，人民出版社 2018 年版，第 410 页。

② 教育部思想政治工作司：《加强和改进大学生思想政治教育重要文献选编(1978—2014)》，知识产权出版社 2015 年版，第 3 页。

③ 同上书，第 4—6 页。

④ 同上书，第 36 页。

⑤ 同上书，第 73 页。

思想政治工作专门人才，有条件的还可以培养研究生，主要为高等学校培养思想政治工作人员。① 教育部印发《关于在六所高等院校开办思想政治教育专业第二学士学位班的意见》指出：在清华大学等6所高等学校开设思想政治教育专业第二学士学位班，培养高等学校思想政治工作骨干。② 教育部印发《关于在高等学校举办思想政治教育本科班的意见》指出：在部分高等学校举办思想政治教育本科班，来培养、提高高等学校现有的一批已具有高层专科毕业学历的专职思想政治工作干部，且毕业后回原学校工作。③ 1986年，教育部将“思想政治教育”列入高等院校本科专业目录，为培养高校思想政治教育专业人才奠定了基础。1987年，中共中央印发《关于改进和加强高等学校思想政治工作的决定》指出：有关院校在办好思想政治教育专业的基础上，创造条件培养这方面的硕士和博士研究生，为造就从事思想政治教育的专门人才开辟一条新路。④ 国家教委印发《关于思想政治教育专业培养硕士研究生实施意见》指出：从1988年开始在复旦大学等10所高等学校培养思想政治教育专业硕士研究生。⑤ 至此，从大专生到博士生的思想政治工作专门人才培养体系初步形成，开辟了成规模正规化培训思想政治教育专门人才的有效途径，对高校辅导员队伍建设、职业化和专业化发展均具有奠基性意义。⑥ 1984年，全国高校思想政治教育研究会在上海成立，为思想政治工作人员提供了研讨、交流、提升的平台。

（三）增强辅导员职业认同感

改革开放后，高校政治辅导员或政工干部作为大学生思想政治工作的重要力量，其身份和地位愈发重要。1980年，教育部、共青团中央印发《关于加强高等学校学生思想政治工作的意见》指出：高校政工干部既是党的政治工作队伍的一部分，又是师资队伍的一部分，担负着全面培养学生的重要任务，他们和教学人员一样，都是办好高等学校不可缺少的重要力量，他们的物质待遇应不低于同时期毕业的教学人员的水平，并根据条件评定

① 教育部思想政治工作司：《加强和改进大学生思想政治教育重要文献选编（1978—2014）》，知识产权出版社2015年版，第23页。

② 同上书，第25页。

③ 同上书，第26页。

④ 同上书，第73页。

⑤ 同上书，第85页。

⑥ 冯刚：《改革开放以来高校思想政治教育发展史》，人民出版社2018年版，第415页。

教师职称或者行政级别。① 1981年，教育部召开全国学校思想政治教育工作会议，会议指出：学校政工干部同教师一样，都是教育工作者，都是学生的老师，他们同样担当得起人类灵魂工程师的光荣称号。1982年，教育部印发《关于高等学校逐步开设共产主义思想品德课程的通知》，要求思想品德课的教学，主要由从事学生思想政治教育的人员讲课。② 1986年，中共中央、国务院批转《国家教委关于加强高等学校思想政治工作的决定》的通知强调：高等学校中从事学生思想政治教育工作的人员是教师队伍的一个重要组成部分，应根据他们的水平、能力和贡献聘任为相应的教师或研究人员职务。③ 1987年，国家教委印发《关于在高等学校学生思想政治教育专职人员中聘任教师职务的实施意见》指出："根据思想政治教育专职人员所具备的条件，按照《高等学校教师职务条例》和本《实施意见》的规定，聘任相应的教师职务。高等学校教师职务评审委员会下设思想政治教育学科评议组，负责思想政治教育教师助教、讲师、副教授、教授资格认定或评议。"④1987年5月，中共中央出台《关于改进和加强高等学校思想政治工作的决定》指出：从事学生思想政治工作的专职人员，是教师队伍的组成部分，应列入教师编制，实行教师职务聘任制。⑤ 1989年，国家教委印发《关于高等学校学生思想教育教师职务评聘工作几个问题的意见》指出：今后思想教育教师的职务晋升和聘任应转入整个教师队伍管理的经常性工作，同其他教师的职务晋升与聘任同步进行。⑥ 从政工干部到同教师一样，再到纳入教师编制管理，逐步明确辅导员的教师身份，辅导员的地位和作用进一步被强调，辅导员的职业认同感不断增强。

二、高校辅导员制度的完善加强

1989年6月，党的十三届四中全会召开，党中央深入总结国际国内形

---

① 教育部思想政治工作司：《加强和改进大学生思想政治教育重要文献选编(1978—2014)》，知识产权出版社2015年版，第7页。

② 同上书，第16页。

③ 同上书，第51页。

④ 同上书，第68页。

⑤ 同上书，第73页。

⑥ 同上书，第92页。

势，特别是国际上的苏联解体和东欧剧变[①]、国内大学生思想政治教育仍然存在的问题和短板等，深刻认识到学校思想政治工作对国内社会经济发展的重要作用。全会特别强调，要“认真加强思想政治工作”，认真总结和吸取惨痛教训，不断强化党对大学生思想政治教育的领导，重视和加强高校辅导员队伍建设。之后，高校辅导员制度不断完善和加强。

(一)辅导员职业地位进一步提高

1989年，中共中央、国务院转发国家教委《关于当前高等学校工作中几个问题的意见》，把坚定正确的政治方向放在教育工作的第一位。1993年，中共中央、国务院印发《中国教育改革和发展纲要》强调：高等学校要建设好一支以精干的专职人员为骨干、专兼职结合的思想政治工作队伍，要采取实际措施解决他们的待遇问题。[②] 1995年，国家教委印发《中国普通高等学校德育大纲(试行)》指出：要优化队伍结构，建设一支专兼结合、功能互补、政治坚定、业务精湛的德育队伍，努力培养和造就一批思想政治教育的专家和教授，同时规定了师生配比，大体掌握在1∶150—1∶120，规模较小的学校应视情况酌情提高比例。[③] 1999年，中共中央印发《关于加强和改进思想政治工作的若干意见》强调：坚持思想政治工作是任何工作的生命线。各高校按照提高素质、优化结构、相对稳定的要求，建设一支政治强、业务精、作风正的思想政治工作队伍。要选拔一批德才兼备的中青年干部，充实到这支队伍中来。对思想政治工作者要注意关心和培养，帮助他们提高思想政治素质和业务能力，对作出突出成绩的要给予表彰和奖励。[④] 2000年，教育部党组印发《关于进一步加强高等学校学生思想政治工作队伍建设的若干意见》指出：高等学校要重视思想政治教育，重视思政队伍建设，要优化队伍结构，花大力气建设好一支以精干的专职人员为骨干、专兼职结合、功能互补、政治坚定、业务精湛的思想政治工作队伍，努力培养和造就一批思想政治教育的专家和教授。[⑤]

(二)辅导员职责要求进一步强化

素质教育理念的提出和深入实施，对新世纪人才的培养和要求更加多

---

① 冯刚：《改革开放以来高校思想政治教育发展史》，人民出版社2018年版，第413页。

② 教育部思想政治工作司：《加强和改进大学生思想政治教育重要文献选编(1978—2014)》，知识产权出版社2015年版，第127页。

③ 同上书，第158、159页。

④ 同上书，第199页。

⑤ 同上书，第127、154、196、210页。

元，高校思想政治工作队伍的职责要求进一步拓展和加强。1995 年，国家教委印发《中国普通高等学校德育大纲（试行）》提出了党团工作和学生会工作、社会实践、校园文化建设等六种德育途径。① 1996 年，共青团中央、中宣部、国家教委联合印发《关于深入持久开展大学生社会实践活动的几点意见》指出：各高校要结合改革开放和现代化建设历史进程对青年学生成长的重要作用，围绕党和政府的中心工作，根据实际，确定每年大学生社会实践活动的主题和重点，采取有力措施，并形成制度，不断推进大学生社会实践活动。② 2000 年，教育部印发《关于加强高等学校思想政治教育进网络工作的若干意见》指出：高校应进一步提高对思想政治教育进网络重要性和紧迫性的认识，切实加强对思想政治教育进网络工作的领导，充分运用网络手段拓展思想政治教育的视野，用正确、积极、健康的思想文化占领网络阵地；各地教育部门和高校要对该项工作所需的人员编制、必要经费、设备等方面给予切实保障，并做好硬件与软件建设规划，认真论证技术方案等。③ 2002 年，教育部印发《关于进一步加强高等学校学生公寓管理的若干意见》指出：各高等学校要坚持政治辅导员进学生公寓的做法，要按照学生的人数比例，选派优秀的干部和政治辅导员与学生同住。④ 教育部发布《普通高等学校大学生心理健康教育工作实施纲要（试行）》明确了高校大学生心理健康教育工作的指导思想、任务内容、途径方法、领导管理及师资力量建设；明确要通过专、兼、聘等多种形式，建设一支以专职教师为骨干，专兼结合、专业互补、相对稳定、素质较高的高等学校大学生心理健康教育工作队伍。⑤ 以上政策制度和实践要求的变化，丰富和拓展了辅导员的育人载体和途径，深化了辅导员的职业内涵，将原来单纯以培养学生政治素养为工作任务，拓展为以培养政治素养为主，兼顾社会实践教育、心理健康教育、网络思想政治教育、校园文化引领教育等多个方面。对辅导员岗位的要求，也从“有一定政治工作经验”“政治觉悟高、作风好，具有一定思想理论水平、政治工作能力”，拓展为“政治强、业务精、纪律严、作

---

① 教育部思想政治工作司：《加强和改进大学生思想政治教育重要文献选编（1978—2014）》，知识产权出版社 2015 年版，第 157、158 页。

② 同上书，第 173 页。

③ 同上书，第 213、214 页。

④ 同上书，第 231、232 页。

⑤ 同上书，第 233、234 页。

风正”，工作要求更加多元，岗位职责更加明确。[①]

(三)辅导员发展保障进一步完善

党和国家时刻关注辅导员的成长发展，提供条件，搭建平台，解决后顾之忧，促进成长发展。[②] 在培养培训方面，虽然部分高校已经在思想政治教育专业方向招收并培养了一批第二学士学位生、本科生和研究生，且毕业后返回到工作岗位上发挥了骨干作用[③]，但因各种原因，部分思想政治工作人员仍没有很好地接受系统学习和培训，或者经过系统学习培训后未能充分发挥作用。1990 年，国家教委印发《关于加强高等学校专职思想政治工作者正规培训的通知》要求：各地教育部门和高校要从学校的长远建设出发，制订长远计划，使年龄在 35 岁以下，政治、业务条件好的专职思想政治工作者，分期分批参加思想政治教育专业的专门培训。[④] 1993 年，中共中央、国务院印发《中国教育改革和发展纲要》指出：对从事思想政治工作的人员要进行培训，不断提高他们的思想政治素质和政策、业务水平，并采取实际措施解决他们的待遇问题。[⑤] 1994 年，中共中央印发《关于进一步加强和改进学校德育工作的若干意见》指出：要整体规划学校的德育体系，进一步发挥全体教职工的育人作用，重视校园文化建设，加强实践环节，加强德育队伍建设，完善德育队伍的专业职务系列，为他们解决好专业职务、待遇等方面的问题，保证经费投入，改善物质条件，积极支持和发展“双肩挑”制度。[⑥] 1995 年，国家教委颁布试行《中国普通高等学校德育大纲》指出，学生专职政工人员和“两课”教师都是德育专职教师，为思想政治教育专职人员提供了教学锻炼的平台。[⑦] 在评聘教师职务方面，党和国家充分认识到落实思想政治教育专职人员教师职务对辅导员队伍发展具有积极作用。[⑧] 1991 年，国家教委、人事部印发《关于高等学校继续做好教师职务评聘工作的意见》，对辅导员教师职务评聘具有重要意义。在条件保障方

---

① 冯刚：《改革开放以来高校思想政治教育发展史》，人民出版社 2018 年版，第 423 页。

② 同上书，第 424 页。

③ 教育部思想政治工作司：《加强和改进大学生思想政治教育重要文献选编(1978—2014)》，知识产权出版社 2015 年版，第 96 页。

④ 同上书，第 96 页。

⑤ 同上书，第 127 页。

⑥ 同上书，第 146 页。

⑦ 同上书，第 158 页。

⑧ 同上书，第 92 页。

面，1999 年，中共中央印发《关于加强和改进思想政治工作的若干意见》强调：对思想政治工作者要注意关心和培养，对作出突出成绩的要给予表彰和奖励。① 2000 年，教育部党组印发《关于进一步加强高等学校学生思想政治工作队伍建设的若干意见》指出：高等学校应统筹考虑学生思想政治工作队伍必需的编制定额，将思想政治工作人员的岗位津贴等纳入学校内部分配办法统筹考虑，通过合理调整校内奖酬金分配办法，使学生思想政治工作人员的实际收入与本校相应教师的平均收入水平相当。②

三、高校辅导员制度的深化改革

党的十六大后，党中央、国务院以科学发展观为指导，从“培养什么人、如何培养人”的战略高度，深化我国高校思想政治教育改革，出台《关于进一步加强和改进大学生思想政治教育的意见》及其配套文件。③ 召开全国辅导员队伍建设工作会议，出台《普通高等学校辅导员队伍建设规定》(教育部令第 24 号)，有关部门从思想认识、体制完善、政策制定、人才培养等方面采取有力措施，各地各高校狠抓落实、系统规划、整体推进，建立了教育部辅导员培训和研修基地并制定了相关管理办法和基本标准，成立了辅导员工作研究会，设立了辅导员骨干专项课题，辅导员理论研究进一步深入，相关政策进一步完善，体制机制进一步健全，工作平台进一步完备，辅导员队伍建设呈现出蓬勃发展的良好局面。

(一)辅导员队伍进一步被重视

随着国际国内形势的深刻变化，国际敌对势力与我国争夺下一代的斗争更加尖锐复杂，大量西方文化思潮和价值观念影响着大学生，他们思想活动的独立性、选择性、多变性和差异性日益增强，使大学生思想政治教育面临严峻挑战。④ 党的十六大，首次将“改进大学生的思想政治教育，培养社会主义事业的建设者和接班人”提升到了增强党的执政能力的重大战略

---

① 教育部思想政治工作司：《加强和改进大学生思想政治教育重要文献选编(1978—2014)》，知识产权出版社 2015 年版，第 200 页。

② 同上书，第 210、212 页。

③ 周作福：《改革开放以来大学生思想政治教育政策设计的内涵及演进》，载《学校党建与思想教育》，2021 年第 1 期。

④ 教育部思想政治工作司：《加强和改进大学生思想政治教育重要文献选编(1978—2014)》，知识产权出版社 2015 年版，第 165 页。

部署的高度。2004年，中共中央、国务院出台《关于进一步加强和改进大学生思想政治教育的意见》指出：辅导员是大学生思想政治教育的骨干力量。高校要采取有力措施，着力建设一支高水平的辅导员队伍。辅导员在大学生思想政治教育第一线，任务繁重，责任重大，学校要从政治上、工作上、生活上关心他们，在政策和待遇方面给予适当倾斜。① 2005年，教育部印发《关于加强高等学校辅导员班主任队伍建设的意见》指出：加强辅导员队伍建设，是加强和改进大学生思想政治教育和维护高校稳定的重要组织保证和长效机制，要从战略和全局的高度，充分认识新形势下加强辅导员队伍建设的特殊重要性和紧迫性。要像重视业务学术骨干一样重视辅导员的选拔、培养和使用，使他们干事有平台、发展有空间，充分调动他们工作的积极性和创造性。② 2006年，教育部颁布第24号令，将辅导员队伍建设从政策引导层面上升到法律法规层面，明确辅导员是大学生思想政治教育的骨干力量，有力保障了辅导员队伍建设的制度支撑。教育部办公厅印发《2006—2010年普通高等学校辅导员培训计划》指出：加强辅导员培训工作，是提升辅导员工作水平的重要保障，是加强辅导员队伍建设的重要举措。③此外，2005年，教育部在印发《学习贯彻落实中发〔2004〕16号文件和全国加强和改进大学生思想政治教育工作会议精神的宣传提纲》的通知中明确：辅导员是教师队伍的重要组成部分，与大学生朝夕相处，工作在思想政治教育第一线，对大学生成长成才影响很大，其作用不可替代。要像重视业务学术骨干的选拔培养那样重视辅导员的选拔培养。④ 此后，又进一步明确了辅导员具有教师和行政管理干部的“双重身份”，实行学校和院系的“双重管理”，可以“双线晋升”⑤。并在全国优秀教师评选表彰工作中单列“高校优秀辅导员”荣誉称号。出台的系列文件还对辅导员的选拔、培养、管理机制、专业素养、培训深造、发展锻炼、激励保障、职务聘任、评优奖励、政治待遇等方面提出了明确要求，充分体现了国家制度层面对辅导员队伍的关注与重视，切实推动了辅导员制度的深化改革。

---

① 教育部思想政治工作司：《加强和改进大学生思想政治教育重要文献选编(1978—2014)》，知识产权出版社2015年版，第268、269页。

② 同上书，第283页。

③ 同上书，第347页。

④ 同上书，第313页。

⑤ 同上书，第344页。

(二)辅导员职业内涵进一步深化

随着社会主义市场经济的快速发展，高等教育规模的扩大和学生总量的快速增长，学生面临的实际问题越来越多①，高校思想政治教育途径亟须拓展，辅导员育人方式方法亟待改进和加强。中共中央、国务院出台《关于进一步加强和改进大学生思想政治教育的意见》(中发〔2004〕16号文件)及其配套文件，对高校思想政治教育途径和方法进行了强调，对辅导员开展育人工作的途径和方法给出了指导性意见。2004年，国务院办公厅印发《关于切实解决高校贫困家庭学生困难问题的通知》要求：高校要将资助与育人相结合，培养学生自立自强、艰苦奋斗的优良作风。② 教育部、共青团中央印发《关于加强和改进高等学校校园文化建设的意见》指出：以理想信念教育为核心，重视和加强校园环境和校风建设。③ 教育部、共青团中央印发《关于进一步加强高等学校校园网络管理工作的意见》指出：高校党委宣传部以及党委学生工作部、团委等部门负责专题教育网站和主网站建设、网上舆论引导、网络信息监控、网络文化建设等工作，要充分发挥学生思想政治工作队伍和有关专家、教师的作用。④ 2005年，教育部、卫生部、共青团中央印发《关于进一步加强和改进大学生心理健康教育的意见》指出：要重视大学生思想政治教育工作人员，特别是辅导员在大学生心理健康教育中的重要作用，加强培训，使他们了解和掌握心理健康教育的基本知识和方法，帮助大学生处理好学习成才、择业交友、健康生活等方面遇到的具体问题，提高思想政治教育的针对性和实效性。⑤ 中宣部、中央文明办、教育部、共青团中央联合印发《关于进一步加强和改进大学生社会实践的意见》指出：高校要把大学生社会实践与教师社会实践结合起来，组织高校党政干部、辅导员等参与、指导大学生社会实践。⑥ 共青团中央、教育部印发《关于进一步加强和改进高等学校共青团建设的意见》指出：要把德才兼备、有培养前途的青年教师和优秀毕业生选拔到团的工作岗位上来，建设一支

---

① 冯刚：《改革开放以来高校思想政治教育发展史》，人民出版社2018年版，第425页。

② 教育部思想政治工作司：《加强和改进大学生思想政治教育重要文献选编(1978—2014)》，知识产权出版社2015年版，第272页。

③ 同上书，第275页。

④ 同上书，第279页。

⑤ 同上书，第282页。

⑥ 同上书，第292页。

以专职干部为骨干，专、兼职相结合的高质量团干部队伍。[①] 中央组织部、教育部党组、共青团中央联合印发《关于加强和改进在大学生中发展党员工作和大学生党支部建设的意见》指出：要把大学生党支部建设成为带动学生班级团结进步和开展思想政治教育的坚强堡垒，要重视发挥辅导员、党员班主任以及广大党员教师对在大学生中发展党员工作和大学生党支部建设的重要作用。[②] 教育部办公厅印发《关于进一步加强高校学生住宿管理的通知》指出：要把学生宿舍和公寓的教育管理工作作为辅导员的重要职责，选好配强辅导员进宿舍和公寓开展工作，建立完善辅导员、宿舍和公寓管理人员、学生党员和骨干密切配合的教育管理服务工作体系。[③] 2009 年，教育部办公厅印发《关于加强普通高等学校学生就业思想政治教育的通知》指出：各高校和教育工作部门要充分发挥高校辅导员作用，在职业生涯辅导中融入思想政治教育，强化就业工作导向。[④] 与大学生成长学习密切相关的辅导员被赋予了更多的职责和工作内涵。这一时期，对辅导员提出了资助育人、文化育人、网络育人、心理育人、实践育人、党团班级建设、职业规划和就业指导等方面的要求，进一步拓展了思想政治教育的实施路径和载体，深化了辅导员的职业内涵。

(三)辅导员职业化专业化趋势更加明显

高等教育的规模不断扩大且国际化，学生成长个性化、多元化，对学生教育管理服务工作提出更高的专业化要求，推动辅导员队伍朝着职业化专业化方向发展，促使高校辅导员成为一项可终身从事的事业，成为可长期工作的岗位，成为可造就业内专家学者的行业。推进辅导员职业化专业化建设，既能应对新形势下复杂的思想政治工作，也有利于辅导员的自身成长，促进辅导员队伍的创新发展。[⑤] 中共中央、国务院印发的《关于进一步加强和改进大学生思想政治教育的意见》(中发〔2004〕16 号文件)作为新世纪大学生思想政治工作的纲领性文件，为辅导员职业化专业化建设奠定了基础。党和国家先后采取了一系列措施，加快推进辅导员职业化专业化发

---

① 教育部思想政治工作司：《加强和改进大学生思想政治教育重要文献选编(1978—2014)》，知识产权出版社 2015 年版，第 302 页。

② 同上书，第 306 页。

③ 同上书，第 327 页。

④ 同上书，第 379 页。

⑤ 冯刚：《改革开放以来高校思想政治教育发展史》，人民出版社 2018 年版，第 425—426 页。

展。一是夯实学科专业基础。2005 年，中宣部、教育部出台《关于进一步加强和改进高等学校思想政治理论课的意见》实施方案指出：设立马克思主义一级学科，高等学校要加强“马克思主义理论与思想政治教育”硕士点和博士点的建设。[①] 国务院学位委员会、教育部发出《关于调整增设马克思主义理论一级学科及所属二级学科的通知》明确：在法学门类下设立马克思主义理论一级学科，其下再设思想政治教育二级学科。二是拓宽职业发展渠道。2006 年，教育部颁布第 24 号令，明确了辅导员的“双重身份”“双重管理”“双线晋升”。2008 年，辅导员工作研究会成立，为高校辅导员工作研究和学术交流提供了机会和平台。2009 年，教育部设立辅导员骨干专项课题，加强辅导员理论和实践研究能力。三是完善培训研修体系。2006 年，教育部印发《2006—2010 年普通高等学校辅导员培训计划》，对高校辅导员培训的指导思想、培训原则、培训目标、主要任务、保障措施等作出了详细规定。2007 年，首批 21 个全国高校辅导员培训和研修基地设立，分层、分类、分期对辅导员进行系统培训，提供工作研讨平台[②]，并制定了基地建设与管理办法、基本标准等文件，确保辅导员研修基地工作开展质量和实效。在高校辅导员队伍职业化与专业化进程中，教育部、各地教育行政部门、各高校千方百计多途径推进，使得辅导员职业化专业化趋势更加明显，整个队伍发展出现崭新局面。[③]

四、高校辅导员制度恢复与发展阶段特点

高校辅导员制度的恢复与发展阶段，可具体分为重构调整、完善加强、深化改革三个时段：从党的十一届三中全会召开到党的十三届四中全会召开（1978—1989 年）可看作重构调整阶段，从党的十三届四中全会召开到党的十六大召开（1990—2002 年）可看作完善加强阶段，从党的十六大召开到党的十八大召开（2002—2012 年）可看作深化改革阶段。党的十一届三中全会后，辅导员制度逐步恢复，重新确定了辅导员的身份地位、职责要求、发展保障等。党的十六大以后，特别是中央 16 号文件印发之后，党中央、

① 教育部思想政治工作司：《加强和改进大学生思想政治教育重要文献选编（1978—2014）》，知识产权出版社 2015 年版，第 299 页。

② 冯刚：《高校辅导员队伍专业化、职业化建设的发展路径——〈普通高等学校辅导员队伍建设规定〉颁布十年的回顾与展望》，载《思想理论教育》，2016 年第 11 期。

③ 冯刚：《改革开放以来高校思想政治教育发展史》，人民出版社 2018 年版，第 427 页。

国务院及有关部门顶层设计、系统规划、完善落实、深化改革高校辅导员制度，为高校辅导员队伍创新发展提供了有力支撑，为高校思想政治教育工作提供了人力保障，为培养又红又专、德才兼备、全面发展的社会主义人才提供了重要动力。高校辅导员制度恢复与发展阶段具有以下鲜明特点：

(一)突出保障性，围绕思想政治工作大局

高校思想政治教育工作关系着培养什么人、如何培养人以及为谁培养人这个根本问题，而辅导员是开展大学生思想政治教育的骨干力量，恢复与发展、深化与改革高校辅导员制度，对于高校思想政治教育工作的开展发挥着支撑保障作用。① 改革开放以来，随着社会经济快速发展和高等教育改革不断深入，高校辅导员制度经历了几个阶段的变化。改革开放初期，围绕时代背景，高校辅导员制度主要保障辅导员队伍的重新构建、提供必要的业务能力支持，尽快恢复高校辅导员队伍。进入 21 世纪，面对新的历史定位，学生自身成长的问题日益增多，高校辅导员制度在保障辅导员队伍相对稳定的基础上，不断补充明确要求与职责、配备与选聘、发展与培训、管理与考核等相关细则。高校辅导员制度作为高校思想政治教育工作队伍的制度保障，紧跟时代步伐，其内容和侧重点不尽相同，但始终牢牢把握高等教育办学方向，始终根植高校思想政治队伍后继有人的现实需要，始终围绕思想政治工作大局，坚持提供支撑保障。

(二)呈现发展性，因时而进因势而新

高校辅导员制度有鲜明的时代性，必须根据时代背景、政策文件、当前形势、教育规律、大学生成长规律、面临的实际问题等不断调整，充实和完善制度内容。② 如改革开放之初，高校辅导员队伍面临重构调整，高校辅导员制度制定的重点是尽快重构以“双肩挑”为主的政工干部，并明确目标职责、工资待遇等，保证辅导员队伍能够尽快恢复。随着改革开放的不断深入和现代化建设的快速发展，大学生思想政治教育工作越来越重要，要求也不断提高，需要解决的问题也不断复杂，高校辅导员制度设计的重点是提升辅导员地位、保障辅导员发展、拓展辅导员工作职责。进入新世纪，尤其是中央 16 号文件发布之后，党和国家把大学生思想政治教育工作

---

① 周作福：《改革开放以来大学生思想政治教育政策设计的内涵及演进》，载《学校党建与思想教育》，2021 年第 1 期。

② 同上。

摆在了更加突出的位置①，高校辅导员制度也随之更加注重辅导员政治素养提升、职业内涵深化、职业化专业化发展等。

(三)注重系统性，政策体系协调配套

高校辅导员制度涉及要求与职责、配备与选聘、发展与培训、管理与考核等多个方面，各个方面紧密联系，共同影响着坚强的、有战斗力辅导员队伍的构建，必须以协同推进的思维来制定框架内容、功能目标。从整体上说，高校辅导员制度的制定包括党和政府对高校思想政治教育的指导方向，对高校思想政治教育工作队伍的宏观布局和顶层设计。② 例如《中共中央国务院关于进一步加强和改进大学生思想政治教育的意见》(中发〔2004〕16号文件)对大学生思想政治教育工作作出了整体部署，随后围绕该文件，教育部及相关部门先后围绕学科发展、课程建设、社会实践、校园文化、网络思政、心理健康教育、资助育人、党团班级建设、课题研究、培训与研修基地以及辅导员队伍建设等方面印发并实施了多项配套文件，对高校辅导员的整体发展提供了具体的建设标准和指导意见。

第四节　新时代高校辅导员制度的深化

党的十八大以来，以习近平同志为核心的党中央将立德树人确立为高校的根本任务，把高校思想政治工作作为一项重大政治任务和战略工程来抓，先后召开了全国宣传思想工作会议、全国高校思想政治工作会议和全国教育大会，颁布了一系列重要文件，进一步健全了高校辅导员制度体系，推动高校辅导员队伍建设进入全新发展时期。截至2021年9月，全国高校专兼职辅导员数量达到21.87万，师生比为1∶171。高校辅导员队伍不断发展壮大，专职为主、专兼结合的队伍架构基本确立，年龄结构、学历结构、知识结构日趋合理，专业水平和职业素养不断提高，先进典型不断涌现，辅导员队伍真正成长为教育引导学生健康成长、维护高校稳定的中坚力量。③

---

① 教育部思想政治工作司：《加强和改进大学生思想政治教育重要文献选编(1978—2014)》，知识产权出版社2015年版，第315页。

② 周作福：《改革开放以来大学生思想政治教育政策设计的内涵及演进》，载《学校党建与思想教育》，2021年第1期。

③ 冯刚：《深化新时代高校辅导员队伍专业化职业化建设的逻辑理路》，载《高校辅导员》，2021年第2期。

一、高校辅导员制度进入新时代

党的十九大报告提出，中国特色社会主义进入了新时代，这是我国发展的新的历史方位，也是当前和今后一段时期各项工作开展的宏观环境。新时代，高校辅导员队伍建设顺应着新的发展要求，采取了新的实践举措，呈现出新的发展态势。[①] 高校辅导员制度应伴随历史进程不断进步、调整和完善，以推动辅导员队伍更好地落实立德树人根本任务、强化职业发展能力导向、做好宣传思想政治工作，为培养德智体美劳全面发展的社会主义建设者和接班人发挥应有作用。

(一)落实立德树人根本任务

党的十八大以来，我国高等教育围绕坚持立德树人的根本任务，不断加强高校思想政治工作，取得了良好成效。[②] 2015 年 1 月，中共中央办公厅、国务院办公厅印发《关于进一步加强和改进新形势下高校宣传思想工作的意见》，要求高校构建全员全过程全方位育人格局，全面落实立德树人根本任务。[③] 2016 年 12 月，习近平总书记在全国高校思想政治工作会议上强调："高校立身之本在于立德树人，要坚持把立德树人作为中心环节，把思想政治工作贯穿教育教学全过程，实现全程育人、全方位育人，努力开创我国高等教育事业发展新局面。"[④]2017 年 10 月，习近平总书记在党的十九大报告中指出，"要全面贯彻党的教育方针，落实立德树人根本任务，发展素质教育，推进教育公平，培养德智体美全面发展的社会主义建设者和接班人。"[⑤]这是对高校思想政治工作者，特别是高校辅导员承担的立德树人根本任务的进一步强调。高校辅导员作为开展大学生思想政治教育的骨干力量，在高校思想政治工作中具有独特的地位与作用，如何更好地落实立德

---

① 冯刚：《改革开放以来高校思想政治教育发展史》，人民出版社 2018 年版，第 431—432 页。

② 冯刚：《改革开放以来高校思想政治教育发展史》，人民出版社 2018 年版，第 432 页。

③ 中共中央办公厅、国务院办公厅：《关于进一步加强和改进新形势下高校宣传思想工作的意见》，2015 年。

④ 习近平：《在全国高校思想政治工作会议上的讲话》，2016 年。

⑤ 习近平：《决胜全面建成小康社会 夺取新时代中国特色社会主义伟大胜利》，2017 年。

树人这一根本任务，是新时代高等教育对高校辅导员的根本要求。①

(二)强化职业发展能力导向

随着社会的不断发展，高等教育宏观环境不断变化，推动着高校辅导员这一职业的新发展。从国际环境来看，伴随着“东升西降”的发展趋势，百年未有之大变局加速演进，中美战略博弈愈加尖锐复杂，高校思想政治工作面临严峻的外部挑战。从国内形势来看，在以习近平同志为核心的党中央坚强领导下，党和国家事业取得历史性成就、发生历史性变革，人民生活水平和质量普遍提高，国民素质和社会文明程度显著提高，人们对享受更高质量的教育更为期待。从教育管理对象的特点来看，新时代大学生成长发展日益呈现出目标多样化、需求精细化、路径个性化等趋势，对来自辅导员的教育引导和关心关爱有着更高期待。同时，随着全媒体时代的到来，数字信息技术、即时通信设备、智能手机产品等新生事物对“网生代”大学生的价值观念和生活方式产生了深刻影响，直接影响到传统德育的主导地位。以上新形势新问题，迫切需要高校辅导员制度的改革创新，以推动高校辅导员进一步提升职业能力和专业素养，准确把握新时代思想政治工作规律、学生成长规律，进一步突出服务学生全面成长成才的目标导向和效果导向，从而更好地服务于培育时代新人。

(三)做好宣传思想政治工作

2013 年 8 月 19 日，全国宣传思想工作会议召开，习近平总书记在会议上强调，“经济建设是党的中心工作，意识形态工作是党的一项极端重要的工作”②。为促进高校积极贯彻落实会议精神，2015 年 1 月，中共中央办公厅、国务院办公厅印发《关于进一步加强和改进新形势下高校宣传思想工作的意见》。2015 年 9 月，中共中央宣传部和教育部党组联合下发了《关于加强和改进高校宣传思想工作队伍建设的意见》，两个文件从战略和全局的高度，对高校意识形态工作和高校宣传思想工作队伍进行了新的全面部署，明确了高校辅导员在高校宣传思想政治工作中的重要地位和新的工作要求。③ 从加强和改进新形势下高校宣传思想工作队伍的视角来说，高校辅导员制度要立足党中央“四个全面”战略布局的战略高度，系统谋划推进配齐

---

① 冯刚：《改革开放以来高校思想政治教育发展史》，人民出版社 2018 年版，第 432—433 页。

② 《习近平谈治国理政》第 1 卷，外文出版社 2018 年版，第 153 页。

③ 冯刚：《改革开放以来高校思想政治教育发展史》，人民出版社 2018 年版，第 434 页。

建强工作队伍、提升队伍整体素质、改进加强网宣能力、不断强化实践锻炼、完善激励评价机制等重点任务。

二、高校辅导员制度的深化发展

党的十八大以来，教育部贯彻落实党中央关于新时代高校思想政治工作的系列决策部署，认真总结我国高校辅导员队伍建设的基本经验，及时回应当前辅导员队伍建设面临的新问题，围绕“为什么建设辅导员队伍”“建设什么样的辅导员队伍”“如何建设辅导员队伍”等问题提出了具有战略性、系统性、针对性、操作性的政策规定①，进一步加强了对高校辅导员队伍建设的顶层设计，引领推动高校辅导员队伍内涵发展。

(一)加强顶层设计

2013 年 5 月，教育部制定了《普通高等学校辅导员培训规划(2013—2017 年)》，基本形成了适应高等教育发展需要、符合辅导员成长发展规律的培训框架。2014 年 3 月 25 日，教育部颁布了《高等学校辅导员职业能力标准(暂行)》，成为高校辅导员队伍职业能力的参考准则。2015 年 1 月，中共中央办公厅、国务院办公厅联合印发《关于进一步加强和改进新形势下高校宣传思想工作的意见》。同年 9 月，中共中央宣传部、教育部党组联合印发《关于加强和改进高校宣传思想工作队伍建设的意见》，从高校宣传思想工作战略性基础工程的高度，明确提出了高校辅导员队伍建设的重点任务，即配齐建强工作队伍、提升队伍整体素质、改进加强网宣能力、不断强化实践锻炼、完善激励评价机制等。② 2016 年 12 月 7 日至 8 日，习近平总书记在全国高校思想政治工作会议上的重要讲话中指出：“要拓展选拔视野，抓好教育培训，强化实践锻炼，健全激励机制，整体推进高校党政干部和共青团干部、思想政治理论课教师和哲学社会科学课教师、辅导员班主任和心理咨询教师等队伍建设，保证这支队伍后继有人、源源不断”③，凸显了以习近平同志为核心的党中央对加强高校辅导员队伍建设的高度重视。中共中央、国务院印发的《关于加强和改进新形势下高校思想政治工作的意

---

① 刘宏达：《中国特色高校辅导员制度建设的多维路径》，载《思想理论教育》，2017 年第 11 期。

② 中央宣传部、教育部党组：《关于加强和改进高校宣传思想工作队伍建设的意见》，2015 年。

③ 习近平：《在全国高校思想政治工作会议上的讲话》，2016 年。

见》，对加强包括辅导员队伍在内的高校思想政治工作队伍建设作出了部署。2017 年 9 月 21 日，教育部颁布《普通高等学校辅导员队伍建设规定》（教育部令第 43 号），进一步明确了高校辅导员队伍的身份角色、工作职责、配备选聘、教育培训、晋升通道、发展方向，成为提升高校辅导员队伍专业水平和职业能力的重要制度安排。2018 年 9 月 10 日，习近平总书记在全国教育大会上的重要讲话中强调："要精心培养和组织一支会做思想政治工作的政工队伍，把思想政治工作做在日常、做到个人。"①2019 年 3 月 18 日，习近平总书记在学校思想政治理论课教师座谈会上强调："要配齐建强思政课专职教师队伍，建设专职为主、专兼结合、数量充足、素质优良的思政课教师队伍"②，对作为思政课教师队伍重要组成部分的高校辅导员队伍建设也具有重要指导意义。2020 年 4 月 8 日，教育部思想政治工作司在 2020 年工作要点中，首次提出了"建立和完善高校专职辅导员职业发展体系和专职辅导员管理岗位（职员等级）晋升制度，明确辅导员岗位晋升的条件、标准、名称和晋升办法"③，进一步明确了辅导员管理身份定位和职业发展双通道。2020 年 4 月 22 日，教育部等八部门颁布《关于加快构建高校思想政治工作体系的意见》，提出"学校应当结合实际情况为专职辅导员专设一定比例的正高级专业技术岗位"，"不得用劳务派遣、人事代理等方式聘用辅导员"，同时进一步完善了兼职辅导员、校外辅导员的选聘、培训、管理、考核制度。④ 以上政策文件和会议精神，为高校辅导员队伍建设提供了根本制度保障，强化了高校辅导员队伍建设的战略定位，促进了高校辅导员队伍建设的可持续发展。⑤

（二）推动专业建设

《普通高等学校辅导员培训规划（2013—2017 年）》提出"促进辅导员专业化、职业化和可持续发展"⑥，《高等学校辅导员职业能力标准（暂行）》提出"推动高校辅导员专业化职业化建设"⑦，教育部第 43 号令提出"不断提高队

---

① 习近平：《在全国教育大会上的讲话》，2018 年。
② 习近平：《在学校思想政治理论课教师座谈会上的讲话》，2019 年。
③ 教育部：《教育部思想政治工作司 2020 年工作要点》，2020 年。
④ 教育部等八部门：《关于加快构建高校思想政治工作体系的意见》，2020 年。
⑤ 冯刚：《改革开放以来高校思想政治教育发展史》，人民出版社 2018 年版，第 434 页。
⑥ 教育部：《普通高等学校辅导员培训规划（2013—2017 年）》，2013 年。
⑦ 教育部：《高等学校辅导员职业能力标准（暂行）》，2014 年。

伍的专业水平和职业能力”[①]。辅导员专业化既是一种发展目标，也是一个长期发展过程，其核心和落脚点就是不断提高辅导员队伍的专业水平。在辅导员队伍专业化目标方面，中央16号文件明确要求包括辅导员在内的所有大学生思想政治教育人员“要成为大学生健康成长的指导者和引路人”[②]，教育部第24号令要求“辅导员应当努力成为学生的人生导师和健康成长的知心朋友”[③]，教育部第43号令进一步表述为“辅导员应当努力成为学生成长成才的人生导师和健康生活的知心朋友”[④]，区分了辅导员与其他教师、管理干部职业定位上的区别，确立了辅导员专业化发展的目标。在辅导员队伍专业化内容方面，教育部第43号令将辅导员的主要工作职责确定为九个方面，构成辅导员专业化的内容体系：一是思想理论教育和价值引领，二是党团和班级建设，三是学风建设，四是学生日常事务管理，五是心理健康教育与咨询工作，六是网络思想政治教育，七是校园危机事件应对，八是职业规划和就业创业指导，九是理论和实践研究。

(三)促进职业发展

辅导员的“职业化”，就是“要使辅导员这支队伍中的主干力量长期地、稳定地成为专门从事大学生思想政治教育和日常管理的专业工作者”[⑤]。在中央16号文件明确要求高校院系的每个年级“都要按适当比例配备一定数量的专职辅导员”[⑥]、教育部第24号令明确要求高校“要按师生比不低于1∶200的比例设置本、专科生一线专职辅导员岗位”[⑦]基础上，教育部第43号令明确高校“应当按总体上师生比不低于1∶200的比例设置辅导员岗位”，强调要“足额配备到位”，并再次强调专职辅导员作为教师队伍和管理队伍的“双重身份”，明确专职辅导员在专业技术职务聘任和管理岗位职级确定上实行“双线晋升”政策，提出在标准和程序上实行特殊的倾斜政策，在专职辅导员专业技术职务评聘上明确提出“单独计划、单独标准、单独评

---

① 教育部：《普通高等学校辅导员队伍建设规定》，2017年。

② 中共中央、国务院：《关于进一步加强和改进大学生思想政治教育的意见》，2004年。

③ 教育部：《普通高等学校辅导员队伍建设规定》，2006年。

④ 教育部：《普通高等学校辅导员队伍建设规定》，2017年。

⑤ 马元方：《对高校辅导员队伍职业化与专业化建设的再思考》，载《毛泽东思想研究》，2009年第7期。

⑥ 中共中央、国务院：《关于进一步加强和改进大学生思想政治教育的意见》，2004年。

⑦ 教育部：《普通高等学校辅导员队伍建设规定》，2006年。

审”的规定。[1] 2014 年，教育部印发《高等学校辅导员职业能力标准（暂行）》，初步构建了高校辅导员队伍能力的标准体系，通过三个层次划分高校辅导员的职业能力，体现高校辅导员职业发展的渐进性和阶段性，并且在不同的工作方面对于不同发展阶段的高校辅导员应具备的能力和理论知识储备提出了明确要求。[2] 教育部第 43 号令明确指出，“辅导员的培训应当纳入高等学校师资队伍和干部队伍培训整体规划”，并在第 24 号令强调构建省级、校级两级培训体系的基础上，提出“建立国家、省级和高等学校三级辅导员培训体系”[3]。2018 年，教育部将“高校辅导员在职攻读博士学位专项计划”调整为“高校思想政治工作骨干在职攻读博士学位专项计划”，启动实施了“高校思想政治工作中青年骨干队伍建设项目”，开展了全国高校思想政治工作骨干示范培训。

(四)推进典型示范

教育部通过开展全国性的辅导员素质能力大赛等进一步深化对辅导员职业的认识，通过评选最美高校辅导员、辅导员年度人物等进一步推动对优秀辅导员的培养和典型选树，通过辅导员精品项目立项、名师工作室建设等进一步营造形成辅导员群体奋进向上的良好氛围。各地方各高校在不同范围内开展评选高校辅导员典型人物活动，建立“辅导员名师工作室”，通过优秀辅导员个人典型、优秀辅导员团队典型等，展现高校辅导员优秀形象，增强高校辅导员的职业认同感、荣誉感和归属感。在主管部门的大力推动与政策支持下，一批实践能力强、专业素养厚重、学术水平领先的专家型辅导员脱颖而出，以点带面式地引领推动高校辅导员队伍创新发展。[4]

三、高校辅导员制度发展的经验与展望

高校辅导员制度从 20 世纪 30 年代建立的“政治指导员”制度算起，至今已走过近 90 年的发展历程。尽管从事这一职业的人员先后经历了抗日军政大学时期的“政治指导员”，到新中国成立后的“政治辅导员”“政工干部”“政治工作队伍”，再到改革开放后的“德育队伍”“思想政治工作队伍”，直至定格为“高校辅导员”，虽然称谓有所不同，角色扮演有所变化，但都为高校人

① 教育部：《普通高等学校辅导员队伍建设规定》，2017 年。

② 冯刚：《改革开放以来高校思想政治教育发展史》，人民出版社 2018 年版，第 436 页。

③ 教育部：《普通高等学校辅导员队伍建设规定》，2017 年。

④ 冯刚：《改革开放以来高校思想政治教育发展史》，人民出版社 2018 年版，第 435—438 页。

才培养作出了积极贡献。在新时代历史方位下，高校辅导员队伍建设要坚持以习近平新时代中国特色社会主义思想为指导，进一步解放思想，改革创新，完善工作思路和制度措施，把辅导员队伍建设推进到一个新的高度。

(一)高校辅导员制度发展的经验启示

1. 坚持党的全面领导。办好中国的事情，关键在党。深化发展高校辅导员制度，必须坚持党的全面领导。要提高政治站位，把思想认识统一到党中央关于加强辅导员队伍建设的决策、部署和要求上来。要深挖发展规律，遵循大学生思想政治教育规律，准确把握辅导员的工作性质、工作特点。要完善体制机制，根据新形势新任务新要求，积极破解发展难题，进一步明确发展任务、发展思路、发展方式，从体制机制、政策导向等方面采取有力措施，充分调动广大高校辅导员的工作积极性，不断提高辅导员开展思想政治工作的能力和水平。

2. 落实立德树人任务。要牢固树立育人为本、德育为先的工作理念，从时代、战略和全局的高度，充分认识新形势下培养和提高辅导员素质与能力的极端重要性，采取有效措施，切实加强辅导员队伍的素质与能力建设。同时，对辅导员的工作要求上，要体现以人为本的理念，树立思想政治教育工作就是为学生成长成才服务的发展观，贴近学生、贴近生活、贴近实际，把解决思想问题与解决实际问题结合起来，把引导学生与服务学生结合起来，不断落实大学生思想政治教育在大学生成长成才过程中的动力、导向和保障作用，不断推进大学生全面发展和健康成长。

3. 持续完善长效机制。把深化发展高校辅导员制度、加强辅导员队伍建设作为一项具有长期性、基础性的重大任务，作为加强和改进大学生思想政治教育的关键措施来抓。着眼于事业的长远发展，着力构建辅导员队伍建设长效机制，精心部署，狠抓落实，为加强和改进大学生思想政治教育提供坚强的组织保证。要健全制度机制，坚持长远规划，着眼于建立一套能有效解决队伍建设中突出问题、保证辅导员队伍建设不断推进的领导体制和工作机制。要明确辅导员队伍的角色定位、工作定位、工作职责和素质要求，使辅导员队伍在大学生思想政治教育中发挥更大作用。

4. 坚定长远发展道路。从高校长远建设发展的高度出发，根据新时代大学生思想政治工作要求，确立辅导员工作在高校各项工作中的应有地位和作用，真正把辅导员当作一种专门职业，着力造就一批从事大学生思想政治教育的专门人才，努力提高辅导员的思想和业务水平，培养和造就这一学科专业领域的专家、教授。要明确辅导员的角色定位，坚持以学生为中心的思想政治教育和管理服务工作模式。要重视辅导员的选拔培养，真正做到像重视业务教师和干部人才队伍那样重视辅导员队伍。要夯实辅导员工作的学科支撑，建立健全学生思想政治教育、学生发展指导和学生事务管理的学科体系和学位培养阶梯。要通过职业化的政策导向，有效引导辅导员把工作重心放在学生思想教育、学生成长发展指导及学生事务管理上，不断提高职业能力。

(二)高校辅导员制度发展的时代展望

1. 立根铸魂。坚持中国特色社会主义办学方向，加强党对教育工作的全面领导，增强“四个意识”、坚定“四个自信”，深刻领会“两个确立”、坚决做到“两个维护”，高举习近平新时代中国特色社会主义思想伟大旗帜，遵循教书育人规律、学生成长规律、思想政治工作规律，立足世情、国情、社情，充分把握思想政治教育新情况、新特征、新问题，准确把握当代大学生的思想特点和发展需求，加强顶层设计，着力推动高校辅导员制度创新发展，以高质量的队伍建设助推高校思想政治工作高质量发展。①

2. 强基固本。对辅导员发展阶梯进行合理指导和系统设计。通过精心打造辅导员队伍培训体系，规范基础培训，推进常规培训，加强专项培训，筹划高级研修，进一步推动辅导员队伍专业化建设。深化以评促建，健全完善辅导员工作评价体系，以履行工作职责情况为重点，结合学生满意度、同行认可度等观测点，立体评价辅导员的工作效果和质量。围绕辅导员职业发展，进一步健全完善辅导员岗位流动、晋升相关规章制度，建立完善高校专职辅导员管理岗位(职员等级)晋升制度，为辅导员谋求发展、寻求道路，激励辅导员踏实工作、不断创新，确保队伍源源不断、后继有人。

3. 提质增效。完善辅导员队伍选聘机制、管理机制、培养机制和发展机制，进一步提供政策支持，突破辅导员编制、专业技术职务评聘和行政职务晋升等瓶颈问题，努力创造良好的政策环境、工作环境和生活环境，切实保障辅导员工作有条件、干事有平台、发展有空间。充分发挥组织优势，推进供给侧改革，建立健全辅导员发展信息化支撑体系。通过汇聚战线优秀案例、集成研究实践成果、整合线上线下资源，打造辅导员队伍的高端培训基地、服务一线智囊、交流互鉴平台、自我提升中心、发展研究引擎，推进高校思想政治工作经验分享、方法创新和知识创造，促进高校辅导员队伍政治素养和业务能力不断提升。

---

① 周作福：《改革开放以来大学生思想政治教育政策设计的内涵及演进》，载《学校党建与思想教育》，2021 年第 1 期。

第二讲　高校辅导员的角色定位

高校辅导员是中国特色社会主义高等教育的重要组成部分，是加强和改进大学生思想政治教育的重要力量，是落实立德树人根本任务、培养德智体美劳全面发展的社会主义事业建设者和接班人的重要保障。高校辅导员角色定位是个老生常谈的问题，也是历久弥新、常谈常新的问题。高校辅导员作为高等教育的重要育人力量，在“培养什么人、为谁培养人、怎样培养人”这个根本问题上承担着重要职责，我们应当深刻认识新的历史条件下高校辅导员角色定位的时代背景，准确把握新时代高校辅导员角色定位的基本内涵，全面理解高校辅导员角色定位的辩证关系，在大学生思想政治教育工作中准确定位，科学履职，为培养担当民族复兴重任的时代新人作出更大的贡献。

第一节　深刻认识高校辅导员角色定位的时代坐标

社会角色是人们在特定位置上与他人进行交往的行为规范①，是一定历史条件下社会赋予个体或群体的身份以及期望该身份应发挥的功能。社会发展变化决定了个体或群体被赋予的身份和应发挥的功能不是一成不变的，必然随着经济社会的发展而与时俱进。在全国高校思想政治工作会议上，习近平总书记指出，我们对高等教育的需要比以往任何时候都更加迫切，对科学知识和卓越人才的渴求比以往任何时候都更加强烈。② 高校辅导员作为一种社会角色，必须紧跟新时代的发展变化和历史诉求，深刻认识世界百年未有之大变局给高等教育改革带来的新形势，深刻领会中华民族伟大复兴战略全局对培养时代新人提出的新任务，深刻把握建设社会主义现代化国家新征程对立德树人提出的新要求，在社会发展的历史潮流中找准辅

---

① 邱德亮：《论社会角色责任与角色道德建设》，东北师范大学博士论文，2007 年。

② 《习近平在全国高校思想政治工作会议强调：把思想政治工作贯穿教育教学全过程 开创我国高等教育事业发展新局面》，载《人民日报》，2016 年 12 月 9 日。

导员角色定位的时代坐标。

一、在高等教育改革浪潮中体悟历史趋势

高等教育作为科技第一生产力和人才第一资源的重要结合点①，对推动社会发展和国家进步发挥着重要作用，其发展水平已经成为评价一个国家发展水平和发展潜力的重要标志。② 普及化时代的中国高等教育将发挥两个方面的重要作用，一是战略重器，成为立足当下、赢得未来的国之重器；二是战略引擎，成为国家硬实力、软实力、巧实力、锐实力的战略引擎。③第二次世界大战以来，世界政治、经济、文化、科技领域发生了深刻变革，尤其是科学技术的加速发展和经济全球化进程的日益深入，人类社会进入了知识经济时代，高等教育面临新的发展机遇与挑战。从改革的总体趋势来看，世界高等教育正逐步从社会边缘走向中心，从应对危机走向迎接未来，从终结性教育走向终身性教育，从数量扩张走向质量提升，从封闭式教育走向无边界开放式教育。

中国特色社会主义进入新时代，对高等教育提出了新要求，我国高等教育改革正在加速推进。《国家中长期教育改革和发展规划纲要(2010—2020年)》提出，把改革创新作为教育发展的强大动力，注重教育内涵发展，把提高教育质量作为高等教育发展的核心任务。2014年9月，《国务院关于深化考试招生制度改革的实施意见》正式发布，探索建立分类考试、综合评价、多元录取的新高考模式，掀开了中国新一轮高考制度改革的大幕。2015年，国务院印发《统筹推进世界一流大学和一流学科建设总体方案》；2017年，《统筹推进世界一流大学和一流学科建设实施办法(暂行)》发布；党的十九大报告提出“加快一流大学和一流学科建设，实现高等教育内涵式发展”，明确了从高等教育大国到高等教育强国跨越的时代要求。2018年6月，教育部召开全国高等学校本科教育工作会议，印发《关于加快建设高水平本科教育　全面提高人才培养能力的意见》，出台《高等学校基础研究珠

---

① 刘延东：《深入推进创新创业教育改革　培养大众创业万众创新生力军》，载《中国教育报》，2015年10月26日。

② 《习近平在全国高校思想政治工作会议强调：把思想政治工作贯穿教育教学全过程　开创我国高等教育事业发展新局面》，载《人民日报》，2016年12月9日。

③ 《越来越多的家庭实现大学生“零的突破”，我国高等教育进入普及化时代》，载《中国青年报》，2020年10月13日。

峰计划》，吹响了建设一流本科教育的集结号。

高等教育改革背后蕴含的是世界范围内新一轮科技和人才竞争的历史趋势，科技竞争的实质归根结底还是人才的竞争。高等教育的本质是育人，第一职责和首要任务是人才培养，为国家建设和经济发展提供源源不断的发展动力和创新活力。党的十九大报告提出了全面建设社会主义现代化强国的宏伟目标，规划了科教兴国、人才强国、创新驱动等七大战略，每一项战略都离不开高等教育的基础支撑，教育强国是实现中华民族伟大复兴的基础工程。辅导员作为高校人才培养的重要力量，是高等教育改革的参与者、推动者和执行者，要深刻认识世界高等教育发展的历史潮流，体悟高等教育改革背后的历史趋势，把角色定位和工作职责摆在世界百年未有之大变局和中华民族伟大复兴战略全局的高度来认识，提高政治站位，胸怀“国之大者”，成就更大事业，作出更大贡献。

二、在立德树人根本任务中领会时代要求

习近平总书记深刻指出，高校立身之本在于立德树人。作为中国共产党领导下的社会主义大学，培养德智体美劳全面发展的社会主义现代化事业的合格建设者和可靠接班人是根本任务和时代使命。党的十八大以来，习近平总书记对加强高校思想政治工作，牢记教育的初心和使命，落实好立德树人根本任务提出了一系列要求。扎根中国大地办教育，高校首先要提高政治站位，把握好人才培养的根本方向，坚持以马克思主义为指导，全面贯彻党的教育方针，坚持为人民服务、为中国共产党治国理政服务、为巩固和发展中国特色社会主义制度服务、为改革开放和社会主义现代化建设服务的政治导向。① 高校要把立德树人作为中心环节，把立德树人的成效作为检验学校一切工作的根本标准，真正做到以文化人、以德育人，不断提高学生思想水平、政治觉悟、道德品质、文化素养，做到明大德、守公德、严私德。习近平总书记鼓励广大青年学生勤学、修德、明辨、笃实，爱国、励志、求真、力行，坚定理想信念、厚植爱国主义情怀、加强品德修养、增长知识见识、培养奋斗精神，努力成为有大爱大德大情怀的人。广大教师如何落实立德树人根本任务？习近平总书记要求广大教师要明道、

---

① 《习近平在全国高校思想政治工作会议强调：把思想政治工作贯穿教育教学全过程开创我国高等教育事业发展新局面》，载《人民日报》，2016 年 12 月 9 日。

信道，成为先进思想文化的传播者、党执政的坚定支持者，做有理想信念、有道德情操、有扎实学识、有仁爱之心的“四有”好老师。广大教育工作者必须紧密结合时代发展的形势，坚持以人为本，坚持与时俱进，因事而化、因时而进、因势而新，努力创新工作方式方法，遵循思想政治工作规律，遵循教书育人规律，遵循学生成长规律，不断提高工作能力和工作水平。

中国特色社会主义进入新时代，培养担当民族复兴大任的时代新人是高校立德树人根本任务的时代使命。党中央国务院先后召开了全国思想政治工作会议、全国教育大会、全国高校本科教育大会等重要会议，习近平总书记多次到北京大学、清华大学等高校调研，亲自组织召开全国思想政治理论课教师代表座谈会，对高校人才培养进行总体部署和系统规划，提出了高校落实立德树人根本任务的政治性、方向性、前瞻性的时代要求。高校辅导员作为大学生思想政治教育的骨干力量，必须坚持以习近平新时代中国特色社会主义思想为指导，在立德树人根本任务的时代使命中找准政治站位和工作定位，把辅导员工作角色与立德树人的时代要求结合起来，更好地承担起新时代赋予的重要历史使命。

三、在三全育人工作格局中把握使命担当

2017 年 2 月 27 日，中共中央、国务院颁布《关于加强和改进新形势下高校思想政治工作的意见》，把“坚持全员全过程全方位育人”作为加强和改进高校思想政治工作的基本原则，并要求把思想价值引领贯穿教育教学全过程和各环节，形成教书育人、科研育人、实践育人、管理育人、服务育人、文化育人、组织育人长效机制。2017 年年底，为进一步深入贯彻党的十九大精神和《中共中央国务院关于加强和改进新形势下高校思想政治工作的意见》，落实全国思想政治工作会议精神，教育部发布《高校思想政治工作质量提升工程实施纲要》，进一步强调要形成全员全过程全方位育人格局，切实提高工作亲和力和针对性，并决定遴选部分工作基础较好的省(区、市)和高校作为“三全育人”综合改革试点。“三全育人”是新时代党和国家为推动高校落实立德树人根本任务的重大举措，目的是解决高校在思想政治教育工作中存在的育人力量相对分散、衔接环节较为疏松等问题①，

① 陈思、王斌伟：《中国高校“三全育人”研究回顾与展望：一个文献综述》，载《湖北社会科学》，2021 年第 8 期。

将“三全育人”理念贯穿办学治校全过程和各环节，把思想政治工作贯通学科体系、教学体系、教材体系、管理体系，从宏观、中观、微观各个层面建构“三全育人”立体场域，整合高校思想政治工作的主体资源、内容资源和时空资源，形成“大思政”工作格局，建设“互融互促”的育人生态圈，形成育人治理结构上的互嵌模式，推动形成高校“三全育人”共同体。①

推动形成“三全育人”新格局是提升高校思想政治工作治理体系和治理能力现代化水平的重要内容。从“三全育人”视角来把握高校辅导员角色定位的使命担当，是提升高校思想政治工作效能、促进辅导员队伍专业化职业化发展的现实要求。构建“大思政格局”，打造“三全育人”共同体是一项需要动员多方力量深度参与的系统工程，高校辅导员既是独立承担全过程育人、全方位育人的重要主体，同时在全员育人中承担着落地者、协同者和跟踪者的特殊职责。② 高校辅导员是与学生日常接触机会最多、时间最长、范围最广的人，对学生的思想动态、学习状态、行为状况有最深刻、最生动的认识和了解，掌握着做好大学生思想政治工作的最丰富的素材。高校辅导员应当根据自己的工作性质和工作特点，全面深刻认识自身在“三全育人”中扮演的基础性角色定位，主动担负起“大思政格局”中的职责和使命，掌握工作基本点、找准工作切入点、把握工作着力点、突破工作薄弱点③，充分发挥自身的独特优势，积极推进“三全育人”理念在大学生思想政治教育工作中落地生根，在促进自身发展的同时不断提升大学生思想政治工作效能。

四、在学生成长成才诉求中认识职责任务

中华民族迎来了从站起来、富起来到强起来的伟大飞跃，我们顺利实现了第一个百年奋斗目标，正在向着全面建成社会主义现代化强国的第二个百年奋斗目标迈进，新时代青年学生赶上了成长成才的最好时代。但同时我们也必须清醒地认识到，高校人才培养工作也面临着复杂严峻的国际

① 余嘉云：《“三全育人”的生态主义理论阐释与实践路径探索》，载《南京师范大学学报(社会科学版)》，2021 年第 1 期。

② 朱平：《高校“三全育人”体系协同与长效机制的建构——以全员育人为中心的考察》，载《思想理论教育》，2019 年第 2 期。

③ 王彦庆、刘佳鑫：《“三全育人”视域下高校辅导员的角色定位与实现路径》，载《黑龙江高教研究》，2021 年第 39 期。

国内环境，帮助青年学生把握好时代机遇，坚定理想信念，练就过硬本领依然任重道远。从国际环境来看，当今世界正处于大发展大变革大调整时期，世界多极化、经济全球化、社会信息化、文化多样化深入发展，全球治理体系和国际秩序变革加速推进，社会主义与资本主义两种社会制度的较量仍将长期存在，国际敌对势力“和平演变”和思想文化渗透的战略没有变，西方敌对势力宣扬的民主、自由、人权、平等等“普世价值”具有较强的煽动性，对高校师生的影响不可低估。从国内环境来看，在经济社会改革转型的关键时期，全面深化改革进入深水区和攻坚阶段，各种矛盾相互交织，各种利益诉求相互碰撞，各种价值观念粉墨登场，各种力量竞相发声①，深化改革牵动着每一个人的神经，复杂程度前所未有。从高校内部来看，部分高校和领导对上级文件要求和决策部署打折扣、做选择，重科研、轻教学的现象较为明显；部分教师忙于做项目、发论文、评职称，重教书、轻育人，三全育人观念淡薄；思想政治理论课实效性不够强，关切和回应大学生的思想问题热点不及时，思政课程和课程思政结合度不紧密，第一课堂与第二课堂协调互动不深入，思想政治工作质量急需提升。从大学生群体来看，一部分大学生不同程度地存在政治信仰迷茫、理想信念模糊、诚信意识淡薄、集体观念弱化、社会责任缺失、艰苦奋斗精神淡化、心理素质欠佳等问题，佛系、躺平、尼特族等现象正是理想与现实之间矛盾的客观反映。

2019年，习近平总书记在纪念五四运动100周年大会上强调：“新时代中国青年处在中华民族发展的最好时期，既面临着难得的建功立业的人生际遇，也面临着‘天将降大任于斯人’的时代使命。”他要求广大青年要“学会劳动、学会勤俭，学会感恩、学会助人，学会谦让、学会宽容，学会自省、学会自律”。新时代大学生承载着国家的前途和民族的希望，肩负着实现中国梦的伟大使命，他们渴望在中国特色社会主义现代化建设事业第二个百年奋斗目标征程中大显身手，建功立业，实现自己的人生理想和远大抱负。置身于这样一个伟大的时代，当代大学生也提出了更加广泛、更加严格、更加紧迫的成长成才诉求。德才兼备，以德为先，当代青年大学生在坚定理想信念，淬炼毅力品德方面诉求更为强烈。青年大学生需要深化对习近

---

① 罗志强、李志强：《坚守为“盾”与开创为“矛”：新时代全面深化改革的行动逻辑》，载《理论导刊》，2020年第9期。

平新时代中国特色社会主义思想的认识，增强“四个自信”，坚定“四个意识”，做到“两个维护”，在为祖国为人民的伟大事业中立大志、明大德、成大才、担大任。高校辅导员必须加强学生理想信念教育和社会主义核心价值观教育，提供修炼品德、锤炼意志的机会，在学生成长过程中把党的理论、路线、方针、政策讲清、讲透、讲实，激发学生的思想共鸣。当代青年大学生在知识获取和创新方面有着更加强烈的诉求。在知识社会背景下，先进知识的获取以及创新运用能力成为竞争制胜的关键。当代青年大学生不仅有掌握扎实专业知识的愿望，而且有学习科技前沿知识的诉求，更有复杂竞争环境下自主获取知识和创造知识的期盼。高校辅导员必须结合学生的所学专业创造良好的学习环境和学习氛围，为学生打造创新性学习平台，培养良好的学习习惯和终生学习的优良品质。当代青年大学生还有尽早认识社会、融入社会，提升实践能力和综合素质的诉求。高校辅导员组织的第二课堂活动、青年志愿服务行动、社会实践活动等都是学生将理论运用于实践的锻炼舞台。新时代大学生成长成才还包括心理发展、创新创业、人际交往等多方面的诉求。高校辅导员需要在学生成长成才的诉求中认识自身新的职责和任务，回应和满足新时代青年大学生提出的诉求和期盼，这是我们工作努力的方向，也是我们找准辅导员角色定位的基本指向。

第二节　准确把握高校辅导员角色定位的基本内涵

美国心理学家 G. H. 米德最早把“角色”这一概念引入社会心理学，随后引起了社会学、人类学、管理学、教育学等众多领域研究者的关注。社会角色是个体或群体在社会生活中被赋予的特殊身份，以及外部环境期望该身份应承担的职责和发挥的功能。角色权利、角色义务和角色规范是构成社会角色的三大要素。高校辅导员角色定位侧重于从角色义务的角度来审视，但也包含了高校辅导员的角色权利以及角色规范，它是在不同的时代背景下根据高校思想政治工作要求和人才培养需要，由政府、社会、高校以及学生所赋予高校辅导员的身份定位、功能期待和职责要求，是多种角色构成的统一体，我们应当在新时代发展的变与不变中准确把握高校辅导员角色定位的基本内涵。

一、时代新人的引领者

青年是祖国的未来、民族的希望，中国共产党历来十分重视对青年的引导、教育和培养。党的十九大报告首次提出要“培养担当民族复兴大任的时代新人”，使时代新人的地位、使命更加明确，内涵更加丰富。时代新人是中国特色社会主义事业的生力军，肩负着中华民族伟大复兴的历史使命，不仅要掌握扎实的知识学识，具备过硬的本领才干，具有创新精神和开放包容的国际视野，更重要的是要有坚定的理想信念、崇高的爱国情怀和优秀的道德品质。“培养什么人、为谁培养人、如何培养人”是高等教育的根本问题，培育担当民族复兴大任的时代新人，必须坚持把立德树人作为中心环节，把思想政治工作贯穿教育教学全过程，实现全程育人、全方位育人。① 中共中央、国务院《关于加强和改进新形势下高校思想政治工作的意见》指出，要强化思想理论教育和价值引领，把理想信念教育放在首位，培育和践行社会主义核心价值观，深入开展“四史”学习教育，深入学习习近平总书记系列重要讲话精神，引导师生深刻领会党中央治国理政新理念新思想新战略，坚定中国特色社会主义道路自信、理论自信、制度自信、文化自信。

思想政治教育是高校落实立德树人根本任务、培育时代新人的重要途径。高校辅导员是开展大学生思想政治教育的骨干力量，是学生健康成长的人生导师，我们最重要的工作任务就是对时代新人进行理想信念教育、爱国主义教育、道德品质教育，做时代新人的思想引领者和价值引领者。这是高校辅导员承担的第一职责，也是高校辅导员职业定位的核心角色，是评判和衡量辅导员工作能力、工作水平以及工作成效的根本标准。习近平在全国教育大会上特别强调，要培养一代又一代拥护中国共产党领导和我国社会主义制度、立志为中国特色社会主义事业奋斗终生的有用人才。② 树立为党的事业奋斗终生的理想信念是时代新人的立身之本，高校辅导员

---

① 冯刚、王莹：《习近平总书记关于时代新人重要论述的基本内涵与时代特征》，载《湖南大学学报(社会科学版)》，2021年第35期。

② 《习近平在全国教育大会上强调：坚持中国特色社会主义发展道路 培养德智体美劳全面发展的社会主义建设者和接班人》，载《人民日报》，2018年9月11日。

要引导学生坚定不移地以实现中华民族伟大复兴为己任[①]，培养当代大学生坚定的理想信念、崇高的爱国情怀和优秀的道德品质。这是新时代对高校辅导员职业角色定位的政治要求，是检验高校辅导员工作的根本价值尺度。“时代新人引领者”的角色定位要求高校辅导员必须提高政治站位和思想认识，引导青年学生树立正确的世界观、人生观和价值观，正确认识世界和中国发展大势，正确认识中国特色和国际比较，正确认识时代责任和历史使命，正确认识远大抱负和脚踏实地，增强做时代新人的信心和决心；必须把爱国主义教育作为永恒主题，引导青年学生加强党史学习教育，树立正确的祖国观、民族观、文化观、历史观，培养爱国之情、砥砺强国之志、实践报国之行，增强爱国情感和为民情怀；必须加强社会主义核心价值观教育，坚持勤学、明辨、修身、笃实，不忘历史的苦难辉煌，牢记今天的使命担当，无惧明天的风险挑战，在实践中磨炼意志品质，提升综合能力，增强做时代新人的恒心和毅力。

二、日常事务的管理者

教育部印发的《普通高等学校辅导员队伍建设规定》明确指出，辅导员是开展大学生思想政治教育的骨干力量，是高等学校学生日常思想政治教育和管理工作的组织者、实施者、指导者。由此可见，大学生日常事务的管理者是高校辅导员职业定位的又一重要角色，它是高校辅导员角色定位的基础性角色。通常情况下，除高校专门开展的主题教育和课堂教学外，高校辅导员承担的思想政治教育工作大都是在日常事务的管理过程中完成的，这些日常性的学生事务管理是开展大学生思想政治教育的有效载体，体现了思想政治工作显性教育和隐性教育的有机统一。一定程度上讲，高校辅导员扮演的“日常事务管理者”角色是日常思想政治工作取得成效的基础。

高校辅导员日常事务管理目的是通过辅导员对学生日常学习生活的规范化管理和运行，引导学生的校内外日常活动，达到以管理促育人的目的和效果。管理育人是《高校思想政治工作质量提升工程实施纲要》规划的“十大育人体系”的重要内容之一，要求高校“把规范管理的严格要求和春风化

---

① 楼艳：《高校辅导员职业角色定位的再认知》，载《学校党建与思想教育》，2021 年第 13 期。

雨、润物无声的教育方式结合起来，加强教育立法，遵守大学章程，完善校规校纪，健全自律公约，加强法治教育，全面推进依法治教，促进教育治理能力和治理体系现代化，强化科学管理对道德涵育的保障功能，大力营造治理有方、管理到位、风清气正的育人环境”。管理是通过实施计划、组织、领导、协调、控制等职能来协调他人的活动，使别人同自己一起实现既定目标的活动过程。高校辅导员日常事务管理就是要培养青年大学生遵规守纪的法治意识、诚信友善的道德品质、自立自强的行为习惯，提高青年大学生自我教育、自我管理、自我服务的能力和水平，也是现代大学治理能力和治理体系现代化的重要组成部分。高校辅导员的日常事务管理主要包括大学班团组织建设与管理、日常行为规范教育与奖惩激励、学风建设及学业进程监督、安全教育及校园危机事件处置等内容，是辅导员日常工作的重心和主体。这些日常事务管理工作具有点多、线长、面广的特点，占用了辅导员大量的时间和精力。受历史原因及各地各高校发展状况的制约，部分高校辅导员配备相对不足，个别辅导员所带学生严重超过教育部规定的1∶200标准；部分高校辅导员接受系统的职业技能不足，在班级管理、奖惩激励、危机应对等方面经验不足，导致辅导员实际工作中被大量琐碎、繁重的事务性工作所牵制，处于疲于应付的超负荷工作状态，不仅严重影响辅导员的职业获得感、幸福感和认同感，而且制约辅导员工作效率和工作质量，也影响大学生思想政治教育工作的正常开展。因此，高校辅导员日常事务管理水平也是考核评价辅导员业务能力和管理艺术的重要标准，管理的目的不仅是“管”，更重要的是以“管”促“育”，以“管”树人。由此高校辅导员日常事务管理者角色和时代新人引领者角色形成了紧密相关、相互影响、彼此制约的辩证统一关系。

三、健康成长的服务者

面对新时代大学生成长成才的时代诉求，高校辅导员要成为他们健康生活的知心朋友，必须承担好大学生健康成长服务者的角色。从辅导员在高校的地位和作用来看，它是为教育和教学目的服务的，其本质是为学生服务，为学校的办学目标服务。① 解决思想问题与解决实际问题相结合是思

---

① 李琦：《新形势下高校辅导员的角色定位与自我成长》，载《教育与职业》，2012年第24期。

想政治工作的基本原则，高校辅导员要做好学生思想政治工作，必须要努力解决当代大学生遇到的实际问题，而解决实际问题的过程就是为学生健康成长服务的过程。《高校思想政治工作质量提升工程实施纲要》提出要“把解决实际问题与解决思想问题结合起来，围绕师生、关照师生、服务师生，把握师生成长发展需要，提供靶向服务，增强供给能力，积极帮助解决师生工作学习中的合理诉求，在关心人、帮助人、服务人中教育人、引导人”。一定程度上讲，高校辅导员是国家、省市以及高校各级各类学生管理政策、制度的执行者，这种管理行为带有更多更强的刚性约束；而高校辅导员的服务者角色则是从关心人、帮助人、服务人的角度去解决学生遇到的实际问题和困难，具有更强的主动性和创造性，是一项具有温度的工作，能够更好地感染人、温暖人、鼓舞人，收到春风化雨、润物细无声的思想政治教育效果。

高校辅导员只有为学生的健康成长做好了服务工作，才有可能成为学生健康生活的知心朋友，成为学生信赖的好老师。随着全面深化改革的逐步推进，我国经济社会进入新的转型时期，当代大学生面临更多的心理困扰、学业困惑、经济困难、就业困境，这些问题如果不能得到及时的疏导，就会引发学生思想上的不稳定、不平衡，甚至引发社会舆论，激发社会矛盾，思想政治教育的效果必然大打折扣。高校辅导员需要深入分析当代大学生面临的新形势、新问题，及时更新工作理念、工作目标、工作方式方法，深入到学生中去，多倾听学生内心的声音，及时了解他们真实的想法和实际需求，为学生提供及时的心理咨询、学业指导、经济资助、就业帮扶、创新创业教育服务，以真心、真情换取学生的理解和信任，真正成为学生学习生活的贴心人，成为学生的知心朋友。

四、理论创新的推动者

“理论和实践研究”是《普通高等学校辅导员队伍建设规定》中高校辅导员的九大职责之一，要求辅导员“努力学习思想政治教育的基本理论和相关学科知识，参加相关学科领域学术交流活动，参与校内外思想政治教育课题或项目研究”。高校辅导员是学生思想政治教育工作理论与实践的重要结合点，一方面，他们承担着用党的最新理论武装教育学生的职责使命，必须把最新的思想政治教育理论运用到实际工作中去，用理论指导实践，提高实践工作水平；另一方面，他们又掌握着学生思想政治工作最直接、最生动、最新鲜、最丰富的实践样态，学生工作中出现的新问题、新现象、新特征，高校辅导员都最早接触和最先感受，是日常思想政治工作现象的直接感知者。新时代高校辅导员要想朝着职业化、专业化、专家化方向发展，就要从纷繁复杂的思想政治工作实践表象中去伪存真、去粗取精，从现象表象中去发现、挖掘隐藏其后的特殊本质和内在规律，从而在实际工作中及时总结经验教训，创新方式方法，达到提高能力水平、提升工作效率、增强工作实效的目的。因此，新时代高校辅导员应当充分发挥自身的实践优势，努力成为思想政治工作理论创新的推动者。

新时代高校辅导员具备成为“理论创新推动者”的理论基础和现实条件。当前，绝大多数高校辅导员招聘基本要求都是硕士研究生毕业，学习阶段都经历了正规的理论创新思维训练，掌握了一定的学术研究规范，具备较强的实践总结能力、理论转化能力和理论创新能力。党的十八大以来，党中央国务院高度重视高校思想政治工作，为高校辅导员推动理论创新提供了更好的现实条件。中共中央、国务院、教育部等机构先后下发了《普通高等学校辅导员队伍建设规定》《关于加强和改进新形势下高校思想政治工作的意见》《关于新时代加强和改进思想政治工作的意见》等重要文件，开展高校三全育人综合改革试点，很多高校都专门为辅导员设立了思想政治教育专项研究课题，开展辅导员团队建设，搭建了思想政治工作研究平台。如湖南省教育厅实施的大学生思想道德素质提升工程，专门设置了大学生思想政治教育改革创新项目、网络文化精品项目、实践育人共同体建设项目、辅导员名师工作室项目等类别，为高校辅导员加强工作研究，推动思想政治工作理论创新创造了非常宝贵的支持平台和现实条件。

第三节　全面理解高校辅导员角色定位的辩证关系

“角色”是一个复杂的综合性概念，根据角色的存在形态，可以分为理想角色、领悟角色和实践角色；根据获得角色的方式，可以分为先赋角色和自致角色；根据角色受制约的程度，可以分为规定性角色和开放性角色；根据角色之间的权力与地位关系，可以分为支配角色和受支配角色；根据角色扮演者的最终意图，可以分为功利性角色和表现性角色；根据是否符合一定的社会期待，可以分为正式角色和非正式角色。高校辅导员是多种角色类型的统一体，全面认识蕴含在高校辅导员角色定位中的辩证关系，有利于在实践中深化思想认识，进一步履行好辅导员工作职责，减少角色错位、角色缺位、角色越位等角色冲突甚至角色失败现象的发生。

一、稳定性与发展性的统一

高校辅导员的前身起源于中国共产党在军事院校设立的政治指导员，2004年中共中央、国务院《关于进一步加强和改进大学生思想政治工作的意见》(中发〔2004〕16号，简称中央16号文件)出台以前，一直被称作政治辅导员，凸显高校辅导员角色定位的政治属性，特别强调其作为大学生思想政治教育骨干力量，承担着“政治领路人”的核心角色。1987年国家教委下发的《关于加强高等学校思想政治工作的决定》着重强调高校政治辅导员的职责是从事学生思想政治工作，2006年教育部颁布《普通高等学校辅导员队伍建设规定》，特别强调高校辅导员对学生的理想信念、道德品质、心理品质的教育引导。① 2017年新修订的《普通高等学校辅导员队伍建设规定》提出，“辅导员是开展大学生思想政治教育的骨干力量，是高等学校学生日常思想政治教育和管理工作的组织者、实施者、指导者。辅导员应当努力成为学生成长成才的人生导师和健康生活的知心朋友”，坚持把“思想理论教育和价值引领”摆在高校辅导员九大工作职责的首位。在《高等学校辅导员职业能力标准(暂行)》中，“思想政治教育”也是高校辅导员职业能力标准中排在第一位的能力要求。一方面，高校辅导员角色定位的稳定性就体现在自从这一职业出现以来，它的主责主业从来没有改变过，一直聚焦在大学生思想政治教育上，主要负责学生的思想教育和价值引领。另一方面，高校辅导员角色也是开放性角色，它也必然与时俱进，体现时代发展的变化和要求，具有一定的发展性。② 2017年新修订的《普通高等学校辅导员队伍建设规定》相对于2006年发布的教育部24号令，就更为明确地提出了网络思想政治教育、学风建设、心理健康教育与咨询工作、职业规划与就业创业指导、理论和实践研究等基本工作职责，使高校辅导员角色变得更为丰富和多元。高校辅导员角色定位的稳定性与发展性是辩证统一的关系，稳定性聚焦主责主业，发展性聚焦时代变化的新形势新要求，忽略稳定性必

---

① 王胡英、黄核成：《论我国高校辅导员的角色演变》，载《中国青年政治学院学报》，2012年第4期。

② 同上。

然导致辅导员角色错位，否定发展性则可能导致辅导员角色缺位，不愿意与时俱进，不乐意接受新的工作职责和任务要求，最终都会导致辅导员的角色失败。

二、整体性与个体性的统一

辅导员是在高等学校履行学生工作职责的专业人员，已经成为高等教育中的一项专门职业。为增强辅导员职业的社会认同，进一步确立辅导员职业概念，提升辅导员职业地位和职业公信力，逐步增强广大师生和全社会对辅导员工作的职业认同，教育部组织制定了《高等学校辅导员职业能力标准(暂行)》。作为一种专门的职业，高校辅导员角色定位的整体性就是社会环境和时代发展对辅导员职业的整体要求和基本规定，体现了党和国家发展教育事业、培养卓越人才对高校辅导员角色的内在规定，也体现了广大师生和全社会对高校辅导员职业角色的整体期盼。因此，从角色定位的整体性来讲，高校辅导员角色是一种“理想角色”，是党和国家、社会大众、高校师生对高校辅导员角色所设定的理想的规范和公认的行为模式。“理想角色”表达的是一种角色“应当如何”的观点，是立足当下指向未来的，因此“理想角色”总是相对完美的。然而，从现实情况看，高校辅导员队伍总是由一个一个生动鲜活的个体组成，每个辅导员对“理想角色”的认知和领悟是不均衡的，由于能力水平的差异，在实际工作中的践行程度也是不一致的，由此构成了高校辅导员角色定位的“领悟角色”和“实践角色”。这种差异化、多样性的“领悟角色”和“实践角色”就是高校辅导员角色定位个体性的表现。高校辅导员“理想角色”总是源于现实但又高于现实，它对辅导员在实践中扮演好“领悟角色”和“实践角色”具有重要的指导意义和引领作用。因此，高校辅导员角色定位的整体性决定并指导着高校辅导员角色定位的个体性，同时这种生动丰富并不断从不均衡到均衡螺旋式发展的个体性又影响着高校辅导员角色定位的整体性，是生成辅导员角色整体性的现实基础。高校辅导员角色定位是整体性和个体性的有机统一，忽视整体性必然导致高校辅导员队伍建设缺乏正确的引领方向，影响社会大众对高校辅导员职业的整体认同；忽视个体性就是否定事物发展的多样性和差异化，否定事物发展的必要过程，违背辅导员成长发展的客观现实规律，最终消解辅导员职业发展的内在动力。坚持高校辅导员角色定位是整体性和个体性的有机统一，就是要以《高等学校辅导员职业能力标准(暂行)》为依据，既着眼长远，又立足现实，不断引导高校辅导员角色定位从“理想角色”向更高水平的“领悟角色”和“实践角色”可持续转化。

三、综合性与专业化的统一

高校辅导员角色定位的综合性与专业化主要是针对从事高校辅导员工作所需要掌握的必备知识和能力而言的。从高校辅导员职业的知识要求来看，《高等学校辅导员职业能力标准(暂行)》明确辅导员应“具备宽广的知识储备，了解马克思主义理论、哲学、政治学、教育学、社会学、心理学、管理学、伦理学、法学等学科的基本原理和基础知识”。应当掌握思想政治教育专业基本理论、基本知识、基本方法，马克思主义中国化相关理论及知识，大学生思想政治教育工作实务相关知识，以及与辅导员工作相关的法律法规知识，等等。一方面，从高校辅导员职业的能力要求来看，《高等学校辅导员职业能力标准(暂行)》要求辅导员“具备较强的组织管理能力和语言、文字表达能力，以及教育引导能力、调查研究能力等”，并从思想政治教育、党团和班级建设、学业指导、日常事务管理、心理健康教育与咨询、网络思想政治教育、危机事件应对、职业规划与就业指导、理论和实践研究等九个方面分别明确了辅导员职业初级、中级、高级的能力要求。这些知识和能力要求具有明显的综合性特征，是对高校辅导员队伍角色定位整体性要求的再现。另一方面，专业化是加强高等学校辅导员队伍建设的发展方向，高校辅导员应努力成为大学生思想政治教育、学生日常管理和健康成长的专门人才，成为某一领域的专家和大师。国外辅导员已经发展成为一种专业性很强的职业，他们不仅利用自己的专业所长为学生成长成才提供辅导，而且还有自己的科学研究方向。① 专业化发展有利于增强高校辅导员职业归属感和获得感，增进职业认同，增强事业稳定性。从现实情况来看，高校辅导员角色承担的具体工作职责很多，随着教育事业的深入发展，辅导员角色的工作容量还在不断扩充，心理健康、学生资助、就业指导、创新创业服务等方面工作的要求越来越高，专业化程度也在不断增强。推进高校辅导员队伍的专业化发展，目的在于鼓励辅导员在某一方面、某一领域深入钻研，成为特定领域的专家和大师，而不是杂家或是庸

---

① 罗公利、聂广明、陈刚：《从国际比较中看我国高校辅导员的角色定位》，载《中国高等教育》，2007年第7期。

师。高校辅导员角色定位的综合性与专业化之间并不矛盾，它是辅导员角色定位整体性与个体性有机统一的具体表现。辅导员角色定位的整体性从全局和长远的高度要求辅导员具备综合性的知识储备和工作能力，辅导员角色定位的个体性从局部和现实的角度要求辅导员结合工作实践深耕某一领域，以个体的专家化促进辅导员队伍建设整体的专业化。二者构成了整体与局部、长远与现实、一般与特殊的辩证关系。用综合性否定专业化必然导致辅导员职业角色边界泛化，具体实践中导致辅导员工作职责和要求无限延伸，影响工作效率和工作效果；用专业化否定综合性则会导致辅导员职业角色定位僵化，具体实践中导致辅导员工作内卷，固守一方、偏安一隅，影响辅导员队伍建设的整体性、发展性和长效性。

四、过渡性与职业化的统一

21世纪以来，面对高等教育大众化的新形势新问题，党和国家先后出台了一系列文件政策来加强和改进大学生思想政治教育工作，高校辅导员作为大学生思想政治教育的骨干力量，是加强和改进大学生思想政治工作的重点。2006年教育部颁发《普通高等学校辅导员队伍建设规定》，明确提出了辅导员具有教师和管理干部的双重身份。2017年新修订的《普通高等学校辅导员队伍建设规定》要求“高等学校要坚持把立德树人作为中心环节，把辅导员队伍建设作为教师队伍和管理队伍建设的重要内容，整体规划、统筹安排，不断提高队伍的专业水平和职业能力”。《高等学校辅导员职业能力标准（暂行）》再次强调了“辅导员是高等学校教师队伍和管理队伍的重要组成部分，具有教师和干部的双重身份”。“双重身份”的界定对促进辅导员队伍建设具有积极作用，但由于教师和管理队伍在学术文化和行政文化上的特殊博弈，也令辅导员群体遭遇角色定位的尴尬。① 教师与管理干部是辅导员身份的双重定位，一定程度上增加了辅导员角色定位的依附性，无法形成相对独立的角色认同。② 两种身份定位也会形成相互干扰和影响，双重肯定也容易导致双重否定，“既是……又是……”与“既不是……又不

---

① 韦幼青：《高职院校辅导员职业化、专业化建设路径探索》，载《湖南工业职业技术学院学报》，2013年第3期。

② 孔夏萌：《大学群体文化博弈中的辅导员角色定位——从角色尴尬到身份认同》，载《江苏高教》，2019年第1期。

是……”在逻辑上是等值的。① 双重定位给辅导员职业通道带来了两种不同的发展方向，一是工作一段时间后转为专任教师，二是进一步提拔为管理干部。于是，高校辅导员角色定位呈现出一定的过渡性特征，增加了辅导员的流动性。新修订的《普通高等学校辅导员队伍建设规定》提出要“加强高等学校辅导员队伍专业化职业化建设”，而且还专门制定了高校辅导员职业能力标准，鼓励辅导员树立职业理想，增进职业认同，把所从事的工作当作终身事业来奋斗追求。新时代以来，立德树人根本任务、教育的“四为”方针、培养担当民族复兴大任的时代新人等任务也要求高校辅导员角色朝着越来越职业化的方向发展。高校辅导员角色定位的过渡性和职业化之间看似矛盾，其实并不冲突，强调“辅导员具有教师和管理干部的双重身份”，主要目的是提高高校辅导员的政治和经济待遇，要求学校更加重视辅导员队伍建设，它与“职业化”特征共同构建了高校辅导员角色多元化的发展路径，统一于高校辅导员的发展性角色定位中，共同为辅导员的职业成长保驾护航。

第四节　积极推进高校辅导员角色定位的实践展开

角色定位与角色职责和角色功能密切相关，一种职业角色定位的社会化过程就是在实践中发挥作用的过程。高校辅导员角色定位在实践中的有效展开影响着辅导员职责功能的有效发挥，制约着高校思想政治教育的实际效果，是落实立德树人根本任务、培育担当民族复兴大任时代新人的重要基础。高校辅导员角色定位的成功实践主要由两个方面因素决定，一是依靠辅导员自身努力，提高思想认识和政治站位，创新方式方法，提升自身综合素质和业务能力，不断将辅导员角色定位的“理想角色”转化为“领悟角色”和“实践角色”；二是依靠组织力量，通过强有力的顶层设计、理想教育、团队建设和专业培训，强化辅导员的职业认同、情感认同、文化认同和身份认同，推动高校辅导员角色定位的实践展开。角色从本质上讲是一个关系概念，它只能在人与人、个人与组织、个体与社会的关系中存在。因此，一定历史条件下的社会关系以及在这种社会关系中的各级各类组织

---

① 陈勇、朱平：《高校辅导员“双重身份”的现实与未来》，载《思想理论教育导刊》，2016年第10期。

既是某种角色赖以存在的基础，也是某种角色发挥作用的基本条件。高校辅导员是众多社会角色中的一种，它的角色定位及其实践展开所依赖的组织从宏观层面看可以是一个国家和社会，各级教育主管部门以及行业协会；从微观层面看可以是一所高校、学生工作主管部门以及各个院系。这些组织在高校辅导员角色定位的实践展开过程中发挥着尤为重要的作用。

一、加强顶层设计，强化职业认同

为更好地激发高校辅导员的潜能发挥，首要任务是增强这个群体的职业认同。高校辅导员承担着立德树人重要任务，这既是一份职业，也是一份事业，从源头上加强顶层设计，是增进辅导员职业认同的关键。顶层设计规定着一种职业的基本内涵、主要职责、根本属性和发展前景，是激发职业动力、强化职业归属的重要支撑。党的十八大以来，党中央国务院对高校辅导员队伍建设高度重视，从战略全局的高度在加强辅导员队伍建设的顶层设计方面作出了重要部署。2014 年 3 月 27 日，教育部发布《高等学校辅导员职业能力标准(暂行)》，明确了高校辅导员的职业名称、职业定义、职业等级、职业能力特征、基本文化程度和政治面貌要求，并从初级、中级、高级三个层次分别阐述了高校辅导员的职业能力标准，对高校辅导员这一职业进行了系统完整的阐释。2017 年 2 月，中共中央、国务院印发了《关于加强和改进新形势下高校思想政治工作的意见》，强调“高校思想政治工作队伍和党务工作队伍具有教师和管理人员双重身份，要纳入高校人才队伍建设总体规划，形成一支专职为主、专兼结合、数量充足、素质优良的工作力量”。为深入贯彻落实全国高校思想政治工作会议精神和党中央国务院文件精神，2017 年 9 月 21 日，教育部颁布新修订的《普通高等学校辅导员队伍建设规定》，强调“辅导员是开展大学生思想政治教育的骨干力量，是高等学校学生日常思想政治教育和管理工作的组织者、实施者、指导者”，从九个方面明确了辅导员的主要工作职责，要求高等学校制定专门办法和激励保障机制，落实专职辅导员职务职级“双线”晋升要求。在职称评审方面，规定专职辅导员申请专业技术职务评聘时，应当更加注重考察工作业绩和育人实效，实行单列计划、单设标准、单独评审。在管理晋升方面，规定高校可以根据辅导员的任职年限及工作表现，确定相应级别的管理岗位等级。这些制度进一步明确了高校辅导员的基本地位和发展路径，在促进辅导员职业认同、坚定职业理想方面发挥了重要的积极作用。

从现实角度看，增强高校辅导员职业认同的这一系列顶层设计还需要通过强化细化相应配套制度来进一步落实。一是要化解角色定位的摇摆和模糊性。高校辅导员具有教师和管理干部双重身份，在职务职级晋升方面可以享受“双线”晋升，主要目的是提高高校辅导员队伍的政治待遇，促进辅导员队伍的专业化职业化建设；但同时它也带来辅导员角色定位的摇摆和模糊性，教师与管理干部两个面向的身份定位，某种程度上增加了辅导员职业角色定位的依附性，难以形成相对独立的职业角色认同。① 双线晋升在拓宽辅导员成长路径的同时也增加了辅导员的职业流动性，多数辅导员在工作几年之后都会谋求“转岗”或者晋升，辅导员队伍建设在过渡性与职业化方面更难谋求统一。二是增强制度设计的联动性。《普通高等学校辅导员队伍建设规定》对辅导员队伍的配备、职级晋升等方面均有明确规定，但从高校尤其是部分地方高校的实际情况来看，受编制总量、干部职数等方面的影响，辅导员的及时配备和补充、管理干部的职级认定等总是难以到位，一定时期内部分高校辅导员所带学生数以及承担的工作任务远远大于文件规定水平，专业职务评聘、干部职级晋升等方面又受到编制、职数总量的限制，必然出现工作任务超负荷、发展通道受阻的现象，严重影响辅导员的幸福感、获得感，影响职业认同。三是必须在高校层面落细落实。高校是辅导员队伍顶层设计、制度设计的执行者，党和国家的一系列文件、政策需要通过高校以及学校的具体管理部门转化为可执行、可操作的具体办法，才能让辅导员获得最直接的感受，得到最真切的实惠。定期培训和基层挂职锻炼是高校辅导员加强交流、认识社会、提升能力的重要机会，教育部要求高等学校把辅导员培训纳入师资队伍和干部队伍培训整体规划，每年参加不少于 16 个学时的校级培训，每五年参加一次国家级或省级培训，并创造条件支持辅导员到地方党政机关、企业、基层等挂职锻炼。如果高校层面不出台具体的政策和操作办法，党和国家层面的顶层设计将无法落实，或者在实施进程中严重滞后，久而久之必然影响辅导员队伍的职业归属和职业认同。

二、加强理想教育，强化情感认同

高校辅导员对这份职业的情感认同是促进其角色定位实践展开的持久

---

① 孔夏萌：《大学群体文化博弈中的辅导员角色定位——从角色尴尬到身份认同》，载《江苏高教》，2019 年第 1 期。

动力。弗洛伊德说，人生最重要的事是工作和爱。广义的“爱”是对他人、集体、社会、国家、民族的情感认同，是对自己所从事事业秉承的坚定信念和崇高理想。反之亦是如此，只有具备坚定的职业理想和崇高的事业追求，才有可能对所从事的工作产生强烈的情感认同，才能带着深层的“爱”去工作，获得稳定持久的工作动力。

强化情感认同，加强理想教育，首先，要引导高校辅导员坚定对教育事业的理想信念和深厚情怀。苏格拉底说，教育的本质是唤醒，是开发你的内心。教育是促进人的社会化的重要方式，是促进个体全面发展的必然路径。教育对于学生来说最重要的不是传授知识，而是对知识的热情、对生命的敬畏、对美好生活的向往以及对未来的信心。辅导员是高校教师队伍的重要组成部分，从事着伟大的教育事业，担负着启智育人的重要使命。习近平总书记在与北京师范大学师生代表座谈时的讲话中指出，老师肩负着培养下一代的重要责任，正确的理想信念是教书育人、播种未来的指路明灯。一个优秀的老师，既要授业，更要传道解惑，没有坚定正确的理想信念，没有对教育事业的深厚情怀和执着追求，不可能成为一名好老师，也不可能成为一名优秀的辅导员。其次，要引导高校辅导员坚定对中国特色社会主义事业的理想追求，深化对立德树人根本任务的情感认同。为中华民族谋复兴，为中国人民谋幸福是中国共产党人的初心和使命。建成全面小康社会的第一个百年奋斗目标已经顺利实现，建设社会主义现代化国家的第二个百年奋斗征程已经开启，实现中华民族伟大复兴的中国梦需要一代又一代人不忘初心、牢记使命，接续奋斗。辅导员是高校思想政治工作的骨干力量，承担着立德树人根本任务，肩负着为党育人、为国育才的重要使命，是培育担当民族复兴大任时代新人的重要力量。习近平总书记指出，广大教师承担着传播知识、传播思想、传播真理，塑造灵魂、塑造生命、塑造新人的时代重任，传道者自己首先要明道、信道，要坚定理想信念，努力成为先进思想文化的传播者、党执政的坚定支持者。高校辅导员应当树立“教育为人民服务、为中国共产党治国理政服务、为中国特色社会主义服务、为改革开放和社会主义现代化建设服务”的理想信念，提高政治站位，把个人的职业理想与国家的前途命运联系起来，把个人的奋斗融入中国特色社会主义现代化建设的伟大事业，增强职业的荣誉感、使命感和责任感。再次，要引导高校辅导员坚定对学生工作的事业追求，在学生成长成才的过程中增进情感认同。高校辅导员不仅是时代新人的引领者，也是学生日常事务的管理者、健康成长的服务者，是学生成长过程中接触最多、最亲近的老师，学生的成长和进步就是辅导员工作的职业追求，也是辅导员职业成就感的重要来源。我们要引导高校辅导员将自身发展与学生成长结合起来，超越学生工作日常事务的繁杂性，找到职业追求的成就感和荣誉感，增强职业的获得感和幸福感，坚定理想信念，主动追求自身的专业化职业化发展路径。

三、加强团队建设，强化文化认同

辅导员角色定位是整体性与个体性的统一，这就要求我们加强辅导员团队建设，以团队的力量进一步彰显辅导员队伍角色定位的整体性，满足社会大众和各级组织对辅导员队伍的整体期望，尽量降低辅导员个体难以独立承受的角色负担，促进高校辅导员角色定位整体性、个体性的和谐统一，增进辅导员职业的文化认同。团队建设是促进高校辅导员“实践角色”“领悟角色”向“理想角色”转化的重要途径，也是实际工作中以辅导员角色定位的个体性塑造整体性的重要方式。

加强辅导员团队建设，首先要有团队建设的坚强领导核心和组织依托。一般来讲，高校辅导员队伍都实行校院两级组织双重管理。从业务工作来讲，高校辅导员根据分工需要分别负责思想教育、心理健康、日常管理、学风建设、就业创业指导、共青团建设、安全稳定等具体的工作内容，分别接受学校学生工作部、就业创业指导中心、团委、保卫处等单位的指导和管理；从身份归属上看，辅导员又分别隶属于不同的二级学院，接受学院党委行政的指导和管理。加强辅导员团队建设，必须有坚强的领导核心和组织依托。毫无疑问，高校党委是辅导员团队建设方面的领导核心，而代表学校党委管理学生工作的部门——学生工作部则是辅导员团队建设的重要组织依托。二级学院在辅导员团队建设方面发挥着广泛动员和积极参与的作用，受辅导员数量和职责分工差异性的影响，难以在内部形成细分团队，但它在创造条件、广泛动员方面具有先天优势，是高校辅导员团队建设的重要基础。其次要制定好高校辅导员团队建设规划。高校辅导员队伍来源渠道多，年龄结构差异大，学科背景复杂，职责任务各不相同，团队建设不能一蹴而就，必须尊重现实、尊重差异、尊重意愿，做好切实可行的建设规划。《普通高等学校辅导员队伍建设规定》明确了辅导员在思想理论教育和价值引领、党团和班级建设、学风建设等九个方面的主要职责，除最后的“理论和实践研究”外，其他八个方面均代表了辅导员的日常工作分工，为做好高校辅导员团队建设规划提供了方向指引和基本遵循。再次，要创新高校辅导员团队建设方法。创新是当今世界的本质特征，高校辅导员团队建设要立足大学生思想政治工作实际和高校辅导员队伍发展现实，创新方式方法，才能有效增强团队的凝聚力和战斗力。高校辅导员本身是活力和激情的代表，具有创新的理念、技能和经验。在团队建设中落于窠臼、老套的方式方法难以激发他们的兴趣，靠行政力量去推动反而会增加辅导员的疲惫感和厌倦感。因此，在辅导员团队建设中应当与时俱进，在榜样示范、交流研讨等传统方式的基础上，多引入网络、视频、微信、QQ、抖音等新媒体手段，增强团队建设的时代感和创新度，力求取得事半功倍的实际效果。最后，要搭建高校辅导员团队建设的平台。良好的平台是辅导员团队建设的重要基础，近年来各地方政府、各大高校相继推出了辅导员名师工作室、新媒体“微宣讲”、大学生思想教育与实践研究中心、辅导员专项科研基金等项目，这既是辅导员做好工作、干事创业的实践平台，也是加强辅导员团队建设、提高工作水平和能力的有力支撑。

四、加强专业培训，强化身份认同

高校辅导员因为专业门槛要求较低而常常被视为“万金油”“救火队”的角色。作为一个职业群体，学科背景的多样化以及缺乏专业性常常成为制约辅导员身份认同的障碍。国外辅导员职业已经从不同的边缘性、辅助性、补充性工作领域发展成为一种专业性、综合性很强的职业，辅导员利用自己的专业所长为学生成长成才提供专业化、个性化的咨询辅导和成长指导。[①] 高校辅导员角色定位是综合性和专业化的统一，综合性是其角色定位整体性的总体要求，专业化则是其角色定位个体性的发展方向。加强专业培训，提高辅导员工作专业化程度，不仅是教育部倡导辅导员队伍建设专业化职业化的必然要求，从长远来看，也是强化高校辅导员身份认同，增强职业归属和职业理想的必然选择。从教育部公布的《高等学校辅导员职业能力标准(暂行)》来看，初级、中级辅导员的职业能力要求强调辅导员角色定位的综合性，高级层次的辅导员在此基础上，则特别强调在思想政治教

① 罗公利、聂广明、陈刚：《从国际比较中看我国高校辅导员的角色定位》，载《中国高等教育》，2007年第7期。

育工作某一领域有深入研究并具备有影响力的成果，成为该领域的专家，更加强调辅导员角色定位的专业性。该文件从思想政治教育、党团建设、日常事务管理、心理健康教育与咨询、网络思想政治教育、危机事件应对、职业规划与就业指导七个方面对高校辅导员的专家能力标准进行了界定，高校辅导员根据自己的职责任务、兴趣爱好、能力水平等从中选择一个方面，达到相应标准即可认定为高级辅导员水平。

加强专业培训，增强辅导员工作的专业化水平，有利于强化身份认同，是推进高校辅导员专业化职业化建设的重要途径。一是要建立专业培训的常态化长效化机制。新时代青年大学生成长成才的环境不断变化，高校思想政治工作既面临新形势新机遇，又面临新挑战新压力。习近平总书记指出，做好青年学生的思想政治工作要坚持“围绕学生、关照学生、服务学生”，高校辅导员要成为学生健康成长的人生导师和知心朋友，必须紧跟时代步伐，掌握思想政治工作的基本规律，回应青年学生的成长诉求。各级各类学校应为高校辅导员工作创造学习机会，把辅导员培训纳入学校教师队伍建设的培训规划统筹谋划、系统推进，建立常态化长效化培训、轮训机制，增加辅导员的学习培训机会。二是要分层次开展针对性的专业培训。一方面要根据高校辅导员的工作年限和初级、中级、高级能力水平开展针对性培训。不同能力层次的辅导员具有不同类型的培训需求。刚入职的辅导员需要加强岗前培训，主要开展理想信念、岗位认知、基本技能等方面的培训，培训内容偏重于综合性知识；对工作年限较长、具备中高级能力的辅导员培训内容应逐渐增加专业性，侧重工作的方法艺术、思想政治工作的基本规律等内容。另一方面要根据辅导员团队建设和职责分工开展专业培训，对分管思想教育、党团建设、日常事务管理、心理健康教育与咨询、网络思想政治教育、危机事件应对、职业规划与就业指导等方面的工作的辅导员进行专题培训，针对他们工作的具体实践来进行，解决他们工作中的实际问题，促进工作经验的总结提升和规律性认知，从而提高工作的专业化水平。三是要创新方式方法，多样化开展专业培训。坚持请进来与送出去相结合，邀请本领域的专家学者来校集中开展培训，同时组织辅导员参加教育部以及各省市教育厅组织的专题培训班，加强工作交流，相互取长补短，以丰富的形式和高质量的内容增强专业培训的吸引力和有效性，提升专业培训的实际效果。近年来，部分高校之间还选派辅导员相互挂职锻炼，或者选派辅导员到地方或者企业挂职锻炼，这也是加强辅导员专业培训的有益探索和创新尝试。

第三讲　高校辅导员工作中的思想价值引领

习近平总书记用“拔节孕穗期”“小麦灌浆期”来形容引导青年的重要性，指出这一时期最需要精心引导和栽培，“这个时候阳光水分跟不上，就会耽误一季的庄稼”①。作为大学生日常思想政治教育的组织者、实施者和指导者，辅导员的工作职责中包含对大学生进行思想价值引领的要求。同时，辅导员的角色定位也决定了其应该不断提高学生的思想水平、政治觉悟、道德素质、文化素养，为学生解答好人生应该在哪里用力、对谁用情、如何用心、做什么样的人的问题，培养造就大批堪当时代重任的时代新人。

第一节　高校辅导员思想价值引领的重要意义

高校辅导员是大学生思想政治教育的骨干力量，承担着帮助大学生树立正确的世界观、人生观和价值观，坚定中国特色社会主义道路自信、理论自信、制度自信、文化自信的重要任务。辅导员对大学生进行思想价值引领，就是要用习近平新时代中国特色社会主义思想铸魂育人，用党的理想信念凝聚人，用中华民族伟大复兴历史使命激励人。这既是完成思想政治工作任务的需要，也是培养大学生成长为时代新人的必然要求。

一、完成辅导员思想政治工作任务的应有之义

从辅导员队伍创立到发展的历史来看，对大学生进行思想价值引领始终是辅导员队伍建设的初心，也是辅导员的安身立命之本。

一是从辅导员的工作职责看，思想价值引领是高校辅导员工作的主题。自辅导员制度建立以来，党和国家高度重视发挥辅导员在开展思想政治教育中的作用，并对辅导员进行思想政治价值引领进行了制度性安排。

---

① 中共中央文献研究室编：《习近平关于青少年和共青团工作论述摘编》，中央文献出版社 2017 年版，第 37—38 页。

2006年，教育部发布《普通高等学校辅导员队伍建设规定》，明确指出辅导员的主要工作职责包括："帮助高校学生树立正确的世界观、人生观、价值观，确立在中国共产党领导下走中国特色社会主义道路、实现中华民族伟大复兴的共同理想和坚定信念。积极引导学生不断追求更高的目标，使他们中的先进分子树立共产主义的远大理想，确立马克思主义的坚定信念。"①

2014年，教育部印发《高等学校辅导员职业能力标准(暂行)》，将"育人为本"作为辅导员"职业守则"的重要内容，并明确要求辅导员要把握思想政治教育规律和大学生成长规律，引导学生树立正确的世界观、人生观和价值观。

2017年，教育部对《普通高等学校辅导员队伍建设规定》进行了修订，明确要求高校辅导员的工作职责包括"思想理论教育和价值引领"，主要内容包括两个方面：一是引导学生深入学习习近平总书记系列重要讲话精神和治国理政新理念新思想新战略，深入开展中国特色社会主义、中国梦宣传教育和社会主义核心价值观教育，帮助学生不断坚定中国特色社会主义道路自信、理论自信、制度自信、文化自信，牢固树立正确的世界观、人生观、价值观。二是掌握学生思想行为特点及思想政治状况，有针对性地帮助学生处理好思想认识、价值取向、学习生活、择业交友等方面的具体问题。相比于第一版，修订后的《普通高等学校辅导员队伍建设规定》增加了"深入开展社会主义核心价值观教育，综合运用教育教学、实践养成、文化熏陶、研究宣传等方式，把社会主义核心价值观落实到学生日常管理服务各个环节，形成高校学生的日常行为准则，使高校学生自觉将社会主义核心价值观内化于心、外化于行"的相关内容，进一步强化了辅导员对大学生进行思想价值引领的要求。

二是对学生进行思想价值引领是辅导员践行"教师"角色身份的必然要求。辅导员具有教师和管理干部双重身份。其中，"教师"身份重在育人，其主要表现形式就是思想价值引领。如果辅导员不能把思想价值引领当做自己的本事，而是只能去完成事务性工作，那么其角色的可替代性就很强，而且还会失去职业发展的基础和动力。

---

① 教育部思想政治工作司：《加强和改进大学生思想政治教育重要文献选编(1978—2008)》，中国人民大学出版社2008年版，第217页。

明确高校辅导员的主要工作任务是“大学生思想政治教育”，要警惕把“辅导员队伍专业化”理解为“学生事务专门化”的倾向。在不少高校，凡是和学生有关的工作似乎均由辅导员来完成，导致辅导员每天疲于应付各种事务性工作，甚至很多学院的行政工作有时也由辅导员承担，使辅导员不仅无法有效进行自我提升，而且极易产生职业倦怠。从高校辅导员产生和发展的历史来看，其最初的身份是“政治辅导员”，主要任务是从事大学生思想政治教育工作。按照工作方向的不同，可以衍生出思想政治教育、学生党建、学生事务管理、职业规划与就业指导、心理健康教育等多个方面。但无论如何，辅导员的主要工作应该是大学生思想政治教育工作。由于思想政治工作相对较“虚”，并且工作效果难以衡量，而由上级单位和学校各部门下达的学生事务工作任务较“实”，导致辅导员在实际工作中出现工作重要程度和耗费精力倒置的情况。因此，明确辅导员“育人”的主要工作职责是辅导员践行“教师”角色身份的必然要求。

三是辅导员立足新时代要求，真正成为大学生引路人的必然要求。在第 32 个教师节前夕，习近平总书记在北京市八一学校考察时对广大教师提出了“四个引路人”的要求，即教师要做学生锤炼品格的引路人，做学生学习知识的引路人，做学生创新思维的引路人，做学生奉献祖国的引路人。辅导员具有教师和管理干部双重身份，同时又兼具“知心朋友”和“成长导师”双重角色。因此，辅导员通过思想价值引领成为大学生的引路人具有独特的使命和优势。

首先，辅导员因其工作时空与大学生的关联性以及年龄阶段与大学生的契合性，更容易成为大学生的知心朋友，因此也就更容易了解大学生在成长中面临的各种各样的问题。要做好思想价值引领，真正把道理讲到大学生心里去，就必须将解决思想问题与解决实际问题相结合，了解大学生毕业求职、创新创业、人际交往、婚恋交友等方面的操心事、烦心事，关注大学生所思、所忧、所盼，让他们感受到关爱就在身边、关怀就在眼前。

其次，要当好大学生的引路人就必须成为大学生的成长导师，引导大学生立鸿鹄志，做奋斗者，而不是成为“精致的利己主义者”。大学生理想信念的具体性和功利性突出是一个老问题。部分大学生面对日趋激烈的社会竞争，忽视长远目标而明显地表现出强烈的功利性，并体现出道德行为与道德认知的不一致性，成为“精致的利己主义者”。部分大学生在人生规划时实用主义思想倾向较为严重，注重个人的发展和价值实现的务实选择成为部分学生的首选。例如，被问及“哪类同学的行为最符合心目中身边榜样的标准”时，“出国留学经历履历光鲜”“在大企业工作”成为大部分人的首选，而投身基层和服务社会并不占主流。大学生表示对于拿到多个欧美名校 Offer，入读世界顶尖学府的同学更加值得作为榜样，还有同学选择将在中央部委、知名外企、央企、投行等单位就业的同学作为榜样，而将响应祖国号召、主动赴西部和基层就业同学作为榜样的大学生比例较少。因此，辅导员要从当代大学生的内在需求出发，激发大学生坚定理想信念的内在动力，引导大学生认识到扣好人生第一粒扣子的重要性。

四是培养德智体美劳全面发展的社会主义建设者和接班人的必然要求。从思想政治教育发生的角度来看，思想政治教育是指一定社会或群体用规定的思想观念、政治观念、道德规范，对其成员施加有目的、有计划、有组织的影响，并促使其自主地接受这种影响，从而形成符合一定社会一定阶级所需要的思想品德的社会实践活动。强调培养德智体美劳全面发展的社会主义建设者和接班人，就是要回到思想政治教育的本质和初心，让思想政治教育在日常行为和活动中潜移默化地发挥作用，而不是让其成为一种“附加的”影响。无论是发现美、捕捉美、创造美，亲近劳动、热爱劳动，还是在赛场上拼搏流汗，学生可以通过个体的感知、经历、实践，并经过体会、揣摩、反思和体悟，自然而然地达到对教育内容的接受。这种对教育内容的体验往往伴随的是在教育过程中的主动投入和自我教育，虽然是不自觉地，却是有效和持久的。辅导员作为大学生的“身边人”，具备对大学生开展隐性思想政治教育的天然优势，而不论是何种教育形式，其目的都是为了促进人的全面发展和人的现代化，培养一代又一代的社会主义建设者和接班人。

五是适应全媒体时代思想政治工作因势而新的题中之义。在全媒体时代，“怎样说”和“说什么”一样重要。当前有些基于新媒体的理想信念教育方式，从形式上看试图走近青年，使用了一些网络流行语和表达方式，但内核仍旧是“灌输式”的，只不过是把以往在线下的教育思路和模式通过微信公众号等方式搬到了线上。如果只关注内容本身，忽略内容的有效传播，大学生只需要把我们“取关”就能让教育成效“归零”。因此，要放下架子，重新认识大学生，研究大学生的媒体接受习惯，将我们想说的和大学生想听的结合在一起，将“互动”意识渗透到信息产品生产和传播的各个环节。

转变话语方式，前提是转变思维方式。只有用新媒体思维去思考，话语表达方式才是新媒体的。这其中最关键的是两大思维模式。一是“互动”思维。全媒体时代，资讯内容与社交的关系越来越强。信息的制作和发布不再与用户无关。一则新闻的产生是与用户共同创造的，“用户制作内容”已经成为当前最重要的特征。二是“用户思维”。纵观高校思想政治教育的发展历程，我们经历了“以本为本”到“以生为本”的转变。将学生看作需要服务的“用户”，而不是等待说教的“受众”，摒弃高高在上的说教和灌输，正是“以生为本”理念的具体体现和在全媒体时代的进一步深化。

从战略定位上看，要从掌握文化育人主导权的高度去看待新媒体育人的问题。网络思想政治教育发展三十余年来，我们对互联网与思想政治教育关系的一个基本经验和判断就是：我们不可能封杀互联网，而是要驾驭互联网。自互联网进入我国以来，大学生就一直走在网络使用的前列，如果只是“防、堵、管”的话，那辅导员只能成为“救火队”，永远跟在问题后面走。因此，辅导员要坚持互联网“为我所用”的工作理念，强调思想政治教育要进网络，充分利用网络手段拓展思想政治教育的视野，发挥网络在思想政治教育中的作用。

二、培养大学生成长为时代新人的必然要求

培养担当民族复兴大业的时代新人是新的历史方位下党的人才培养定位，是党的教育方针在新时代的阐释表达。在党的十九大报告中，习近平总书记提出了“培养担当民族复兴大业的时代新人”的重要论述。中共中央国务院《关于新时代加强和改进思想政治工作的意见》中明确提出要“实施时代新人培育工程”。当前，大学生理想信念的内容主流是积极、健康、向上的。绝大部分大学生能够树立和坚定中国特色社会主义共同理想和共产主义远大理想，对中国特色社会主义道路充满信心，但也有部分大学生理想信念的理论根基不牢固，没有真正掌握马克思主义的立场、观点和方法分析问题。在这个关键的人生阶段，辅导员担负着培养和引导青年的重要责任。能否引导他们树立坚定的理想信念，直接关系到培养担当民族复兴大业时代新人的实现。

一是应对西方敌对势力对大学生的渗透需要主动作为。习近平总书记强调：“我们党立志于中华民族千秋伟业，必须培养一代又一代拥护中国共产党领导和我国社会主义制度、立志为中国特色社会主义事业奋斗终身的

有用人才。在这个根本问题上，必须旗帜鲜明、毫不含糊。”①高校是意识形态工作的前沿阵地，马克思主义与反马克思主义的较量经常短兵相接，意识形态斗争触点多、燃点低。青年大学生是防范意识形态渗透的最主要的群体。我们党的思想政治教育有鲜明的意识形态属性和明确的社会主义方向，在这种规定性下，高校必须旗帜鲜明地坚持正确的政治导向，牢牢把握意识形态主导权，因为它直接决定了“为谁培养人”和“培养什么人”的问题，关系到我们培养的人走什么路、跟谁走的问题。

当前，部分高校意识形态领导权把握不牢问题时有发生，存在学生社团思想引领有待加强、师生意识形态风险防控意识不足等问题。因此，辅导员必须进一步强化思想价值引领，特别是加强理想信念教育，引导大学生在大是大非面前保持政治清醒。

二是面对全媒体时代带来育人环境的深度变迁需要主动应变。全媒体时代的到来，改变了信息生产和传播的方式，促成了传播权力的再分配，也带来了育人环境翻天覆地的变化。“00后”大学生的成长历程基本上和互联网进入我国的进程是同步的，是典型的数字时代“原住民”。他们更习惯于从社交媒体上分享并传播信息，而不是依赖主流媒体的信息渠道。从接受习惯来看，“00后”大学生更加习惯通过图像、视频的方式获取信息，尤其是偏好社交网络上的短视频内容。

全媒体时代使得思想价值引领呈现出与以往时代不同的特点，更加互动的网络交流模式，为进一步增强大学生理想信念教育的说服力、感染力、交互力和传播力打开了可能空间。同时，网络信息发布方式具有明显的去中心化、分散化的倾向，各种思想观念和社会文化现象竞相在网络空间登台亮相，网络成为各种思想观念争夺的重要阵地，需要辅导员在日常工作中予以重点关注。

三是消解消费主义盛行导致的大学生艰苦奋斗动力不足的问题需要主动出击。从成长背景看，当代大学生的消费习惯形成于我国居民可支配收入持续增长的时期。一方面，与父辈相比，他们的储蓄动机不强，炫耀性消费、跟风式消费、攀比式消费的比例相对较高。另一方面，新形势下“无人不网”“无处不网”甚至是“无网不欢”已经成为当代大学生的真实写照。他

---

① 《习近平主持召开学校思想政治理论课教师座谈会强调　用新时代中国特色社会主义思想铸魂育人 贯彻党的教育方针落实立德树人根本任务》，载《人民日报》，2019年3月18日。

们的成长历程伴随着移动互联网的兴起与发展，是名副其实的“移动互联网原生的一代”，他们也是消费主力人群。因此，商家会想尽一切办法迎合大学生的需要，制造各种概念，贩卖特定的生活方式，刺激大学生产生消费欲望。虽然媒体与商家“合谋”，以年轻人为主要对象助推消费主义泛滥并不是一个新现象，但在新的媒体环境下，商家利用新的传播理念、技术和方式，主动迎合大学生的思想行为特点，适应大学生的网络使用习惯，使得消费主义对大学生的侵蚀更加隐蔽，形成了新的表现形式和特点。面对这一情况，辅导员要高度警惕新形势下消费主义对大学生的侵蚀，全面把握新情况和新问题，引导大学生树立正确的消费观、价值观，把握实现人生价值的正确路径。

四是针对部分大学生不能正确看待奋斗与享受的关系要主动作为。当前，享乐主义对大学生的侵蚀往往隐藏在“有闲阶级”奢侈方式的展示中。打开“小红书”，里面充斥了大量真假难辨的名车、豪宅、奢侈品，这种由传媒打造的“成功”很容易让大学生失去踏实努力的动力。

即时满足往往会滋生短视功利化的思想倾向。如果大学生脑子里每天都在想“挣快钱”“成名要趁早”，就会失去踏实努力的动力，对为了长远目标而艰苦奋斗缺乏耐心。大学阶段是一个人价值观养成的关键时期，不断“种草”和“拔草”的过程，在透支金钱的同时，也放松了对自己的要求。当把精致与否设定成衡量生活质量的尺度，相信“房子是租来的，但生活不是”，“在我心中，什么都能省，但热爱不能省”，就会掉进消费主义的陷阱里不能自拔。辅导员要引导学生勿将对美好生活的追求与消费水平的提升混为一谈，应教育引导学生量入为出、理性消费，预防学生出现“账单式小康”，成为“无产中产阶级”“花呗式青年”“隐形贫困人口”。

第二节　高校辅导员思想价值引领的主要内容

2020 年 6 月 30 日，习近平总书记给复旦大学《共产党宣言》展示馆党员志愿服务队全体队员回信，勉励他们继续讲好理想信念的故事，提出在学思践悟中坚定理想信念，在奋发有为中践行初心使命的殷切期望。习近平总书记的重要论述为辅导员做好新时代大学生思想价值引领提供了根本遵循。

一、学：引导大学生学习马克思主义理论

习近平总书记在庆祝中国共产党成立 100 周年大会的讲话中指出："中国共产党为什么能，中国特色社会主义为什么好，归根到底是因为马克思主义行！"①马克思主义是我们立党立国的根本指导思想，是全党全国人民团结奋斗的思想基础。马克思主义理论教育是高校思想政治教育的核心内容，引导大学生学习马克思主义理论，可以帮助他们树立正确的世界观、人生观和价值观，这也是思想政治教育的题中之义。著名马克思主义历史学家和教育家胡华曾指出："系统的马克思列宁主义的理论教育，是我们进行这种思想改造的最主要的方法，因为系统的马克思主义理论是批判各种反动的错误思想的战无不胜的批判武器，是帮助学生树立和巩固共产主义世界观的科学。"②此外，胡华在改革开放之初就曾指出："正由于理论知识和历史知识缺乏，有的大学生就因为经受过政治动乱而厌倦政治，还有极少数人又在探索改革中思想陷入混乱的歧途。这些极少数人受极'左'思潮和无政府主义的熏染和祸害较重。当他们睁眼看世界时，又往往被资本主义世界花花绿绿的物质享受所迷惑不解。"③虽然这是在 40 余年前提出的观点，但放到今天依然有很强的现实意义和价值。

从辅导员的工作职责和角色出发，可以通过日常思想政治教育的方式，从以下三个方面引导大学生学习马克思主义理论。

一是着力提升大学生的马克思主义理论素养。习近平总书记强调："我们培养的人，必须树立共产主义远大理想和中国特色社会主义共同理想。没有这一条，培养社会主义建设者和接班人就不成立了。"④首先要讲清楚共产主义的科学性，实现过程的长期性和曲折性，学习理解共产主义是理论、运动、制度的辩证统一，让学生从思想上真正破除"共产主义渺茫论""共产主义悲观论"的错误观点。大部分学生能够坚持历史唯物主义观点立场，正

---

① 习近平：《在庆祝中国共产党成立 100 周年大会上的讲话》，载《人民日报》，2021 年 7 月 2 日。

② 胡华：《政治理论课与大学生思想政治教育——在中国人民大学学术委员会第 36 次会议上的发言》，《胡华文集》第 4 卷，中国人民大学出版社 2013 年版，第 355 页。

③ 胡华：《热爱党史、宣传党史、坚守阵地》，《胡华文集》第 4 卷，中国人民大学出版社 2013 年版，第 565 页。

④ 习近平：《培养德智体美劳全面发展的社会主义建设者和接班人》，《十九大以来重要文献选编》上，中央文献出版社 2019 年版，第 648 页。

视共产主义最高理想，但在少数学生的眼中，共产主义虽然是崇高的社会理想，却难以实现，是可望而不可即的渺茫的美好愿望，反映出其还存在对唯物史观掌握不牢靠的问题。因此，要讲清楚中国特色社会主义共同理想与共产主义理想的关系。中国特色社会主义共同理想是社会主义核心价值体系的基本内容的一部分。绝大部分大学生对于牢固树立中国特色社会主义共同理想高度认同，但部分大学生对于中国特色社会主义共同理想的内容了解不够深入。这反映出当前大学生在理想信念深层次的理论基础上还有很多的误区和迷惑。

二是要引导大学生坚守马克思主义立场。大学生“精神缺钙”的根本原因在于历史唯物主义的观点不牢靠，没有学会用马克思主义的立场、观点和方法观察和解决问题。作为开展日常思想政治教育的骨干力量，辅导员可以在帮助学生端正入党动机等具体工作中引导大学生坚守马克思主义立场，教育引导大学生永远以党的旗帜为旗帜，以党的方向为方向，以党的意志为意志。

树立正确的入党动机是争取入党的首要问题，从根本上决定了一名党员的素质和行为。对大学生入党动机的考察，对于大学生能否坚持马克思主义的立场观点具有一定的代表性。大部分大学生入党动机正确，具有高度的政治信仰和使命感，对党的领导衷心拥护，对党中央治国理政新理念新思想新战略高度认同。但错误的入党动机甚至功利主义依然存在于大学生群体当中，存在“谋求仕途发展”和“增强就业竞争力”等错误的入党动机。党的发展壮大离不开大学生群体作为新鲜血液的加入，坚持马克思主义的立场观点，引导大学生纯洁入党动机，积极改造主观世界，是辅导员在新时代理想信念教育中需要不断加强的重要内容。

三是重点用习近平新时代中国特色社会主义思想铸魂育人。要强化政治引领，引导大学生把握实现人生价值的正确路径。习近平总书记指出：“青年的人生目标会有不同，职业选择也有差异，但只有把自己的小我融入祖国的大我、人民的大我之中，与时代同步伐、与人民共命运，才能更好实现人生价值、升华人生境界。离开了祖国需要、人民利益，任何孤芳自赏都会陷入越走越窄的狭小天地。”①这既为青年人作出正确的人生选择指明了方向，又是辅导员引领大学生树立正确价值观的根本依据。

---

① 习近平：《在纪念五四运动100周年大会上的讲话》，人民出版社2019年版，第7页。

要引导大学生在实现人生价值的路径上做到“观大势”。只有“观大势”，力争“成大事”，才能摆脱物欲的支配，将自己的人生层次从对“买买买”获得即时满足提升到践行时代使命，争做新时代的奋斗者上。把为实现中华民族伟大复兴的中国梦贡献力量作为自己的人生目标，就不会迷失于消费主义贩卖的所谓“美好生活”和“高尚生活方式”，而是自觉用奋斗铺路，让理想延伸。当一个人的精神世界不再贫瘠，就不会希望通过物质生活来弥补，也就不会轻易被社交平台上精心包装的“大V”洗脑。

二、思：引导大学生在思辨社会思潮中坚定理想信念

社会思潮是一定时代社会主体和矛盾的集中反映，同时也是社会变革和社会矛盾在思想领域的深刻写照。高校是意识形态斗争的前沿阵地，除了马克思主义主流意识形态话语体系之外，形形色色的非马克思主义思潮也不同程度地影响到大学生的思想观念。从积极方面讲，不同的社会思潮可以让大学生的思维更加多元、丰富和开阔；从消极方面讲，一些大学生思想中存在的自由主义、虚无主义、无政府主义、狭隘的民族主义等错误的思想倾向都能在其接受的社会思潮中找到影子。此外，自由主义、人本主义等对大学生影响较深的社会思潮无一不是庞大的思想理论体系，大学生很难理解而且不愿意去深入探究，他们更习惯于快餐式的文化接受方式。这种碎片化的理解使得大学生难以判断某种思潮的价值取向甚至盲目跟从。因此，辅导员要想做好新时代大学生的思想价值引领，就必须引导大学生在思辨社会思潮中坚定理想信念。

一是提高认识，始终坚持马克思主义指导地位，增强大学生辨别各种错误观点和思潮的能力。马克思主义的发展道路充满了对各种思潮的理论批判和现实斗争，只有向大学生讲清楚中国特色社会主义道路与其他思想的根本差异，讲清楚现实经济结构的变化导致的多元的社会意识，才能正确回应不同社会思潮对马克思主义理论的冲击。当前，国际国内形势深刻复杂变化，社会思想文化和意识形态领域更加复杂。大部分同学能够正确厘清历史虚无主义、民族主义等错误的社会思潮，但对于裹挟自由、民主、平等外衣的民主社会主义、新自由主义等蕴含资本主义价值观的错误思潮，大学生辨别能力较弱，理想信念容易受到影响。例如，相当一部分同学没有意识到民主社会主义思潮的本质和危害，对民主社会主义和科学社会主义的基本立场观点混淆不清。大部分同学能够认识到“普世价值”的错误，

但在对“西方自由、平等、博爱、人权就是人类的普世价值”观点的判断上存在模糊认识。

对于大学生来讲，“普世价值”“历史虚无主义”“新闻独立观”“极‘左’思维”等意识形态领域的问题相比于显性的西方政治宣传更为有害。这不仅因为大学生的理论基础和辨别能力相对较差，还因为这些观点或理论往往以学术研究的面目出现，并将其真正的政治取向隐藏其中，带有较强的隐蔽性和迷惑性。所谓“自由”“民主”“告别革命”“否定社会主义道路”等政治意图混杂在“重新评价历史”等所谓的学术观点中，或者以影视作品、文学作品等载体出现，并通过互联网进行传播，极易造成大学生的思想混乱。以上诸种情况决定了辅导员必须从加强大学生的理论教育入手，增强他们运用马克思主义立场、观点和方法分析和解决问题的能力。

二是注重加强对大学生关注的当代社会思潮的理论阐释，增强大学生的政治敏锐力和政治鉴别力。对主流意识形态的灌输必须同对错误思潮的批判相结合才能真正有效果，而对错误思潮分析的核心是讲清楚其背后的思想实质和政治图谋。当前，各类社会思潮在互联网尤其是社交媒体上的“众声喧哗”早已不再仅仅是学术观点之间的碰撞，其实质是意识形态话语权的争夺，背后的根本目的是争夺人心。从网络思潮对大学生的影响来看，大学生乐于接受新鲜事物和观点，但对形形色色的社会思潮分辨能力较差，缺乏维护意识形态安全的自觉性。在社交媒体成为大学生公共表达主要场域的背景下，少数大学生成为意识形态领域各种噪音杂音的“传声筒”和“扩音器”。此外，更应该警惕的是民粹主义等社会思潮带有很强的现实干预性，这对大学生的网络参与行为有直接的影响。

各类错误思潮无论如何伪装，其思想实质无非是否定马克思主义，搞“非意识形态”和“淡化意识形态”那一套；政治图谋无非是试图否定党的历史和党的领导，宣扬西方资本主义价值观，诱导我国走改旗易帜的邪路。大学生之所以容易被形形色色的网络思潮所迷惑，除了这些思潮的某些观点迎合了大学生的猎奇心理之外，其根本原因还在于大学生的马克思主义理论基础薄弱，缺乏必要的政治鉴别力。个别大学生信奉“一人一票”，迷信西式民主，但并没有真正了解这些观点或思潮所代表的阶层或社会群体，不仅在政治上是幼稚的，还很有可能在西方国家的意识形态渗透中迷失方向。

三是引导大学生正确看待中国与世界的关系。全媒体时代带来了线上虚拟世界的全方位开放，我们几乎无时无刻不在面临着如何看待中国与世界的关系问题。特别是在本次新冠肺炎疫情期间，来自四面八方的国际舆论和思潮通过网络快速传播，短时间让人应接不暇，对于分辨能力不强的大学生来讲更容易造成思想上的混乱。

正确认识中国与世界的关系，引导大学生全面客观认识当代中国、看待外部世界，包括两个维度的问题：一是正确认识中国和世界发展大势。二是正确认识中国特色和国际比较。在信息泛滥的今天，做好这项工作有特殊重要的意义。

正确认识中国和世界发展大势，才能坚定为共产主义奋斗的理想信念。总体来看，绝大部分大学生对于共产主义最高理想的认知程度较好，能够自觉地将中国特色社会主义共同理想和共产主义最高理想结合起来，认识到建设中国特色社会主义是当前我国实现最高理想的必经阶段，能够认识到共产主义理想实现的长期性和必然性。但在理想信念教育过程中对于唯物史观的教育不到位，导致部分大学生分辨能力不足。

正确认识中国特色和国际比较，才能真正树立“四个自信”。当前大学生中出现的相当一部分思想问题，究其根源正是因为没有全面客观认识当代中国和外部世界。部分大学生对中国了解得少，对发达国家了解得多。他们向往媒体中营造出来的发达国家的生活，在遇到问题时习惯性地将发达国家作为参照系，甚至认为“外国的月亮比中国圆”，亟须加以正确引导。

三、践：引导大学生在社会实践中受教育长才干

人的思想情感、意志品质、行为习惯要在具体的社会生活实践中才能培养起来。马克思在《资本论》中就曾指出：“未来教育对所有已满一定年龄的儿童来说，就是生产劳动同智育和体育相结合，它不仅是提高社会生产的一种方法，而且是造就全面发展的人的唯一方法。”①列宁也指出：“单从书本上来领会关于共产主义的论述，是极不正确的。……离开工作，离开斗争，那么从共产主义小册子和著作中得来的关于共产主义的书本知识，可以说是一文不值，因为这样的书本知识仍然会保持旧时的理论与实践的脱节，而这正是资产阶级旧社会的一个最令人厌恶的特征。”②因此，社会实

① 《马克思恩格斯选集》第2卷，人民出版社1995年版，第212页。
② 《列宁选集》第4卷，人民出版社1995年版，第283页。

践是课堂教学的有效延伸，也是开展高校思想政治教育的重要途径，其价值和意义就在于让学生在亲身参与中认识国情、了解社会。辅导员结合自身工作内容，可以从以下三个方面引导大学生在社会实践中受教育、长才干。

一是通过实践育人，引导大学生寓责任养成于社会的大学校之中。在马克思主义哲学视域中，实践是人类改造客观世界的活动，也是人类自我完善的创造性活动。从思想政治教育的视角看，实践就是要在改造客观世界的同时，改造主观世界，提高人的认识水平，满足人类在生产、社会交往、精神生活中的需求，最终实现人的自由全面发展。实践与育人之间本身就有紧密的联系，育人本身就是实践应有的题中之义，是实践的副产品。

习近平曾经在梁家河当过七年的知青，他结合自身经历指出："当年，我在梁家河插队，实际上就是在上社会大学，向群众学习，向实践学习，那段经历让我受益匪浅。"①正是这段宝贵的经历，使习近平认识到"中国梦是人民的梦，必须同中国人民对美好生活的向往结合起来才能取得成功"②。1990年，时任福州市委书记的习近平就曾告诫到福州参加社会实践的北大学生："不要认为学校中学到的知识是高超的、万能的，只有到社会中与群众打成一片，扭到一起后，才能真正知道所学的知识如何去发挥，如何去为社会作贡献。"③从习近平总书记的成长经历可以看出，实践育人是引导大学生责任养成的有效途径，也是辅导员需要着力去帮助大学生领悟和学习的成长必经之路。

二是引导大学生在社会实践中加深对国情、社情和民情的了解，增强社会责任心和历史使命感。辅导员要引导大学生按照习近平总书记的要求，"要眼睛向下、脚步向下，经常扑下身子、沉到一线"，"既要'身入'基层，更要'心到'基层"，"在深入分析思考上下功夫"。

通过参加社会实践，多到现场了解实情，真正把情况摸实摸透。只有站在田间地头和老乡聊聊心愿，才能摸清乡村振兴的工作方向；到生产车间向工人师傅虚心请教，才能把准技术革新的脉搏；进村入户倾听困难群

---

① 《习近平在全国高校思想政治工作会议上强调　把思想政治工作贯穿教育教学全过程　开创我国高等教育事业发展新局面》，载《人民日报》，2016年12月9日。

② 《习近平出席华盛顿州当地政府和美国友好团体联合欢迎宴会并发表演讲》，载《人民日报》，2015年9月24日。

③ 《习近平与大学生朋友们》，中国青年出版社2020年版，第97页。

众心声，才能感知民生需求所在。在基层和一线听到和看到的越多，第一手的资料掌握得越多，对问题认识就越深刻，就越能增强社会责任心和历史使命感。

辅导员要着力提升实践育人的实效性，善于把中央精神和要求具体化，善于把实际工作项目化，善于把基层经验理论化，不断创新工作理念思路、内容形式、方法手段，增强工作的针对性，让大学生在实践中明确中国梦是青年一代应该牢固树立的远大理想，中国特色社会主义是我们党带领人民历经千辛万苦找到的实现中国梦的正确道路，也是广大青年应该牢固树立的人生信念。

三是通过开展劳动实践教育，让大学生在劳动中增进价值定力。劳动是社会实践的重要形式，要引导大学生认识“人世间的一切幸福都要靠劳动来创造”的道理，在劳动中学会勤俭，避免过度消费行为的产生。

要突出劳动教育的价值观培育功能。劳动教育是一种价值立场教育，对于大学生养成量入为出习惯具有重要意义。要让大学生懂得“劳动是财富的源泉，也是幸福的源泉”的道理，认可“美好的人生是奋斗来的，也是通过劳动创造的”的价值取向。追求物质生活水平的提高本身并没有错，但需要通过辛勤劳动、艰苦奋斗和勤俭节约来实现。

要将劳动实践作为引导大学生树立科学消费观的重要手段。部分大学生沉迷于由商家打造的“美好生活”不能自拔，与从来没有参加过生产劳动，缺乏劳动观念和劳动体验，没有体验过物质生活匮乏的艰苦有很大关系。因此，要引导大学生在劳动中养成勤俭节约的习惯，将自觉珍惜劳动成果作为修身修德的重要要求。

四、悟：引导大学生领悟“小我”和“大我”的关系

马克思主义认为，人总是处在一定社会关系中的个人。因此，我们对人的本质的塑造，对人的思想道德素质的培养，应该从“一切社会关系的总和”，从“人们的交互活动”的角度来思考。从这个角度上讲，“小我”与“大我”的关系是大学生价值取向的根本问题之一，能否处理好这一关系，在很大程度上决定了大学生的人生选择。

习近平强调青年要到基层和人民中去建功立业，要求青年将“小我”融入“大我”，确立同祖国和人民联系在一起的人生志向，同人民一道拼搏，同祖国一道前进，“在服务人民、奉献社会、建设祖国的生动实践中体现人

生价值”①。坚持以人民为中心，扎根于人民，奉献于社会是理想信念教育必须坚守的导向和立场。大学生在理想信念教育中树立的对马克思主义的信仰，对中国特色社会主义的信念，对中华民族伟大复兴中国梦的信心，归结于实践中，就是将个人发展的小我融入祖国和人民的大我之中。具体来讲，辅导员要着重从以下三个方面聚焦发力，在“怎样做”的层面落实大学生理想信念教育的要求。

一是引导大学生正确认知时代责任，树立正确的价值观、择业观。当前大学生择业态度积极乐观，有理想、有担当，能够正确认识树立远大抱负和脚踏实地奋斗的关系，但部分学生存在理想信念认知与行为不一致的现象。绝大部分大学生能够认识到主动赴西部和基层就业是当代青年的责任与担当，但是少数大学生在择业选择时，更加注重物质生活的改善和个人价值的实现，与理想信念教育中倡导为国家民族社会奉献的精神存在着知行不一的现象。

大学生的人生目标不尽相同，职业选择也有差异，因此辅导员要在引导大学生进行价值选择时，将个人命运与国家命运紧密相连，个人理想与时代同频共振，让大学生树立行行建功、处处立业的择业观，认识到人生价值的实现离不开对于祖国和人民的奉献，青春理想只有融入党和国家的事业才会熠熠发光。

二是将实现中华民族伟大复兴中国梦作为凝聚大学生理想信念的重要支点，引导大学生正确处理个人发展与社会进步的关系。辅导员要引导大学生明确实现人生理想过程中“小我”与“大我”的关系，就要引导大学生在服务他人、奉献社会中实现人生理想，在国家、社会和集体中找到奋斗坐标。

总体而言，大学生普遍树立了明确的人生理想，能够将个人理想与国家理想、民族理想紧密联系起来，能够认识到人生梦是国家梦、民族梦和个人梦的有机统一。在进一步对个人、社会、国家民族的关系考察中，大部分同学都具有积极向上的人生价值取向，能正确看待“奉献”与“索取”之间的关系，并能认识到集体在人生价值实现中的重要作用。但也有少数大学生偏重个人价值，缺乏奉献意识。例如，有的同学认可“个人是社会的前

---

① 中共中央文献研究室编：《习近平关于青少年和共青团工作论述摘编》，中央文献出版社2017年版，第69页。

提，个人自由不应该受到限制”这一观点，表现出一定的“利己主义”的倾向。我们要培养的是中国特色社会主义建设者和接班人，是爱国主义的践行者和人民利益的维护者，而不是个人至上、物质为先的“精致的利己主义者”。因此，辅导员在开展理想信念教育时，必须引导大学生牢记以人民为中心的立场观点，将爱国主义教育作为新时代弘扬中华民族精神的核心，激活大学生对国家和民族的热爱，对人民利益的自觉维护，增强“四个自信”，将个人理想追求融入党和国家的事业之中，努力成为担当民族复兴大任的时代新人。

三是要引导大学生在实现人生价值的理念上认识到个人价值与社会价值是统一的。凡事只为个人的满足考虑，最终只能囿于个人的小天地。从长远来看，也无法实现个人价值和对美好生活的追求。只有将“小我”融入“大我”，才能从自我满足的小天地走向服务社会的大舞台，在实现中国梦的奋斗历程中实现人生价值。

马克思主义认为，人总是处在一定社会关系中的个人，“人的本质不是单个人所固有的抽象物，在其现实性上，它是一切社会关系的总和”①。从这个角度讲，“小我”与“大我”的关系是大学生价值取向的根本问题之一，能否处理好这一关系，在很大程度上决定了大学生的人生选择。“小我”与个人主义合谋的结果就是每个人都安于自己的“小确幸”，把个人的幸福和满足当做终极意义，看不到社会集体的进步是个人美好生活得以延续和进一步提升的前提。

大学生有什么样的价值观，往往就会作出什么样的人生选择。不论是只顾自己，还是专注于“饭圈”等各类小众圈层，如果大学生群体把满足消费需求及个人欲望置于首要位置，就必然将个人置于集体之上，不可能看到社会集体进步的意义，并出现价值主体自我化、价值取向功利化、价值目标短期化的问题。

第三节　高校辅导员思想价值引领的基本方法

毛泽东同志曾经指出：“我们不但要提出任务，而且要解决完成任务的方法问题。我们的任务是过河，但是没有桥或没有船就不能过。不解决桥

① 《马克思恩格斯选集》第1卷，人民出版社1995年版，第56页。

或船的问题，过河就是一句空话。不解决方法问题，任务也只是瞎说一顿。”①只有运用合乎当代大学生思想行为特点和思想政治素质形成发展规律的方法才能在辅导员和大学生之间建立良性互动的关系。因此，辅导员思想价值引领工作要想取得实效，就必须沿用好办法，改进老办法，探索新办法。

一、以说理教育为主要方式

“说理教育”即“摆事实，讲道理”，毛泽东一贯坚持思想政治教育必须坚持说理教育的方法，要以理服人。他指出：“对于错误的意见，不是压服，而是说服，以理服人。”②从操作层面上来讲，说理教育法包括讨论、批评、说服、“团结—批评—团结”的方法等。

习近平总书记指出：“正面宣传要用心用情做，让群众爱听爱看，不能搞假大空式的宣传，不能停留在不断重复喊空洞政治口号的套话上，不能用一个模式服务不同类型的受众，那样的宣传只会适得其反。”③对于辅导员来讲，要想把说理教育这一传统的思想政治教育方法运用好，需要把握好以下几点：

说理教育取得实效的前提是直面大学生最困惑的思想问题和最关心的现实问题。当代大学生的思想行为特点及其形成和发展的规律受到其所处的社会历史环境的深刻影响，所有制和分配方式的多样化形成的结果必然是价值标准和取向的多样化，这一切都会逐渐沉淀为不同的思想观念，也必将对大学生的思想行为特点带来重要影响。这就要求辅导员立足于开放的社会环境之中，把握影响大学生思想行为的消极观念产生的社会现实，并通过对社会现象的剖析增强大学生抵御消极思想影响的能力。

说理教育要找好发力点才能事半功倍。一是利益上的结合点。解决思想问题与解决实际问题相结合是思想政治工作的重要方法。当代大学生视野广阔，成长成才的愿望强烈，对自己的期望值和要求也较高，这就必然

---

① 毛泽东：《关心群众生活，注意工作方法》，《毛泽东选集》第1卷，人民出版社1991年版，第139页。

② 毛泽东：《在中国共产党全国宣传工作会议上的讲话》，《毛泽东文集》第7卷，人民出版社1999年版，第278页。

③ 习近平：《坚持党的新闻舆论工作的正确政治方向》，《十八大以来重要文献选编》下，中央文献出版社2018年版，第217页。

带来诸多成长中的困惑和烦恼。思想政治教育可以有效指导大学生的人生选择和价值追求，引导他们切合实际地为自己制定人生发展目标，并在选择和践行中逐步完善自我人格。在工作实践中，需要通过心理健康教育、职业生涯规划、就业教育等大学生关注较多并有较高期望值的教育形式，在紧密结合学生合理的价值诉求的基础上，帮助大学生形成更加科学的职业规划和人生选择。二是要重点引导大学生认识思想政治教育的个体价值。对于在思想政治教育施行和接受中存在的将思想道德素质同自身发展相割裂的现象，有研究者指出："在人们的心目中，似乎学生接受知识技术教育是他们自己的需要，而学生接受思想政治方面的教育则不是他们的需要而是党和国家的需要。"①激发大学生对说理教育的接受动力，就要引导他们认识到思想政治教育对自己的价值，认识到思想道德素质是综合素质中最重要的一环，是自己成长成才过程中的决定性因素。

说理教育并不排斥"讲故事"。从思想政治教育的效果来看，第一层次的说理是直接告诉大学生应该怎样做，但当前大学生获得信息的途径很多，也很有主见，导致一些灌输式的说教即便内容是正确的，大学生也很难听得进去。第二层次就是不直接告诉大学生应该怎样做，而是通过隐性思想政治教育的方式达到目的。例如，通过特定的故事感染人、打动人，大学生在听故事的同时就接受了故事中蕴含的观点。第三层次是在隐性思想政治教育的基础上，给大学生留出思考的空间，从而自己得出结论。习近平总书记指出："有同志比喻，好的思想政治工作应该像盐，但不能光吃盐，最好的方式是将盐溶解在各种食物中自然而然地吸收。"②讲故事就好比把盐混进食物里，让核心信息始终包裹在讲故事的外衣之下，吃完了食物，自然把盐也吸收了。讲故事看上去不着痕迹，似乎没有宣传，但让大学生通过一个好故事，最终还是达到了教育的效果。总而言之，在思想政治工作的诸多策略中，隐蔽渗透往往比直接进行政治观点和价值观的灌输效果更好，而讲一个好故事无疑是这种策略的最佳载体和途径。

说理教育需要建构于一定的情境之中。从教育学的角度说，"晓之以理""动之以情"和"导之以行"是一个你中有我、我中有你的连续和完整的过程。思想政治教育只有深入心灵，学生才能够情愿接受、认同并实现内化，

---

① 刘建军：《接受理论对思想政治教育的启示》，载《教学与研究》，2000年第2期。

② 《习近平在全国高校思想政治工作会议上强调　把思想政治工作贯穿教育教学全过程　开创我国高等教育事业发展新局面》，载《人民日报》，2016年12月9日。

最终实现行为自觉。离开了情感的激发，学生不可能从内心真正明理，而只能是表面上的赞同。最终就有可能表现为认知上接受而情感上拒绝，知、情、意、行不统一，从而导致思想政治教育工作的实效性匮乏。思想政治教育情境贯穿于高校思想政治教育的全过程，相比起目标、内容、方法、手段等可以在一定程度上具象化的要素来讲，它更像是一个“磁场”，虽然看不见、摸不着，但只要与受教育者调到一个频率上，就会使得教育者、教育对象和教育内容“同频共振”。有效的高校思想政治教育情境可以缩短辅导员与大学生的心理距离，形成接受的最佳情绪状态。在思想政治教育过程中自觉地创设思想政治教育情境本身就蕴含了对受教育者的考量，在有效的思想政治教育情境中，教育者和受教育者的地位是平等的，心理是互相尊重和理解的。在这种状态下，“教师的职责现在已越来越少地传授知识，而越来越多地激励思考；除了他的正式职能以外，他将越来越成为一位顾问，一位交换意见的参与者，一位帮助发现矛盾而不是拿出真理的人”①。辅导员的教育意图被寓于精心构筑的思想政治教育情境之中，大学生不容易产生逆反心理，因此也就比较容易达到思想政治教育的预期效果。

此外，说理教育要想取得实效还要加强对当代大学生思想行为特点的研究。要利用大数据等方式及时了解学生思想动向。虽然我们现在开展了很多思想动态调研，但就贴近实际情况而言，大数据的群体画像还是最能鲜活反映大学生现实情况的方式。利用社交媒体，可以及时挖掘和分析大学生在学习、生活、娱乐中留下的海量信息，从而及时跟进并描绘他们的思想动态。

对大学生思想行为特点进行分析，目的是全面掌握教育对象的特点，并且有针对性地改善教育效果。如果辅导员不认真研究大学生的思想行为特点和成长成才特点，说理教育不结合大学生的生活和学习实际，这样的思想政治教育就难以入脑入心，就会造成“你说你的，我说我的”，甚至“对牛弹琴”的尴尬局面。换句话说，说理教育的实效性是和针对性成正比的，如果不了解学生，说理教育只能是一种无效的教育。

二、以实践育人为基本途径

辅导员以实践育人为基本途径，就要着力丰富和发展实践育人的内容

① 联合国教科文组织国际教育发展委员会编著：《学会生存——教育世界的今天和明天》，教育科学出版社 1996 年版，第 108 页。

和形式，创新和拓展实践育人的途径和载体，切实提升大学生为祖国为人民为社会主义事业服务的使命感、勇于探索勇于开拓的创新精神、善于解决问题和克服困难的实践能力。

在社会实践方面，要组织大学生积极参与社会调查、生产劳动、社会公益、志愿服务、科技发明、勤工助学等社会实践活动，指导大学生开展好大学生暑期“三下乡”“志愿服务西部计划”等传统经典项目，又要在面对世纪疫情和百年变局交织的严峻形势下，组织大学生到西部地区、边疆地区乡村开展支教、支农等志愿服务，在乡村振兴的广阔天地担当尽责。组织大学生在重大活动中参与奉献，展现当代青年的良好风貌。引领大学生参与垃圾减量分类，投身减霾、减塑、减排和资源节约等生态文明实践，在经济社会发展进程中积极作为。

在创业教育方面，习近平鼓励大学生“敢闯会创”，通过实践增长智慧才干，贡献力量，他在《致 2013 年全球创业周中国站活动组委会的贺信》中指出：“这次活动，以‘创业梦、中国梦’为主题……有利于激励更多青年特别是青年学生开启创业理想、开展创业活动，为实现中华民族伟大复兴的中国梦贡献力量。”①习近平总书记的重要论述，是辅导员推动大学生创新创业教育的根本遵循。

辅导员要推动创新创业教育与专业教育、思想政治教育紧密结合，参与创新创业课程体系、教学方法、实践训练等关键领域改革。激活校友资源，搭建大学生创新创业与社会需求对接平台。指导符合条件的学生参加职业资格考试，支持学生在完成学业的同时，获取适合自身的资格证书和能力证书，增强创业就业能力。支持学生成立创新创业类社团。指导大学生积极参加创青春、挑战杯、振兴杯等各类竞赛比武活动，激发广大青年创新创业创优热情。

新时代，实践育人就是要用青春梦激扬中国梦，让青春在祖国最需要的地方闪光。习近平总书记曾对做好新时代青年工作作出明确指示：“要用中国梦激发广大青少年的历史责任感，发挥‘党有号召，团有行动’的光荣传统，在党和国家工作大局中找准自身工作的切入点和结合点，组织动员广大青少年支持改革、促进发展、维护稳定。”②他深情寄语大学生：“你们

---

① 习近平：《致 2013 年全球创业周中国站活动组委会的贺信》，载《人民日报》，2013 年 11 月 9 日。

② 习近平：《在同各界优秀青年代表座谈时的讲话》，载《人民日报》，2013 年 5 月 5 日。

年轻人，处于一个伟大的时代，有着这么伟大的目标，可谓生逢其时，为之奋斗吧，看你们的了！”①辅导员要引导大学生认识到，高校学生的人生黄金期同2035年基本实现社会主义现代化，以及本世纪中叶把我国建成富强民主文明和谐美丽的社会主义现代化强国的历史进程完全吻合。因此，广大青年生逢其时，也重任在肩。

三、以榜样示范为有效手段

以行导人是我们党开展思想政治教育的重要方法。辅导员要充分发挥榜样示范的重要作用，让榜样成为凝聚人、激励人的有效载体。

一是明确“为什么学习”的问题。中共中央、国务院印发的《关于新时代加强和改进思想政治工作的意见》中明确指出：“充分发挥先进典型示范引领作用，深化时代楷模、道德模范、最美人物、身边好人等学习宣传，持续讲好不同时期英雄模范的感人故事，探索完善先进模范发挥作用的长效机制，把榜样力量转化为亿万群众的生动实践。”②

辅导员要着重引导大学生学习习近平总书记关于榜样引领方面的重要论述，习近平总书记高度重视榜样对全社会的示范带动作用，赞扬黄大年“把爱国之情、报国之志融入祖国改革发展的伟大事业之中、融入人民创造历史的伟大奋斗之中”③，指出焦裕禄“坚定跟党走，希望大家矢志不渝，用一生来践行跟党走的理想追求”④。习近平回信勉励中国劳动关系学院劳模本科班学员：“要珍惜荣誉、努力学习、继续拼搏、再创佳绩，激励广大劳动群众争做新时代的奋斗者。”⑤在国家勋章和国家荣誉称号颁授仪式上，习近平提出：“希望受到表彰的同志珍惜荣誉、再接再厉，用坚定的信仰、信

---

① 《习近平与大学生朋友们》，中国青年出版社2020年版，第251页。

② 《中共中央国务院印发〈关于新时代加强和改进思想政治工作的意见〉》，载《人民日报》，2021年7月13日。

③ 《习近平对黄大年同志先进事迹作出重要指示　强调心有大我、至诚报国，把爱国之情、报国之志融入祖国改革发展的伟大事业之中、融入人民创造历史的伟大奋斗之中》，载《人民日报》，2017年5月26日。

④ 《习近平在中国政法大学考察时强调　立德树人德法兼修抓好法治人才培养　励志勤学刻苦磨炼促进青年成长进步》，载《人民日报》，2017年5月4日。

⑤ 《习近平回信勉励中国劳动关系学院劳模本科班学员　珍惜荣誉努力学习继续拼搏再创佳绩　激励广大劳动群众争做新时代的奋斗者》，载《人民日报》，2018年4月30日。

念、信心影响更多的人。”①

习近平还曾在多个场合表达对英雄的崇敬之情，号召全社会铭记英雄，崇尚英雄，捍卫英雄，学习英雄，关爱英雄。习近平指出：“包括抗战英雄在内的一切英雄，都是中华民族的脊梁。他们的事迹和精神都是激励我们前行的强大力量。”②“要注重引导学生传承民族气节、崇尚英雄气概，引导学生学习英雄、铭记英雄。”③习近平还专门把学习英雄与反对历史虚无主义和文化虚无主义相联系，指出：“在讲授中国历史时，要注重引导学生传承民族气节、崇尚英雄气概，引导学生学习英雄、铭记英雄，自觉反对数典忘祖、妄自菲薄的历史虚无主义和文化虚无主义，自觉提升境界、涵养气概、激励担当。”④

习近平总书记的上述重要论述，是辅导员运用榜样示范的方法进行思想政治教育的根本遵循，也是激发大学生学习榜样动力的重要依据。

二是明确“学习谁”的问题。首先是“以身边事教育身边人”。实践证明，培育选树大学生先进典型，是继承我党思想政治教育工作优良传统、教育引导大学生自觉践行社会主义核心价值观的有效方式。

当前，选树当代大学生中的典型，既有针对大学生群体的专项表彰，如每年评选的“全国三好学生”“全国优秀学生干部”“中国大学生年度人物”等，也有面向全社会进行评选其中包括大学生群体的，如“感动中国”年度人物评选、中国青年五四奖章评选等。

此外，以国家勋章和国家荣誉称号获得者、最美奋斗者、改革先锋、时代楷模等为代表的新时代先进人物也是榜样教育的重要资源。回顾历史，“学习雷锋”教育活动是1963年团中央向全国青少年发出的倡议，至今，该活动仍然是包括高校在内的各级各类学校进行思想政治教育的重要方式和手段。

三是要明确“怎么学”的问题。要组织好榜样教育实践活动。例如开展学习榜样的征文比赛、演讲比赛，以学习榜样为主题的主题团日活动，以

---

① 习近平：《在国家勋章和国家荣誉称号颁授仪式上的讲话》，载《人民日报》，2019年9月30日。

② 习近平：《在颁发“中国人民抗日战争胜利70周年”纪念章仪式上的讲话》，载《人民日报》，2015年9月3日。

③ 习近平：《思政课是落实立德树人根本任务的关键课程》，载《求是》，2020年第17期。

④ 同上。

寝室为单位的学习榜样小组等，让大学生通过参加教育实践活动实现知与行的转化。

辅导员作为日常思想政治教育的设计者和组织者，不应将榜样学习仅仅作为完成上级交办的任务，还应将学习活动与深入学习习近平新时代中国特色社会主义思想相结合，融入大学生日常思想政治教育。可通过组织集中研讨、座谈交流、征文演讲、讲述榜样故事等多种方式，充分利用“两微一端”、校报校刊、展板橱窗等宣传平台阵地，精心部署、认真组织，引导大学生向榜样看齐。

此外，榜样教育活动取得实效的前提是要挖掘榜样精神的内涵。精神的价值就在于以其为根基的文化氛围对道德观、价值观、荣辱观、思维方式、行为习惯的无形的引导作用，它能够使得人们在耳濡目染中接受共同理想和价值观念。有研究者指出：“作为党践行初心和使命的思想结晶，党的红色精神谱系蕴含着强大的精神力量。”①在浙江工作时期，时任浙江省委书记的习近平就首提“红船精神”。党的十八大以来，习近平在不同场合，分别以讲话、回信等方式提到了以沂蒙精神、延安精神、井冈山精神、苏区精神、长征精神、大别山精神、抗战精神、西柏坡精神为代表的革命精神。进入新时代，习近平强调五四精神、西迁精神、劳模精神的当代价值，并提出“使命在肩、奋斗有我”的精神、“生命至上、举国同心、舍生忘死、尊重科学、命运与共”的抗疫精神，“喊出了为中华崛起而拼搏的时代最强音”的女排精神、“上下同心、尽锐出战、精准务实、开拓创新、攻坚克难、不负人民”的脱贫攻坚精神以及“坚持真理、坚守理想，践行初心、担当使命，不怕牺牲、英勇斗争，对党忠诚、不负人民”的伟大建党精神等，为中华民族伟大复兴凝聚了强大的精神动力。辅导员要注重运用榜样带来的精神力量，凝聚大学生为中华民族伟大复兴团结奋斗的精神动力。

四、以社交媒体为重要阵地

习近平总书记在全国高校思想政治工作会议上强调：“做好高校思想政治工作，要因事而化，因时而进，因势而新……要运用新媒体新技术使工作活起来，推动思想政治工作传统优势同信息技术高度融合，增强时代感

① 冯刚、张发政：《中国共产党百年红色精神谱系引领时代新人培育》，载《中国高等教育》，2021 年第 5 期。

和吸引力。"①这为辅导员在新形势下以社交媒体为阵地创新大学生教育引导方式提供了基本遵循。

在诸多大学生理想信念教育的途径中，社交媒体是大学生乐于接受的一种。依托各类新媒体平台，比较容易开展"润物细无声"的隐性教育，将宏大叙事与易于分享、传播、互动的网络文化作品相结合，让大学生在惯常的接受方式中受到教育，使得思想政治教育产品成为大学生生活中不可缺少的"盐"，既让大学生食之有味，又看不到盐的存在。面对新问题和新挑战，辅导员要创新教育引导方式，以社交媒体为阵地，提升主流意识形态在大学生中的传播效度。

大学生意识形态教育的方式一方面为教育者所支配并服务于教育目标，另一方面，其变化和发展同时植根于生动的教育实践和大学生思想行为特点的变化发展之中。面对全媒体时代信息生产和传播方式的革命性变化，大学生意识形态教育的方式也应与时俱进，因为大学生只有首先认可和接受意识形态教育活动，才有可能进一步接受活动背后的价值观念。因此，大学生意识形态教育总的要求是既要体现教育引导的目的，又要遵循全媒体时代传播的规律，改变"有理说不出，说了没人听，听了传不开"的现象，提升主流意识形态在大学生中的传播效度。当前迫切需要解决以下三个问题：

一是突出教育引导的针对性。实践证明，大学生意识形态教育的层次越丰富，表现形态越分众化，其有效性越强。而这种分众化的实现方式必须和大学生目前的网络使用习惯相一致，即根据大学生所在的不同网络平台，不同网络社群的特点制定专门的意识形态教育方案。当前，大学生因兴趣、地缘、资源需求等在微信、微博、豆瓣、知乎等社交网络平台上形成了各式各样的网络社群。而每一个网络社群都是一个独立的文化共同体，都可以通过培育意见领袖等方式引导群体内成员的价值认同。

二是突出教育引导的隐蔽性。部分大学生往往把意识形态教育和直接灌输联系在一起，有时对这种教育方式带有一定的逆反心理。实践证明，在意识形态工作的诸多方式中，隐蔽渗透往往比直接进行政治观点和价值观的灌输效果更好。全媒体时代的来临，为大学生意识形态教育的隐蔽性

① 《习近平在全国高校思想政治工作会议上强调　把思想政治工作贯穿教育教学全过程　开创我国高等教育事业发展新局面》，载《人民日报》，2016年12月9日。

和多样化提供了条件。

一是大学生意识形态教育“进媒体”。以媒体舆论为重要阵地是大学生意识形态教育的重要手段。例如，20世纪80年代初，首先由《中国青年》杂志发起，后来由团中央推动的“潘晓讨论”，在大学生和广大青年中引发了有关“人生目标”和“人生价值”的大讨论，被称为“一代青年人的精神初恋”。在全媒体时代，意识形态教育除了依靠传统媒体外，更应该注重利用社交媒体传播信息的便捷性、捕捉社会问题的敏锐性以及在沟通上双向互动的特点，拉近主流意识形态与大学生的距离。例如，可以以重大节日、纪念日等节点为契机在高校官方微信和微博等社交媒体上主动进行议题设置。美国学者麦库姆斯认为，议程设置是一个关于显要性转移的理论，亦即大众媒介描绘的关于世界的重要图画转移到我们头脑中，成为我们头脑中的图画。其核心理论观点是，媒介图画中的显著成分会成为受众图画中的显著成分。公众也会认为媒介议程上强调的这些成分是重要的。大学生“头脑中的图画”不能被网络舆论牵着鼻子走，而应该由主流意识形态来引导。

二是探求更有效的意识形态叙事方式。具有鲜明政治倾向性的、力图描绘宏观图景的意识形态叙事方式往往一开始就被人所警惕，但以流行文化为载体的而且具有较高制作水准的文化产品却容易被人接受。当前大学生关注欧美日韩的文化产品比较多，同时不自觉地受到这些文化产品所附带的意识形态内容的渗透，其中一个重要的原因就是这类文化产品更加贴合大学生对于流行文化的接受习惯，原创性和制作水平也更高。

三是突出教育引导与全媒体时代大学生信息接收方式的契合性。作为中介和工具的教育引导方式必须内在地和教育对象相一致，才能提升教育的实效性。要做到二者的“契合”首先要在工作思路上真正“放低身段”，改变以往“我说你听，我打你通”的高高在上的姿态，通过调研掌握大学生的信息接受方式和网络参与习惯，不同年级、学历、专业、政治面貌的大学生对待网络思潮的不同态度，接纳大学生的网络文化表达方式。例如，大学生目前的“浅阅读”特点，要求我们的教育内容更加精准、更具有“眼球效应”。把一篇优秀的理论文章直接放到互联网上不一定能够吸引大学生的注意，但是把文章的精华部分抽出来改成“朋友圈文案”的表达形式，点击率可能就高得多。

引导大学生理性网络参与，提升教育的实效性，既是一个老问题，又是一个新问题。“老问题”是因为这个问题长期存在。高校是各种思想观点交汇和各种价值观念碰撞的场所，因此也必然会成为马克思主义与各种非马克思主义、反马克思主义观点较量的舞台。“新问题”是因为有些情况是新形势下产生的。例如，意识形态领域的许多新问题新情况就是因网而生，因网而增，许多错误思潮也都以网络为温床生成发酵。由于大学生意识形态教育的实效性首先取决于教育内容的真理性，因此，应对“老问题”，破解“新问题”，最重要的还是在巩固教育内容上下功夫。

面对纷繁复杂的形势，辅导员的工作不能总是跟着社会热点走，被舆情和意识形态论争所左右，整日忙于“救火”却又效果不佳。要想从根本上解决问题，最重要的还是用科学理论赢得大学生的理解和拥护，引导大学生用马克思主义的立场、观点和方法看待我们所选择的道路以及中国与世界的比较等关键性问题。在当代，主流意识形态最直接的表达就是习近平新时代中国特色社会主义思想。因此，当前大学生意识形态教育的核心任务就是深化习近平新时代中国特色社会主义思想的宣传解读。

提升大学生的政治鉴别力，根本落脚点在提高理论教育的实效性，而其中的核心环节就是在课堂上加强对现实热点问题的理论阐释。如果我们有意无意地回避这些问题，就等于把这些问题的解释权推向了社会，交给了网络，交给了境外媒体和社交媒体上的“意见领袖”，辅导员也就将丧失大学生思想引领的主动权。

除了掌握具体的思想引领方法外，辅导员还应把握方法的应用原则。首先是适应性原则。由于教育方法与教育者、教育对象、教育内容都有着紧密的关系，并扮演了中介和工具的角色。因此，有效的教育方法就内在地要求其与该系统的其他要素相适应。对于教育对象来说，一定的思想政治教育方法可能对其特别有效。但对于那些自我要求较高、对自身前途和目标规划比较具体的大学生和需要经济资助的大学生来说，解决思想问题和解决实际问题的方法相对来说更为有效。反之，如果对他们一味进行理论灌输，通篇讲述“大道理”，忽略了大学生实际关注的“小道理”，则很容易引起他们的厌烦，认为辅导员所讲的东西“没用”，从而直接导致思想政治教育过程的终止。

其次是时效性原则。利用特定的时间或事件节点，激发大学生对教育内容内在的接受动力，可以达到增强教育效果的目的。孔子就曾提出过“不愤不启，不悱不发”的观点。也就是说，需求越强烈，教育对象受教育的内在驱动力也就越强，教育效果也就越好。这种需求产生的时机就是思想政治教育的契机。这时解决大学生思想或心理问题的有利条件比较具备，解决问题的可能性也就相应地比较大。具体来讲，时效性原则就是要选好工作介入的契机，主要可归纳为两类：一是个体性契机，如取得成绩、受到挫折、发生心理危机、接受资助等，在上述这些特定的契机中，大学生相对容易接受别人的建议。因此不论是批评还是鼓励，抑或是催化他们提高心理品质，都比较容易取得良好的教育效果。二是外部契机。如时间性契机，如入学之后、毕业之前、追求入党时期等；政治热点契机，如庆祝中国共产党成立 100 周年活动等。这些重大活动能够有效激发大学生的兴奋点，具有很强的感染力和影响力。

时效性原则与个性化深度辅导相结合往往可以取得良好的效果。因为深度辅导的前提就是及时了解学生的需求，针对困扰学生的具体问题进行及时和个性化的引导。根据大学生在特定时期或事件时的心理诉求，可以将深度辅导的重点内容确定为学业预警、职业指导、生活辅导、心理减压等。辅导员有意识地从学生的具体问题和需求出发，带着问题谈，切实做到有的放矢，可以较快地建立心理信任，并最终形成价值认同。

第四讲　高校辅导员工作的管理服务

管理服务工作，是高校辅导员开展大学生日常思想政治教育的重要内容。改革开放以来，外部环境的持续发展变化和内部需求的持续丰富延伸，要求我们瞄准前沿，着眼实际，持续深入开展对辅导员管理服务工作内容的思考与探索，了解相关领域的政策发展，把握时代特征及教育规律，充分发挥辅导员管理服务工作育人作用，为高校辅导员队伍持续赋能，进而有效推动高校思想政治教育不断向前发展。

第一节　高校辅导员管理服务工作的崭新场域

随着时代的进步和发展，中国的社会也在发生着并将持续发生巨大的变化。大学生作为接受高等教育的青年群体，是未来建设中国特色社会主义事业的重要力量，大学生的成长发展关系到国家和民族的未来。新时代有新特点，新方位有新挑战。信息技术的发展、中西文化的交流交融交锋、青年大学生成长诉求的发展变化都对高等教育特别是大学生管理服务工作提出了新的课题。辅导员奋战在大学生思想政治教育和日常管理服务工作一线，在新时代背景下，高校要构建更为科学的育人格局，进一步强化育人实效，就必须提高辅导员管理服务工作的科学化、法治化和精准化水平，强化管理服务的价值导向，多措并举回应新时代的新课题与新挑战。

一、辅导员管理服务工作的时代背景

每个时代的思想理论都是这个时代的产物，都是一定社会历史活动的结果。对时代背景建立深刻的认识，有助于更科学地指导实践。辅导员管理服务工作作为高校学生工作的重要组成部分，对于科学性和实效性要求非常高。因此，要求辅导员在进行管理服务工作时充分了解当前工作的时代背景，把握当前与过去时代背景的差异，领悟时代独特性，提高精准化水平，以此发挥管理服务工作最大育人实效。

(一)信息时代要求管理服务方式科学化

数字化、信息化、智能化的发展深刻影响与改变着社会各领域的生产生活方式。当代大学生具有较强的自我观念和权利意识，获取信息更为便利，视野开阔、思维敏捷，但同时也容易受到网络不良信息及文化的影响。在信息化社会，大学生管理服务需要更新教育管理的方式，实现科学化和信息化升级，这对辅导员的能力素养提出了更高的要求。辅导员不仅需要具有完备的思想政治教育相关联的专业知识，而且要不断学习现代化工作方式特别是多种信息媒介的运用，要能够针对学生工作开展信息化服务，有效利用大数据智能平台，将海量信息分门别类、有效运用；要发挥创新精神，从不同角度分析处理信息，提高信息的可利用度；要善于联想总结，探寻数据与教育对象的关联性①，通过推进学生个人基本情况信息、学籍管理信息、寝室管理信息、成绩管理信息等日常事务信息化进程来提升工作效率和工作准确度。高校肩负着立德树人的重要使命，承担着人才培养、科技创新、社会服务、文化传承、国际交流合作等社会职责。人才培养在这些职责中位列第一，也是后续职责的必要前提。在人才培养工作中，大学生管理服务是一项重要的基础性工作，提高管理服务科学化水平，不仅可以更好地促进大学生发展，也对推进高校治理体系和治理能力现代化有所助益。

(二)法治进程要求管理服务理念法治化

近年来，我国民主法治建设迈出重大步伐。《教育部关于进一步加强高等学校法治工作的意见》明确要求学校要深入学习贯彻习近平总书记全面依法治国新理念新思想新战略和关于教育的重要论述，深刻认识新形势新变化提出的新任务新要求，切实把依法治理作为学校治理的基本理念和基本方式，融入、贯穿学校工作全过程和各方面②，辅导员管理服务的法治化是高校依法治教、依法办学、依法治校的重要环节。在日常事务管理过程中，辅导员既需要建立高度的政治敏锐性，保持对学生的关怀，同时要注重积累法律知识、建立法律思维，在工作中推进依法治校、保障学生权益。一方面，辅导员要熟知国家法律法规和学校管理服务相关政策文件，提高辅

---

① 王栋梁：《大数据时代思想政治教育需要科学构建对象把握机制》，载《思想理论教育》，2018 年第 7 期。

② 《教育部关于进一步加强高等学校法治工作的意见》，中华人民共和国教育部网站，2020 年 7 月 20 日。

导员自身的法治观念与法治意识，只有具备与之相对应的法律知识和法律框架下的法治思维，才能在工作中按照规则办事、更加注重公平和学生权益保护，在管理服务过程中依照相关法律法规办事，避免主观臆断的情况。另一方面也要带着感情做好教育帮扶，围绕学生、关照学生、服务学生，了解学生关切，尊重和保护学生权益，突出大学生主体地位，做到法治化管理与人文关怀并驾齐驱，形成德育教育与法治管理合力。

(三)突发事件应对要求管理服务效果精准化

2020年年初，一场突如其来的疫情给中国社会带来了方方面面猝不及防的考验。当下，我国疫情防控取得阶段性胜利，进入疫情防控常态化阶段。辅导员战斗在高校疫情防控一线，需要在日常管理中应对疫情常态化带来的新挑战，实时掌握疫情进展、学生行程轨迹以及每位学生的健康状况，切实做好流调数据日报告，确保数据准确性与及时性。由于疫情防控带来的工作变化，新生入学教育、毕业生就业指导、大学生心理健康教育等管理服务工作内容都增加了新的内涵，对于学生在校行为规范的要求更为严格具体，对于学生就业指导的形式发生了由线下转向线上的变化，从而产生了精准推送信息的需求，封校期间要对心理情绪波动较大的学生密切关注同时提供及时帮扶。新冠肺炎疫情终有结束之时，但对于工作成效精准化的要求不应随疫情的结束而终结，相反，要将期间总结的经验进一步融入大学生教育管理的提升中，不断提高管理服务工作精准化水平。

二、辅导员管理服务工作的价值导向

唯物史观认为，社会存在决定社会意识，社会意识对社会存在具有能动作用。价值观对于人生发展具有导向作用，正确的价值观能够正确地指导实践。辅导员作为大学生思想政治教育的骨干力量，在对大学生进行思想政治教育过程中不仅要帮助学生建立正确的价值观，更需要在工作中贯穿科学价值观的指引。因此，辅导员的管理服务工作要坚持以“两个确立”为核心价值导向，实现育人的功能与革新的要求，构建思想政治教育大格局。

(一)坚持政治导向，进一步深化“两个确立”价值引领

辅导员管理服务工作必须坚守正确的政治方向。中国共产党的统一领导是中国发展的历史经验和实现中华民族伟大复兴的最大优势。辅导员作为大学生思想政治教育的骨干力量，必须强化“两个确立”为核心的价值导向，在工作过程中引导学生针对敏感问题增强政治意识，善于从政治上看问题，善于把握政治大局，不断提高政治判断力、政治领悟力、政治执行力①，引领学生承担政治责任和政治担当。近年我国综合国力不断提高，国际话语权持续增强，显现出稳健强劲的发展势头，但一些西方国家从不同角度诋毁中国，持续加强意识形态渗透，不断制造意识形态偏见和冷战思维病毒。大学生人生经验不够丰富，判断能力尚不成熟，在严峻的国际形势下更容易受到不良文化和错误思潮的影响。大学生是国家民族兴旺发达的重要人才资源，有正确的政治理想作为精神力量方能选择正确的人生道路，成长为国家社会的栋梁之材。习近平总书记指出："我国高等教育肩负着培养德智体美全面发展的社会主义事业建设者和接班人的重大任务，必须坚持正确政治方向。"②一方面，辅导员要保持敏锐洞察力，及时了解大学生群体的关切热点和问题苗头，及时予以有效引导。另一方面，在管理服务过程中，要切实以习近平新时代中国特色社会主义思想为指导，以立德树人为根本目标，同时树立以人为本、以生为本的理念，通过提升管理服务水准解决学生的实际问题，通过不断优化管理服务理念和渠道突出社会主义制度的优势，以社会主义核心价值观为引领促进学生提升思想觉悟和政治素养。

(二)坚持育人导向，进一步促进学生全面成长

大学生是民族进步的力量，是国家富强的希望。辅导员管理服务工作的价值不仅局限在帮助大学生解决一时一地的具体问题，同时也应通过建立大学生自我管理、自我教育、自我服务的体制，主动搭建促进大学生德、智、体、美、劳全面发展的渠道和载体。从内容来看，管理和服务各有侧重，但二者有着相辅相成的关系。管理职能是保障学生成长成才的重要工作，体现在党团班级建设、寝室管理、学风建设、评奖评优、校园安全教育、心理健康教育、危机事件应对、择业就业等各个方面，是维护校园秩序、规范学生行为习惯的重要保证。服务职能则顺应学生成长规律，回应学生需求，从而达成满足学生成长成才发展需求、营造丰富校园生活的目标，具体内容包括家庭经济困难学生资助、心理健康教育与咨询、职业规

---

① 《增强政治意识　把握政治大局——深刻领会习近平总书记关于提高政治判断力、政治领悟力、政治执行力的重要论述》，载《人民日报》，2021 年 3 月 12 日。

② 《习近平在全国高校思想政治工作会议上强调　把思想政治工作贯穿教育教学全过程　开创我国高等教育事业发展新局面》，载《人民日报》，2016 年 12 月 9 日。

划与就业创业指导等。管理和服务在育人目标上具有一致性，都以落实立德树人的根本任务为基本点，以培养德才兼备、全面发展的中国特色社会主义建设者和接班人为落脚点。因此，辅导员要结合育人目标不断深化管理服务内涵，不断增强管理工作的针对性和有效性，将管理服务融入大学生思想教育、学风建设、文体活动、社会实践等过程中，在解决实际问题的过程中充分发挥管理服务的教育作用和示范效应，实现全方位、多角度育人，促进学生全面发展。

(三)坚持革新导向，进一步夯实网络思政阵地

习近平总书记在全国高校思想政治工作会议上指出："做好高校思想政治工作，要因事而化、因时而进、因势而新。"①在信息化社会，网络思政必然成为思想政治教育的重要形式。传统管理服务多为线下教育，在特定的时间和空间范围内，利用有限的教育资源对学生进行教育与帮扶，受时间空间限制很大，局限性明显。而网络思政顺应时代发展潮流，特别是新媒体的发展打破了时间和空间的限制。辅导员管理服务工作应坚持革新导向，不断根据时代发展需要和学生实际需求实现工作途径和载体的与时俱进，尤其要充分发挥网络媒介在管理服务中的功能和效用。要创新教育载体，充实教育内容，利用互联网信息开放性、丰富性特点，推进管理服务的方法渠道创新，提升管理服务的效率。同时，依托新媒体平台发挥教育功能，营造风清气正的网络空间，建设富有正能量的、向上向善的高校网络生态，教育引领师生形成更与社会主流价值相适应的思想意识②，推动线上线下结合、覆盖全面、形式多样的信息掌握、沟通交流、教育帮扶管理服务工作格局。

三、辅导员管理服务工作的全新挑战

经济的发展、科技的进步及疫情常态化的新时代背景给辅导员的管理服务工作带来了新的课题，辅导员工作职责也具有了更为丰富的内涵。而且，以往由于信息技术落后、平台搭建不健全、服务机制不完善等问题，辅导员管理服务工作在客观条件上受到不同程度的限制。当下，在新的时

① 《习近平在全国高校思想政治工作会议上强调　把思想政治工作贯穿教育教学全过程　开创我国高等教育事业发展新局面》，载《人民日报》，2016年12月9日。

② 冯刚：《大学生思想政治教育工作概论》，北京师范大学出版社2020年版，第141页。

代条件下，辅导员在进行管理服务工作中应该与时俱进，把握时代发展大势和新一代大学生的思想行为特点，完善管理服务工作协同机制，为大学生提供切实的关心与帮助，主动回应各方全新挑战。

(一)强化行为规范养成，切实保障校园秩序

随着科技的进步与网络的迅速发展，网络覆盖和智能手机的普及给大学生的课余生活提供了更多选择，电视剧、短视频、直播、游戏等占据了大学生越来越多的时间和精力，而经济的发展和交通的便捷又为大学生课余生活提供了更多的选择，形形色色的网络信息考验着大学生的自控力，从而为行为规范养成带来前所未有的挑战。在文化多元化、发展个性化的背景下，辅导员需要帮助大学生找到坚定立场信仰与学习和娱乐的平衡点，帮助大学生养成自律意识，提高自我约束能力，具备良好行为规范。尤其是当疫情防控进入常态化阶段，大学生需要经历线上教学、返校复学、校园封闭管理等流程。一方面，线上教学脱离了专任教师和辅导员的现场监督，很多大学生就会疏于自我管理和自我约束，这是对教师专业能力的检验，更是对大学生学习态度和规则意识的考验，这要求辅导员加强对大学生进行学风建设，引导大学生提高自我管理、自我教育、自我服务意识。另一方面，不能完全依靠大学生自身完成行为养成的目标，要在管理水平上予以基本保证，可以充分总结疫情防控过程中的经验，在推进进出校园记录及审批流程信息化手段基础上，加强对大学生进行疫情防控教育，增强大学生纪律意识与规矩观念，确保校园生活稳定有序。

(二)搭建"五育"并举平台，引导塑造完善人格

党和国家高度重视大学生的全面发展，习近平总书记在纪念五四运动100周年大会上的讲话中指出："把青年一代培养造就成德智体美劳全面发展的社会主义建设者和接班人，是事关党和国家前途命运的重大战略任务，是全党的共同政治责任。"①未来社会发展和民族复兴重任对大学生的要求不仅仅是具有过硬的专业技能，而且要做到德智体美劳全面发展。然而实现"五育"并举的育人目标，需要落实到大学生学习生活的每一环节中。当下，只重视专业成绩而忽视人格修养、忽视人文素养、轻视劳动实践等现象还实际存在，反映到管理服务实践中体现为参与校园文化活动功利化、集体观念淡薄、奉献精神不足等问题。国家和社会需要具有较强专业能力的人

① 习近平：《在纪念五四运动100周年大会上的讲话》，人民出版社2019年版，第12页。

为国效力，但同时也需要理想信念坚定、甘于奉献的青年为国奉献。这就为辅导员管理服务提出了更高的要求，辅导员在组织学生参与集体生活、帮助学生解决实际问题中要引导学生树立全面发展的成才理念，通过搭建内容丰富、形式新颖的素质育人平台，帮助大学生了解国家和社会对于人才的需求标准，激发大学生成为有理想、有道德、有文化、有纪律的时代新人的使命感和责任感，引导大学生建立广阔的时代视野和远大的人生志向，在丰富的学习生活实践中实现全面发展。

(三)改革管理服务机制，充分汇聚育人合力

随着时代的发展，大学生对于辅导员管理服务的期待值也在不断提升，辅导员管理服务必然要回应机制优化和资源整合的挑战以满足学生的需求。首先要更新观念，改革工作形式与机制。辅导员需要持续学习专业理论知识，要丰富和扩大促进学生成长成才的宽口径知识储备，用科学理论知识指导工作实践。同时要更新工作理念，借鉴传统工作方式先进经验和有效措施的同时做到与时俱进，多做形式新颖、学生喜欢、成效显著的创新创造，改变形式单一、枯燥乏味的工作形式。其次是不断汇聚资源，凝聚育人合力。新时代大学生的管理服务离不开国家、社会、高校、企业、家庭等多方面的支持，这就需要辅导员具有各方资源统筹与整合的能力，将各方资源进行统合，给予大学生全方位、多层次、多角度的服务与帮扶。例如，在高校毕业生就业方面，高校毕业生人数连年增长，就业压力增大，尤其是现在处于疫情防控常态化时期，就业形势更加严峻复杂。此种情况下，辅导员要积极整合企业资源，建立稳固的校企联系，拓展实习、就业基地，为大学生了解社会、服务社会提供尽可能多的机会。同时邀请专业就业培训机构、企业人力资源负责人、优秀校友进行求职指导，传授求职技巧。特别要做好文件精神解读，帮助大学生树立正确就业观念，做好大学生志愿服务西部计划、“三支一扶”计划等就业政策的宣传普及，保证招聘信息及时传达，引导学生将自身发展和国家需要相结合。在大学生心理健康教育方面，整合高校专业心理咨询机构和家长的双方资源，及时转介出现心理问题的大学生到高校专业心理咨询机构接受咨询，为学生成长成才保驾护航。在家校联合方面，要加强与学生家长的沟通交流，共同助力大学生成长成才，最大限度汇聚育人合力，促进管理服务水平的全面提升。

第二节　高校辅导员管理服务工作的多维透视

辅导员是开展大学生思想政治教育的骨干力量，是高等学校学生日常思想政治教育和管理工作的组织者、实施者、指导者。① 管理和服务作为辅导员工作的重要抓手，在实际工作中既相互配合、密切联系，又彼此区别、相对独立。新时代，依托《高校思想政治工作质量提升工程实施纲要》，在“十大”育人体系中，管理育人和服务育人作为两个重要的育人平台，发挥着重要的作用，也成为辅导员工作需要重点关注的部分，成为进一步发挥辅导员工作职能的有力抓手。

一、辅导员管理服务工作的内涵解析

高校思想政治教育中的管理和服务工作是辅导员日常工作中重要的职责内容和目标任务，一般不对这两项工作加以区分探讨，实际工作中，管理和服务工作往往协同发力，形成科学的育人机制，达到良好的育人效果。新时代，随着辅导员管理和服务工作的职业化、专业化发展，我们将以更加清晰的标准去定义和厘清辅导员管理工作和服务工作的新时代内涵。

(一)辅导员管理工作的新时代内涵

新时代，随着党和国家对高等教育的定位和要求不断提升，习近平总书记在全国高校思想政治工作会议上明确指出，要坚持把立德树人作为中心环节。② 对高校思想政治工作赋予了新时代的内涵，对高校思想政治教育管理发展拓展了新路径，也对新时代辅导员工作的内容提出了新要求、新思路。

传统概念中，辅导员管理工作是指在思想政治教育领导部门和主管机构的总体部署之下，作为思想政治教育管理工作的具体实施者，面向高校学生，运用计划、组织、指挥、协调和控制等管理手段，对思想政治教育资源进行有效整合，以达到思想政治教育目的、完成思想政治教育任务的

---

①　中华人民共和国教育部令第 43 号，《普通高等学校辅导员队伍建设规定》，2017 年 9 月 29 日。http://www.moe.gov.cn/srcsite/A02/s5911/moe_621/201709/t20170929_315781.html。

②　《习近平在全国高校思想政治工作会议上强调　把思想政治工作贯穿教育教学全过程　开创我国高等教育事业发展新局面》，载《人民日报》，2016 年 12 月 9 日。

创造性过程。①

具体工作实施过程中，要求辅导员在党和国家教育方针的引领下，按照国家层面制定的各方面政策法规，以及各省市地方教育主管部门制定的区域性文件，具体按学校《大学生手册》等学生管理规章制度制定的相关细则，细化到学院学部制定的综合评定细则和学生日常管理的各项规定，层层递推、精准施测，对大学生的行为规范进行管理。从管理载体上，可以划分为党团支部、年级、班级、社团、寝室等管理单位；从管理规模上，可以划分为集体行为管理和个体行为管理；从管理内容上，可以划分为日常管理、学业管理、资助管理、就业管理、舆情管理、违纪管理、特殊群体管理等；从管理区域上，可以划分为教学区域管理、生活区域管理等。由此可见，以不同的划分标准和区分维度，辅导员管理工作可以进行不同的分类，彼此之间既有工作内容的不同，又彼此联系，形成一个有机的整体，共同构成辅导员管理工作的职责和内容。

随着新时代辅导员工作要求的提升和职能的优化，我们传统意义上理解的管理规范化、严格化、制度化，这些要求已经不能完全满足和更好适应新时代辅导员管理工作的全部。在规范管理、严格要求的基础之上，新时代高校思想政治教育更加期待春风化雨、润物无声的教育方式，并要求辅导员将教育融入管理当中，形成以人为本、以学生为主体的新时代管理方式。除此之外，进一步加强和优化了传统意义中辅导员管理工作的基础要求，遵守教育相关的法律法规，遵守大学章程，应对新时代新情况不断完善校规校纪，以学生自我管理为导向，健全自律公约，加强法治教育，在管理工作中注意尺度和方法，严格依法治教，依法管理。

新时代，为进一步促进教育治理体系和治理能力现代化，辅导员的管理工作也应根据要求作出相应的调整，不断在管理工作中强化科学管理的态度和意识，以此保障道德涵育功能发挥，辅导员队伍共同努力营造治理有方、管理到位、风清气正的育人环境。

(二)辅导员服务工作的新时代内涵

传统概念中，服务是履行岗位职责，为他人做事。在辅导员工作中，服务指的是辅导员为助力学生成长成才，基于知心朋友和人生导师为学生成长进行服务工作的全过程。实际工作中，辅导员服务工作较少以独立的

① 陈万柏、张耀灿：《思想政治教育学原理》，高等教育出版社 2015 年版，第 268 页。

概念出现在高校思想政治教育工作的研究视域中，但服务是蕴含于辅导员多项工作当中的重要组成部分，服务与管理既相互联系又彼此独立，是辅导员围绕学生、关照学生、服务学生的具体体现。

具体工作实施过程中，辅导员不仅是管理工作的骨干力量，也是服务工作的中坚力量，是大学生思想政治教育最基层的实施者，承担着培养人、教育人的重要职责，职责的发挥很大程度上依托于服务学生的方式实现。在日常工作中，把解决学生的实际问题与解决思想问题结合起来，面向学生传播党的思想和科学的理论，“把坚定正确的政治方向放在第一位”①，指导大学生在纷繁复杂的社会思潮和多元多样的意识形态中作出正确选择。与此同时，明确学生成长发展需要，为学生成长提供分阶段、分板块、分步骤、分层次的靶向服务。具体工作落实在学业指导服务、日常生活服务、心理健康教育服务、就业创业指导服务、社会实践、志愿服务平台搭建服务以及面向家庭经济困难学生的奖助贷勤补服务等，服务的理念和内容蕴藏于学生学习生活的各个方面，为学生的成长成才增强供给能力，积极帮助解决学生工作学习中的合理诉求，在关心人、帮助人、服务人中教育人、引导人、塑造人。

尤其是在新时代，辅导员的服务职能被进一步强调，成为和管理职能并重、与管理职能配合发力的一项重要职能。辅导员的服务工作作为更贴近学生思想实际与解决实际诉求的方式，服务职能要求辅导员尊重学生的主体地位，进一步贯彻落实“以人为本”的教育理念，营造和谐有序的校园育人环境，拓宽思想政治教育途径，做好人生导师和知心朋友，对于培养社会主义建设者和接班人、巩固党的执政基础，对于维护高校稳定、推动高等教育事业顺利发展，对于推进素质教育、促进大学生的全面发展和健康成长成才有着十分重要的意义。

（三）辅导员管理和服务工作的内涵联系

辅导员管理和服务职能之间既相互联系又相互区别。管理和服务虽然性质、职能、方法不同，但在辅导员工作中常常有机联系、产生合力，在实际的工作步骤、流程和项目中往往很难明晰地割裂开来，用整体的视角去看待，更加有利于对辅导员管理和服务工作的研究。辅导员在面向学生工作的过程中，管理与服务互为前提、互相依存。管理手段以服务目的为

---

① 《毛泽东著作专题摘录》，人民出版社1964年版，第722页。

前提，以服务目标为引领航向，让管理的方法与手段蕴含着管理活动的一般特征和教育服务的特殊要求，这样相互联系的管理和服务才有着更加深刻全面的意义。所以，以“管理服务”作为辅导员工作的一项整体工作职能，内涵更深、外延更广，有利于辅导员在实际工作中更好地发挥作用，也有利于管理服务工作在新时代的工作职能得以与时俱进、守正创新。

二、辅导员管理服务工作的规律遵循

在整体观念的视域之下，将“管理服务”作为辅导员工作的联合工作职能，形成“1＋1＞2”的工作合力，有利于结合实际更深入地探讨辅导员的管理和服务工作，探究新时代辅导员管理服务工作的规律遵循。

辅导员的管理服务工作蕴含着鲜明的政治性、显著的教育性和突出的学生主体性，在管理服务工作中要求我们充分遵循思想政治工作规律、教书育人规律和学生成长规律，在三大规律的基础之上，把握不断发展变化的学生新情况，在实践中处理好三大规律的科学内涵和相互关系，着力建立辅导员管理服务育人长效机制，确保在管理和服务工作中协同发力、同向发展。

(一)统一性和多样性相互协调的规律

辅导员的管理服务工作服务于高校思想政治工作，是高校思想政治教育的重要组成部分。统一性体现在管理服务工作需要遵循具有鲜明政治性的思想政治工作规律。思想政治工作规律要求必须坚持以马克思主义为指导，以培养德智体美劳全面发展的社会主义事业建设者和接班人为目标，是辅导员工作的最重要标准，也是辅导员管理服务工作的统一性方向。正如马克思在《〈黑格尔法哲学批判〉导言》中指出的：“理论一经掌握群众，也会变成物质力量。理论只要说服人，就能掌握群众；而理论只要彻底，就能说服人。所谓彻底，就是抓住事物的根本。”①立足“两个大局”，应对复杂多变的国内国际形势，辅导员需要和当代大学生一起应对各种意识形态的冲击，必须依托有效的管理手段和服务方式，让正处于世界观和人生观形成关键时期的大学生能有应对复杂情况的意识，具备抵御政治风险的能力，有效引导大学生形成正确的思想政治认识，牢牢把握正确的政治方向。

为达到这个统一性的目标，辅导员的管理和服务工作依托不同的平台，

---

① 《马克思恩格斯选集》第1卷，人民出版社2012年版，第9—10页。

管理服务的内容、组织、方式、程度各有分类，展现出多样性的特征。辅导员和大学生之间以不同的媒介不断进行理想、信念、价值、信息、情感的交流和互动，形成良性沟通的良好局面，使学校制定的管理机制和服务平台有效发挥作用，进一步发挥辅导员的主观能动性，让管理和服务因辅导员个体特征而呈现出多样性的特点，服务于统一性的目标。

(二)科学性和人本性相互结合的规律

辅导员的管理服务归根结底是为学校培养人、教育人、引导人，在高校的管理服务中必须要符合教书育人的规律，凸显出辅导员管理服务的教育本质，面向大学生群体的管理服务过程实际上是大学生受教育的过程。教育需要因材施教、循序渐进、教学相长，辅导员的管理服务工作也需要遵循教育的这些特点，从而实现管理服务的科学性和人本性相结合。

辅导员面向大学生的管理服务需要遵循管理的科学性和服务的人本性，这两种特征相结合的规律体现在管理服务的全过程当中。首先，科学决策时把握客观事实，从大学生成长的全过程出发，把握实际情况、发展特点和变化趋势，尊重大学生成长的需求和成才的追求，尊重大学生的个体差异和个体特征，以保证辅导员管理服务工作的客观性、规范性，让辅导员的管理服务满足不断发展变化着的大学生的实际需求，帮助大学生的学习生活能够有序开展。其次，计划组织时要遵循原则规范，辅导员管理服务工作要在计划阶段就做好全方位的研判，明确学生的诉求，让组织阶段的原则具有时效性、稳定性。原则性而非强制性，对于大学生主体不必管得过于严过于刻板，应当给出管理服务的适度区间，同时给出大学生自我管理、自我服务的成长区间，让辅导员的管理服务得到大学生群体的有效支持，注入大学生自主的计划组织能力，这样才能让管理服务的效能得到最大化的发挥。最后，调控评价时要回归学生需求。辅导员的管理服务对象是大学生群体，应发扬民主化的管理服务方式，重视学生对辅导员管理服务工作的反馈信息，通过调控评价形成工作闭环，辅导员在管理和服务过程中可以充分发挥集体的作用，善于吸收和接纳来自各方面的反馈意见，及时调整管理服务工作过程中的问题和偏差，把学生的需求作为管理服务工作的出发点和落脚点。

(三)主导性和主体性相互统一的规律

辅导员的管理服务工作需要遵循“以生为本”的原则，明确管理服务工作中处于主导地位的是辅导员，辅导员需要时刻把握管理服务工作的总体方向，服务于思想政治教育全局工作。从管理服务实际工作角度来看，处于主体地位的是学生，应该尊重学生的主体地位。在实际工作中，辅导员和学生之间的师生比直接决定了辅导员没有足够的时间和精力做到事必躬亲、事无巨细，也不应该对学生学习生活的各项事务全权代劳，这样既给辅导员带来了沉重的工作负担，也让学生失去了自我管理、自我服务的成长空间，无法做到让学生获得真正意义上的成长。在辅导员的管理服务工作中，应该明确“主体性意识可以由他者激活，主体性功能可以由外部加强，但主体性力量需要从内部释放”①。

辅导员在管理服务中发挥主导性的作用，为学生设计搭建管理服务的平台，给学生提供外在的、积极的强化观念，对学生的长远发展进行统筹规划、总体设计、过程监督、协调反馈。在此基础之上让学生明确自身成长和发展的实际需求，帮助大学生形成正确的观念、习惯和行为，把自我管理作为成长的需求，把自我服务作为成才的路径，充分调动大学生的内在驱动力、自觉性和积极性。辅导员的主导性因大学生主体性的发挥得以体现，在这个过程中形成良性循环，正向协同驱动，主导性和主体性之间相互统一、相辅相成、整体推进。

三、辅导员管理服务工作的规范标准

“未来属于青年，希望寄予青年。”②辅导员工作是丰富多彩且意义非凡的，其工作面对着一批又一批的青年人，新时代辅导员应该谨记自己的工作目标就是要把这些青年人培养成为堪当民族复兴大任的时代新人，诠释和担当好知心朋友和人生导师——这两个学生最亲近的身边人的角色，这些都与新时代习近平总书记对高校思想政治工作提出的总体要求相一致。基于人的全面发展理论和实践需要，新时代思想政治教育应当将现实的个人的全面发展作为工作的基点和核心。③ 正如习近平总书记在全国高校思想政治工作会议上强调，“思想政治工作从根本上说是做人的工作，必须围绕

① 冯刚、彭庆红、佘双好、白显良等：《新时代高校思想政治教育学原理》，人民出版社 2021 年版，第 381 页。

② 习近平：《在庆祝中国共产党成立 100 周年大会上的讲话》，人民出版社 2021 年版，第 21 页。

③ 冯刚、彭庆红、佘双好、白显良等：《新时代高校思想政治教育学原理》，人民出版社 2021 年版，第 387 页。

学生、关照学生、服务学生”①。做好人的工作，必须遵循人的本质，正如马克思在《关于费尔巴哈的提纲》中提出的，“人的本质不是单个人所固有的抽象物，在其现实性上，它是一切社会关系的总和”②。在把握这一本质的基础之上，习近平新时代中国特色社会主义思想强调的立德树人的教育观也明确指出，培养德智体美劳全面发展的社会主义建设者和接班人，这里提到的“人，本质上就是文化的人，而不是‘物化’的人；是能动的、全面的人，而不是僵化的、‘单向度’的人”③，以实现人的全面发展为根本目标，为新时代辅导员的管理服务工作提出了规范标准。

(一)人心的热度

管理和服务工作是辅导员工作当中相对繁杂琐碎、耗费精力的工作板块，为保证工作更好地开展，辅导员本身必须要有为学生负责的责任心和对管理服务工作的进取心，以育人的情感去做好管理服务工作。以培养学生为目标，不断完善大学生管理工作，既要敢管、严管，也要善管、真管。“攻城为下，攻心为上”，以科学合理的管理模式为学生的发展领航助力，用人心的热度去服务学生、关爱学生，这是辅导员管理服务工作义不容辞的责任，也是辅导员不断提升自己的工作质量、工作水平、工作方法的基础。用科学的管理去规范和改进繁杂琐碎的工作，在细致入微的服务中注入爱、获得爱，以人心温暖人心，以人心感染人心，不仅能让看似充满“对抗性”的管理工作更加顺畅，还能让看似“细微平常”的服务工作增添情感，归根结底，能提升辅导员工作的价值感、认同感，在日常的管理和服务中与学生们共同努力、共同成长。

(二)人性的特点

人性在这里指的是人的本质心理属性。辅导员面对大学生群体进行管理和服务，就要牢牢把握住新时代大学生群体的心理特点。大学生群体处于生理成熟但心理尚未完全成熟的发展阶段，很多学生是大学时期才独立安排自己的生活与学习，是自我意识突出的一个重要的阶段，初步具有自己的思想、审美观、价值观和理想追求，但自我评价、自我控制、自我教育的能力还有待加强，需要外力辅助大学生更好地认知人性的特点，从而

---

① 《习近平在全国高校思想政治工作会议上强调 把思想政治工作贯穿教育教学全过程 开创我国高等教育事业发展新局面》，载《人民日报》，2016年12月9日。

② 《马克思恩格斯文集》第1卷，人民出版社2009年版，第501页。

③ 习近平：《之江新语》，浙江人民出版社2007年版，第150页。

逐步过渡到心理稳定的阶段。用科学的管理服务观，让学生感受到严而有据、以理服人、严管厚爱。把握住大学生心理情感激烈且复杂的特征，对学生群体和个体的管理服务需要精准施测、一生一策，充分遵循学生的人性特点。与此同时，辅导员也应重视探究自身人性的特点，培养积极乐观的心理素质，重视自我悦纳感的提升、人际关系的处理，用辅导员良好规范的言行给学生作出表率，把握学生群体的人性特点，并将辅导员人性的特点和能量注入管理和服务工作。

(三)人格的魅力

作为高校辅导员，对学生进行管理服务的过程也是体现育人观念的过程，将"管理服务育人"作为辅导员自身职业道德的基本要求，体现辅导员工作能力水平和道德品质修养，在辅导员的管理服务中体现教育的本质属性。管理服务不仅仅是作为辅导员影响大学生学习生活的辅助功能，而且将思想、品德、修养、价值、观念蕴含于管理服务工作当中，让学生形成正确的世界观、人生观和价值观。

辅导员在管理服务工作中，会直接体现辅导员的性格、气质、能力、道德品质，这就要求辅导员队伍要在管理服务工作中以更高的标准来对标管理行为、管理决策、服务态度和服务内容，以学生为本、尊重学生成长发展需求、热爱学生工作，以每一个辅导员鲜明且生动的人格魅力为管理服务工作注入生机与活力，用人文精神、人文情怀来答青年之问、解人生之惑，在管理服务工作中体现出辅导员的人格魅力。

第三节　高校辅导员管理服务工作的内容要义

新时代赋予了高校思想政治教育工作新使命，也对高校辅导员管理服务工作提出了新要求。为应对新形势和新挑战，进一步提升高校辅导员管理服务工作质量，高校应深入了解辅导员管理服务工作要义，协同推进管理服务工作，不断完善管理服务工作流程，充分发挥新时代高校辅导员管理服务工作的重要作用，在新征程上为培养德智体美劳全面发展的社会主义建设者和接班人贡献力量。

一、辅导员管理服务工作的分类解读

作为学生成长成才的人生导师和健康生活的知心朋友，辅导员肩负着

培养担当民族复兴大任的时代新人的重任，这就对辅导员的工作目标提出了更高的要求。2017年9月颁布的《普通高等学校辅导员队伍建设规定》将辅导员的工作职责概括为：思想理论教育和价值引领、党团和班级建设、学风建设、学生日常事务管理、心理健康教育与咨询工作、网络思想政治教育、校园危机事件应对、职业规划与就业创业指导、理论和实践研究九个方面的内容，即辅导员集教育、管理、服务三重职责于一身。“管理育人、服务育人是思想政治教育的重要机制，管理服务育人常态化制度化为学生健康成长起到了不可替代的作用。管理服务涉及学生的学业、生活、就业等方方面面，涉及党团组织建设、班集体建设、学生社团等自组织建设等。”①新时代，辅导员需要夯实管理工作的基础，践行服务工作的关键，着力提升育人实效，努力培养德智体美劳全面发展的社会主义建设者和接班人。

(一)辅导员的管理工作

辅导员的管理工作主要分为学习管理、事务管理和组织管理②，体现在学风建设管理、日常事务管理、学生个体行为管理、网络舆情管理和党团与班级建设的组织管理等多个方面。

学风建设管理中，辅导员要着眼学生在大学不同阶段的成长特点和发展需求，着力引导学生实现自己的学业理想，完成自己的学业价值。一方面辅导员要为学生提供课业学习上的支持和指导，熟悉了解学生所学专业的基本情况，可以借助专业教师、班导师、优秀朋辈的引领，通过课上与课下、线上与线下相结合的方式，帮助学生尽快适应学习环境，端正学习态度，掌握正确的学习方法，养成良好的学习习惯；另一方面还需要对学生学业生涯的规划进行一定的指导，帮助学生树立正确的学业生涯规划理念，并监督学生执行自己的生涯规划，充分认识自我，不断探索自我，提升自我，顺利完成学业。

在日常事务管理中，需要辅导员对学生学习生活中的日常事务进行统筹和管理，包括考勤管理、档案管理、奖勤助补贷、危机事件应对等具体琐碎、内容繁多的事务性工作。由于日常事务工作关系到学生的自身利益，就需要辅导员着眼于充分发挥高校学生管理工作的育人功效，以《大学生手

---

① 冯刚、彭庆红、佘双好、白显良等：《新时代高校思想政治教育学原理》，人民出版社2021年版，第243页。

② 冯刚：《大学生思想政治教育工作概论》，北京师范大学出版社2020年版，第256页。

册》为依据，将依法治校的管理要求与立德树人根本任务紧密结合，促进法律法规约束、管理制度保障和思想政治教育三者协同发力，将管理工作作为“规则教育”与“道德教育”的合力点和交换站，将刚性教育与柔性教育相融合，在日常事务管理工作中不断提升学生思想水平、政治觉悟、道德品质、法律素养和安全意识，积极引领学生创先争优、自律自强、矢志奋斗、全面发展。

在学生个体行为管理中，辅导员要坚持以学生为本的工作理念，在充分体现管理工作在学生培养不同阶段的针对性的基础上进行分类管理。通过日常思想政治教育，积极创造健康和谐、安全稳定的校园生活秩序，进一步引导学生塑造自强自立、自尊自律的优秀品格，树立远大理想与正确的人生观、价值观和世界观。同时，辅导员要为学生搭建管理的平台，如学生会、年级会、班委会、学生社团等，为学生营造良好的成长环境，促进学生良好的行为习惯养成，让学生自己学会管理自己，充分发挥自己的才能，培养学生自我管理的能力，帮助学生增长见识和才干，推动学生全面健康发展。

在网络舆情管理方面，辅导员肩负着网络思想政治教育的工作职责，要不断强化网络管理，研究网络传播规律，扩大舆情工作信息采集面，完善舆情搜集、预警和处置机制，有效排除“噪音”干扰，构筑清朗网络空间。同时，辅导员要加强学生网络素养教育，构建网络思想政治教育重要阵地，运用网络新媒体对学生开展思想引领、学习指导、生活辅导、心理咨询等，培养学生树立积极的网络意识和正确的网络思维，提升网络文明素养，弘扬主旋律，传播正能量。

在党团与班级建设的组织管理中，辅导员要加强对学生组织、学生团体、学生骨干、学生活动的管理，包括学生骨干的遴选、培养、激励工作，入党积极分子培养和发展学生党员工作等。此外，辅导员要加强学生党支部和班团组织建设的教育指导，充分发挥党团和班级建设的“自我教育、自我管理、自我服务”组织优势，发挥学生的主动性，促进学生成长与组织建设相结合，围绕学生成长诉求，组织开展丰富多彩的主题班会、党团日活动等，发挥团结学生、组织学生、教育学生的职能，进而发挥班干部和党员的模范带头作用，让学生参与到集体管理中来，自觉参与到学习中。

(二)辅导员的服务工作

辅导员的服务工作主要分为生活指导和发展指导①，体现在心理健康教

① 冯刚：《大学生思想政治教育工作概论》，北京师范大学出版社2020年版，第257页。

育与咨询工作、资助工作、职业规划与就业创业指导、社会实践和志愿服务平台搭建等多个方面。

在心理健康教育与咨询工作中，一是辅导员要密切关注学生，及时对学生日常学习生活中出现的心理问题进行心理疏导，对学生遇到的难点、困惑提供指导和帮助，进而缓解学生的各种心理压力，提高其承受各种问题困难的能力。二是辅导员要定期排查学生的心理问题，做好心理问题预警工作，建立“一生一档一策”。三是通过组织开展心理班会、心理剧等丰富的心理活动，加强心理委员培训等，将心理健康教育与日常思想政治教育融合，进行科学有效的心理健康教育，健全学生人格体系，帮助学生健康成长发展。

在资助工作中，辅导员要把“扶困”与“扶智”、“扶困”与“扶志”相结合，注重把资助工作落实到人才培养的核心任务上，发挥资助的育人功能。一方面要对经济困难学生提供精准帮扶，通过经济资助、勤工助学岗位等方式，帮助学生解决实际困难，让学生生活可以得到基本保障。另一方面，注重学业、心理、道德品质和能力等诸多方面的培养，体现“授人以鱼不如授人以渔”的出发点，引导困难学生自立自强，最终实现精神上的“脱贫”，促进学生全面成长成才。

在职业规划与就业创业指导工作中，辅导员要注重引导学生树立正确的就业观和择业观，将学生的未来发展与国家需求、社会发展紧密结合，帮助学生制定科学合理的人生规划。首先要针对学生面临的就业问题进行专业指导，帮助学生根据个人的特点和兴趣树立正确的职业生涯规划，培养学生的各项能力，有选择性地规划自己的职业。其次，要结合专业学习特点、就业形势和行业前景发展境况，为学生提供更多就业创业的有效信息，帮助学生更好地就业创业。

在社会实践和志愿服务平台搭建工作中，辅导员要引导学生将知识通过实践内化为素质和能力，外化为贡献和成就，在实践中受教育、长才干、做贡献。辅导员可以通过“五位一体”的社会实践活动、全员参与的志愿服务活动、军训和新生教育等形式，对学生发展需求进行指导和帮助。在过程中要注重学生的全面发展和个性发展相结合，全面发展意在促进学生德智体美劳全面发展，个性发展须重视学生个体差异和特点，为学生打造个性化的展示舞台。

二、辅导员管理服务工作的协同推进

有目标的管理就是服务，有目的的服务就是管理，从现代管理学的角度看，二者具有统一性，在辅导员实际开展学生工作的过程中，二者更是相互依存、相辅相成。做好管理服务工作的协同推进，将二者有机统一，有助于形成思想政治教育合力，推进学生德智体美劳全面发展。

(一)在育人理念上的协同

20世纪80年代，高校提出的“三育人”，即“教书育人、管理育人、服务育人”，对大学职能进行了重新界定，《中共中央国务院关于加强和改进新形势下高校思想政治工作的意见》中则进一步明确提出“把思想价值引领贯穿教育教学全过程和各环节，形成教书育人、科研育人、实践育人、管理育人、服务育人、文化育人、组织育人长效机制”①。管理育人、服务育人同属当前高校思想政治教育的重要任务，均以习近平新时代中国特色社会主义思想为指导，以习近平总书记关于新时代教育工作的重要论述为前进方向，立足于新时代高校思想政治工作实际，因事而化、因时而进、因势而新，紧紧围绕“立德树人”根本任务和中心环节，遵循思想政治工作规律，遵循教书育人规律，遵循学生成长规律。② 高度重视学生主体地位，坚持以人为本、服务至上的理念，构建和谐、平等、互联互通的师生关系，不断提高管理服务工作能力和水平。

(二)在育人目标上的协同

习近平总书记指出：“要把立德树人内化到大学建设和管理各领域、各方面、各环节，做到以树人为核心，以立德为根本。”③高校辅导员管理服务工作均以“立德树人”为根本任务，着眼学生在大学不同阶段的成长特点和发展需求，不断提升管理水平和服务质量，充分发挥教育者教育引导和学生自我教育、自我管理、自我服务的作用，促进大学生德智体美劳全面发展，进而实现培养能够担当民族复兴大任的时代新人，推动大学生思想政

---

① 中共中央、国务院：《关于加强和改进新形势下高校思想政治工作的意见》，载《社会主义论坛》，2017年第3期。

② 《习近平在全国高校思想政治工作会议上强调 把思想政治工作贯穿教育教学全过程 开创我国高等教育事业发展新局面》，载《人民日报》，2016年12月9日。

③ 《习近平在北京大学考察时强调 抓住培养社会主义建设者和接班人根本任务 努力建设中国特色世界一流大学》，载《人民日报》，2018年5月3日。

治工作高质量发展的育人目标。

(三)在育人内容上的协同

辅导员管理工作主要分为学习管理、事务管理和组织管理三大方面，具体包含对大学生学业的帮助与指导、学风建设、评奖评优、党团组织建设、学生活动及实践指导等。辅导员服务工作则主要围绕生活指导和发展指导两个方面展开，具体包含对大学生日常生活中产生的问题及困惑的指导与结合大学生实际情况开展的实践活动、生涯规划等。从育人内容上看，无论是管理还是服务工作，均围绕大学生成长发展过程中的具体环节和内在需求展开，二者并没有明确的界限，只是侧重点有所不同。以管理为侧重的育人方式具有较高的效率，能够在短时间内获得育人成效；以服务为侧重的育人方式则具有较高的效能，能够促进大学生主动思考，并对大学生产生长期的影响。在实际的育人工作中，辅导员需要把握契机，将二者有机结合，引导大学生塑造自强自立、自尊自律的优秀品格，树立远大理想与正确的人生观、价值观和世界观。

(四)在育人载体上的协同

辅导员开展大学生思想政治教育工作需要结合实际情况及具体工作内容，通过一定的载体实现育人目的。《教育部等八部门关于加快构建高校思想政治工作的意见》指出，应加快构建目标明确、内容完善、标准健全、运行科学、保障有力、成效显著的高校思想政治工作体系。辅导员开展大学生管理及服务工作时也应依托这一体系平台，并包含思想政治主题教育活动、主题党团班日、谈心谈话等多种大学生日常思想政治教育载体，且各载体往往需综合运用，以发挥多种载体的综合效应。此外，伴随着高校思想政治工作体系的不断发展，大学生思维方式、生活习惯、成长诉求等方面的不断变化和各类新兴媒介的不断涌现，辅导员在开展管理服务工作时也要及时更新理念、掌握技术，实现在育人载体方面的创新发展、与时俱进。

(五)在保障体系上的协同

辅导员是大学生管理与服务工作的主力军，但与此同时，诸如思想政治理论课教师、专业教师、党务工作队伍、后勤服务队伍等多支队伍也在大学生管理与服务工作中发挥了重要作用，协同参与了大学生成长成才全过程；同时，学校也为辅导员开展大学生管理与服务工作提供了必要的制度保障，确保了在工作开展过程中有规可循，有据可依；此外，学校搭建的辅导员培训体系和交流平台，也为辅导员全面发展提供了坚实保障，在学习与交流中，有助于辅导员队伍形成过硬的政治素养、完备的理论体系、扎实的业务水平和全面的工作能力，更好实现新时代辅导员管理服务工作目标。

三、辅导员管理服务工作的流程完善

习近平总书记在2018年全国教育大会上强调，要“培养德智体美劳全面发展的社会主义建设者和接班人”。“五育”并举是贯彻新时代党的教育方针、构建新时代人才培养体系的有效举措，也是健全新时代高校管理服务育人体系，培养全面发展时代新人的重要路径。在构建学生德智体美劳全面发展的人才培养体系背景下，如何加强高校管理服务育人、规范完善高校辅导员管理服务的工作流程，有效增强辅导员管理服务工作的实效性已成为新时代大学生思想政治工作的重要课题。

(一)系统设计管理服务工作体系

加强顶层设计，坚持协同联动，融入“五育”并举，全面统筹高校管理服务育人各领域、各环节、各方面的育人资源和育人力量，充分探究管理服务育人与德智体美劳的多维度联系，系统设计管理服务工作体系，规范完善辅导员管理服务工作流程，在充分遵循学生成长规律和满足学生发展需求的基础上，达到学生培养“五育”并举的目标。在科学设计辅导员管理服务工作体系过程中，要融入设计理念、体系目标、工作内容、实践路径、保障机制、互动反馈、考核评价等多维度要素，统筹推进学生学习管理、事务管理、组织管理、生活指导、发展指导等辅导员管理服务各环节的流程设计与完善，系统构建形成目标明确、内容完善、运行科学、保障有力的管理服务育人体系，大力挖掘辅导员管理服务的思政育人要素，充分发挥辅导员管理服务的育人功能，促进学生德智体美劳全面发展。

(二)科学完善管理服务工作机制

管理服务育人体系是一个高校管理服务相关的各种因素所组成的复杂的综合性系统，通过科学完善管理服务工作体制机制，有效保障各育人环节和育人力量之间的沟通协作和互联互通，进一步汇聚育人合力，进而整体提升管理服务工作的水平。首先，应健全完善各育人系统协同联动的体制机制。加强学校党委对学生管理服务工作的全面领导，落实主体责任，进一步健全组织领导机制，建立学校党委统一领导、各部门分工负责、全员协同参与的责任体系，加强对学生管理服务工作的统筹协调，确保学校党委关于学生管理服务各项决策的有效落实，为提升管理服务育人效果提供组织保障。其次，要统筹推动各方面的育人力量协同育人。要完善出台专职辅导员队伍建设管理办法，深入实施两年制推免辅导员和兼职辅导员制度，加强专职辅导员与兼职辅导员、思政课教师、班导师、学校领导干部、校外辅导员、学生骨干等队伍的统筹管理，有效建立各支育人队伍相互促进、协调发展的工作机制，凝聚合力，深入构建全员全过程全方位的管理服务工作格局。

(三)着力增强管理服务发展动力

聚焦薄弱环节，着力因材施教，将全员、全过程、全方位育人融入管理服务育人工作中，形成“立体式”管理服务育人新模式，辐射管理服务育人全流程，让管理服务育人工作在新时代发挥出新的更大作用。为充分保障辅导员管理服务工作顺利开展，学校应围绕人力资源、理论智库、科学评价、有效激励等方面出台措施，通过加强人力资源建设提供专业人才基础，通过搭建理论智库平台提供科学理论支持，通过科学评价体系形成积极政策导向，通过有效激励激发师生内生动力，从而全面形成育人合力，进一步打通管理服务工作中的盲区和断点，为管理服务育人工作全面赋能，真正把管理服务育人工作的核心目标落在育人效果上，进一步提升辅导员管理服务工作科学化水平，推动辅导员管理服务工作高质量创新发展。

(四)持续优化管理服务育人环境

高校管理服务育人作为一个开放性系统存在，既包含多元的育人主体，同时又会受到高校内外多维因素的作用影响，共同构成了一个管理服务育人的教育场域，形成了育人主体、客体、多维要素互动的育人新环境。高校管理服务育人环境呈现出多元化、多样化特征，不同主体之间、要素之间、主体与要素之间是相互联系、相互影响、相互作用的。因而，为充分发挥管理服务育人功能，实现管理服务育人的核心目标，要不断深化管理服务育人理念，持续优化管理服务育人环境，充分挖掘各要素的育人资源，整体推进学校、社会、学生等要素与政策、机制、条件等相互之间的平衡发展，从而为辅导员更好地开展管理服务育人工作提供坚实保障，促进辅导员管理服务工作效能的进一步提升，助推新时代背景下高水平人才培养目标的实现。

第四节　高校辅导员管理服务工作的优化路径

辅导员管理服务工作伴随着高等教育的发展及辅导员职责的明晰而不断发展完善。中国特色社会主义进入新时代后，随着高等教育的不断深化，育人目标的不断明确，辅导员管理服务工作也因时而变、因势而新，成为高校育人过程中必不可少的重要一环。新时代辅导员管理服务工作内容丰富、形式多样，寓于高校学生每一处成长发展的重要环节，关乎高校学生工作的各个方面，因此对这一工作的探索对于高等教育的发展是十分重要的。随着学生在思考问题中更加注重自主性，“更加重视双向互动性，渴望受到教育者的理解与尊重”①，因此无论是针对学习、事务以及组织等管理方面来说，抑或是从生活指导、发展指导等服务工作而言，进一步提升辅导员管理服务工作的系统性、科学性、创新性与时代性就变得刻不容缓。

一、进一步提高辅导员管理服务工作的系统性

党的十八大以来，习近平总书记多次强调运用系统思维分析问题、指导工作，“必须在把情况搞清楚的基础上，统筹兼顾、综合平衡，突出重点、带动全局，有的时候要抓大放小、以大兼小，有的时候又要以小带大、小中见大，形象地说，就是要十个指头弹钢琴”②。

“系统观念是唯物辩证法普遍联系的应有之义，从一定意义上说，普遍联系着的事物本身就是一个系统。”③而辅导员管理服务工作作为高校学生工作的重要组成部分，其本身已经具备了一个系统所拥有的普遍联系性，因此更需要通过系统思考、统筹推进、相互配合、有效衔接，需要多环节、各领域的联动与集成，进一步以系统性思维聚合力提效率，用系统性方法谋全局促发展。这就要求高校辅导员要在关注学生过去、现在和未来的前提下，充分挖掘在管理服务工作中的现实关联性，采用系统化的思维方法

① 冯刚、彭庆红、佘双好、白显良等：《新时代高校思想政治教育学原理》，人民出版社2021年版，第276页。

② 文秀：《习近平总书记的执政理念》，人民网，2014年3月3日。

③ 《马克思主义基本原理概论》，人民出版社2020年版，第52页。

分析存在的问题，并提出针对性措施来完善管理服务工作协同机制，从而实现大学生思想政治工作的最大效能。

(一)系统思维的应用在辅导员管理服务工作中的必要性

“系统观念是具有基础性的思想和工作方法。”系统思维即在认识世界改造世界的过程中，立足整体进行思考和设计，对多元主体致力于实现目标的过程、后续反馈等因素进行系统性研究。而将系统思维应用到实际工作中，就是要把事物放到普遍联系的系统中去把握，以期实现整体功能的最优化。把系统性的观点应用到实际工作中，一方面是对于辅导员管理服务工作的规律遵循，另一方面可以对高校学生工作这一全局的发展起到推动作用。随着对辅导员管理服务工作重视程度逐渐提升，对辅导员管理服务工作的方式探索屡见不鲜，但其中就如何运用系统思维理清工作开展过程中各要素之间协同配合、融会贯通的具体联系大多不甚了了，因此在辅导员管理服务实际工作中应用系统观念发挥积极作用方面还显不足。只有切实做好系统思维在辅导员管理服务工作中的正确应用，才能增强辅导员管理服务工作的实效性，进而对高校学生工作起到促进作用。

运用系统思维提升辅导员管理服务工作要注重整体性，统筹兼顾，系统把握辅导员管理服务工作全局；注重长远发展，综合平衡，纵深推进辅导员管理服务工作改革发展；注重层次结构性，突出重点，持续强化辅导员管理服务工作主责主业；注重关联性，带动全局，协同联动其他学生工作职责使命。在此过程中，因为辅导员管理服务工作同时具备复杂性和系统性的特点，就更需要基于系统思维客观地而不是主观地、联系地而不是孤立地、发展地而不是静止地、全面地而不是片面地把握好这个工作系统。要了解好辅导员管理服务工作这个系统，就要在科学分析系统影响要素及其特点的基础上，把握好工作的具体内容与各部分间的有机联系，制定好工作系统应有的运行方式和规则，落实好工作的评价体系与奖惩机制，进而不断激发工作系统自身运行的动力；要理顺辅导员管理服务工作与高校其他学生工作之间的多重联系，保证形成工作合力，进而促进高校学生工作积极向好发展。

(二)提高辅导员管理服务工作系统性的实施路径

就辅导员管理服务工作系统而言，影响工作系统的要素主要包括学生、辅导员和学校三个方面。要想确定辅导员管理服务工作是否高效，影响工作系统的各个要素是否构成一个有机整体，就必须基于系统思维，做好评价体系构建工作，这是在辅导员管理服务工作中极其重要的环节。因此，建设一个全维度评价反馈体系平台将成为建设高质量辅导员管理服务工作体系的引领和保障，起着极其重要的牵引作用。

全维度评价反馈体系平台主要通过借助计算机和网络技术，坚持定性和定量相结合、工作评价和效果评估相结合，重点从学生成长发展综合测评、辅导员工作评价、学校顶层设计等多个维度建立起科学完备的评价体系：坚持学生的全面发展和个性化发展有机统一，以培养全面发展的社会主义建设者和接班人为目标，完善学生综合测评，形成符合学校实际的大学生成长发展综合测评体系；紧密结合国家辅导员职业能力标准和学生工作实际，构建辅导员工作评价体系；按照党和国家对于高校学生工作的相关要求，结合学校实际，以学校学生工作质量有效提升为目标，探索辅导员管理服务工作顶层设计评价体系。利用现代网络信息技术等手段，对辅导员管理服务工作各环节进行即时性的数据采集，并客观准确地进行分析处理，将现阶段的工作效果反馈给系统内部及被评价对象，及时对辅导员管理服务工作各环节中存在的问题进行纠偏调控，进而提升辅导员管理服务工作的系统性。

评价反馈的过程是对教育方式完善的过程，更是推动辅导员管理服务工作系统化的过程。全维度评价反馈体系平台作为评价依据和反馈系统，能够全面客观地反映出当前辅导员管理服务工作现状，对下一阶段的工作开展给予正确引导。同时能够更客观地反映出辅导员管理服务工作成效，为未来工作发展提供导向。进而推动工作内容与方法的改进，形成一个集管理、监督、评价、考核等多功能为一体的育人工作闭环，不断推动辅导员管理服务工作这一系统中的多方对系统思维在管理服务工作中的重要性认识，切实推动辅导员管理服务工作系统化发展。

二、进一步提高辅导员管理服务工作的科学性

在当今的高校学生教育管理服务中，高校辅导员的工作覆盖面需要更广更深，要学会利用多种方式真正贴近学生的日常生活，解决其实际问题。现代科学技术的发展，尤其是网络的普及为辅导员提供了更多了解学生的渠道，进而为了解学生的思想状况和行为动态提供了现实可能，也为辅导员做好学生管理服务工作提供了新视角与新途径。

(一)辅导员管理服务工作中存在的问题

辅导员管理服务工作中对学生特殊情况的了解不够精准。辅导员作为高校学生工作一线的管理服务人员，需要及时掌握学生相关动态，了解学生身心状况，做到尽早发现苗头性事件，及时有效地解决学生可能出现的各类问题。但由于工作复杂多样、任务繁重，加之大学生普遍具有强烈的独立性、自主性和批判意识，会刻意或者在无意之间对辅导员隐瞒某些特殊情况，导致辅导员无法及时掌握每一个学生的思想状况、价值取向和行为动向等，因而无法游刃有余地解决每一项学生问题。

辅导员管理服务工作中对学生数据收集的渠道不够畅通。辅导员作为学生工作一线的管理服务人员，在沉重的日常工作中也担负着数据收集的任务。传统的学生基本信息采集方式包括辅导员通知反馈、问卷调查、座谈访谈等，单凭人工进行数据收集管理工作的难度极大，而且学校内部难免存在“数据孤岛”现象，为后续的数据运用工作带来更多的不便和困境。

辅导员管理服务工作中对具体工作决策的科学性不足。在传统学生管理服务的工作模式中，学生基础数据的完整性和连贯性存在缺失的情况，导致辅导员在进行管理服务工作决策时，过多根据以往经验进行主观判断，容易忽视学生的性格特征、兴趣爱好、发展趋势等重要因素，在一定程度上出现片面主观的弊端，导致工作决策科学性不足。

(二)提高辅导员管理服务工作科学性的实施路径

随着现代科学技术的发展，涌现出了形式多样的辅导员管理服务工作的具体方式，这不仅能够更好地推动师生之间的互联关系，更对提升辅导员管理服务工作科学性有着重要的作用。

对于提升科学性而言，最重要的是紧紧抓住工作中的实际内容，进而选取合适科学的方法。由于辅导员管理服务工作的内容是由常规可预知工作和突发事件共同构成的，这就决定了其工作内容及方法不可能是一成不变的，因此对工作内容的提前部署及方法选定就是十分重要的。而随着大数据时代的来临，可以通过对系统中数据的挖掘分析，甚至是研究模型的建构提前预知其发展态势。因此可以在常规的日常班会、谈心谈话等方式之外，以大数据为切入点，依托便利的技术条件获取、挖掘教育数据，进而借助云计算进行分析、预测并释放海量数据中隐藏的具有参考价值的数据，为学生的成长和发展提供数据支持。

以此为基础，高校建立以学生数据为核心的一体化大数据平台，通过对学生的行为数据等进行收集与分析，以可视化的方式，直观呈现学生的思维表现和行为模式等特征，全面细致地刻画和展示每一位学生的学习、生活、工作、思想、情感等各个方面的发展，实现新形势下学生管理工作和综合素质培育的双重创新，为实际工作提供精准数据信息和科学决策依据，做到更好地通过数据抓取倾听学生，用数据分析更好地了解学生，通过平台全方位了解学生实际动态，把握成长发展动向，进而针对性地做好辅导员管理服务工作，提升其系统的科学性。

(三)大数据对辅导员管理服务工作科学性的促进作用

大数据技术的应用有助于实现辅导员工作的科学化管理、针对性服务，为高校辅导员管理服务工作的创新提供源源不断的生命力。如何实现大数据在辅导员管理服务工作中的普及应用，也是迫在眉睫的现实要求。通过建立一体化大数据平台，能够打通学校各部门之间的工作流程壁垒和数据壁垒，形成贯穿学生在校全程的一站式信息化服务，功能覆盖辅导员管理服务的具体工作内容，设置可操作性强的各类栏目板块，如信息数据共享互通、各类信息多维统计、各类业务在线申请、困难学生在线认定、咨询指导在线预约、课表成绩在线查询、活动通知在线发布、学生安全一键求助等功能，满足学生日常学习生活需求，进而为做好辅导员管理服务工作提供坚实保障。

利用大数据技术，能够实时动态追踪学生的学习、生活以及娱乐等各方面数据信息，当出现突发问题或某一类特殊情况，辅导员可以即刻从这一体系中筛选有效信息，进而制定相应的教育策略和问题解决方案。这一流程能够大大缩短辅导员从头开始了解情况的时长，提高对学生现实状况的把握程度，极大地缩短解决学生问题的时限，有效提升辅导员管理服务工作的针对性。

利用大数据技术，能够形成基于大数据分析的学生画像、学业分析预警、学期成长报告等，帮助辅导员发现和解决学生在学习、生活过程中遇到的各种问题，为学生制定个性化指导策略，科学引导学生健康成长发展，同时也为辅导员管理服务工作方针政策的制定提供了指引和遵循，提升辅导员管理服务工作的科学性。

对于高校来说，在大数据时代的浪潮中，在高等教育改革深化的背景下，要直面挑战，解决困难，抓住机遇，乘势而上，竭力建设好符合学校特点的大数据平台，帮助辅导员运用好“数据”这一时代和技术发展赋予辅导员的“利器”，以大数据为抓手，做好辅导员管理服务工作，提升其科学性，进而培养社会主义建设者和接班人。

三、进一步提高辅导员管理服务工作的创新性

当代国际国内局势变化莫测，大学生的成长发展环境也发生着深刻的变化。市场经济、改革开放、信息时代等外部环境的变化以及教育改革、就业市场化等内部环境的变化，对大学生的思维方式和行为方式带来不小的影响。因此只有坚持创新的发展理念，不断结合时代发展背景对辅导员管理服务工作进行优化调整，才能保证高校学生工作向好发展。在高校学生工作中，辅导员是学生管理服务工作的直接参与者，只有积极转变工作观念，勇于创新工作方法，结合新时代的要求，紧密结合大学生成长发展的实际需要和个性化特点，多角度创新管理服务工作内容，才能更加切实有效地培养好新时代高校人才。

(一)创新工作理念，转变育人观念

辅导员思想观念的转变是工作创新的基础。面对新形势、新问题、新挑战和新机遇，辅导员必须革新自身的管理服务理念与思路，在工作的内容和方法上紧跟新时代的脚步，结合当前大学生实际发展现状，进一步把握教育规律，抓住工作中的主要矛盾问题，顺应时代发展创造和创新工作方式方法，富有成效地加强和改进辅导员管理服务工作。

为扎实推进辅导员管理服务工作创新发展，应该注重把握新时代学生发展需求和立德树人根本任务的现实要求。从思想政治教育的实质、时代精神的融合等角度，不断创新辅导员的工作方式方法，转变育人观念。在工作开展过程中，必须坚持以学生为本，不断凸显学生的主体地位，以学生的全面发展为首要目的，结合当前大学生成长与发展的实际需求与个性化特征，探索建立一套符合学生利益、贴近学生生活的工作方法和措施，因地制宜地提升辅导员管理服务工作成效。

(二)创新工作载体，拓展教育空间

辅导员管理服务工作要想紧跟时代发展潮流，就要在实际开展工作的过程中，将传统载体与新兴载体结合运用。在新时期开展辅导员管理服务工作，不仅要运用经过实践检验的效果显著的常规线下模式，更要善于结合具体工作选用合适的新兴工作载体。

网络时代的来临一方面为传统的高校学生工作方式带来了新的挑战，

但同时也为辅导员的管理服务工作拓展了新的空间、途径和手段。在互联网科技多元化发展的今天，将互联网充分、有效地应用到大学生的管理服务工作当中，能够推动辅导员更好推陈出新、与时俱进，运用恰当、科学的工作思路来对大学生实施个性化、全面化的管理服务，优化实际工作思路，提升工作效率。

首先，辅导员应当选用社交媒体等网络平台作为新的工作载体，与传统载体相互补充、形成合力，进而开拓全时段、全方位的教育空间。在与学生定期进行面对面沟通与交流的同时，在日常生活中，在细微小事中，应主动了解关心学生，通过社交媒体进一步观察并了解学生的实时动态，用学生喜闻乐见的方式和时下流行的话语拉近与学生的距离，便于实施一对一的个性化辅导，开展针对性的辅导员管理服务工作。其次，辅导员还应积极利用自身所掌握的网络平台主动积极地进行引导宣传，以营造正确积极的校园生活环境。在不经意间向学生宣传学院、学校和国家的动态，让学生第一时间了解相关前沿信息，丰富其消息获取渠道，并提供一定的发展方向指引。最后，可以通过网络平台建立起及时有效的信息联络及管理机制，保证管理服务工作快速有效落实。通过网络平台布置活动及工作任务，将网络中丰富的教育资源应用到教育与管理活动中去；通过网络平台快速了解学生突发事件，第一时间对学生进行情况掌握与应急措施的落实。通过创新工作载体及其选用，有效促进辅导员管理服务工作向网络虚拟空间延伸，拓展辅导员工作范围并提升辅导员管理服务工作的综合影响力。

(三)创新管理服务模式，夯实工作基础

在新的教育发展形势下，高校大学生的管理服务工作也面临着新的严峻挑战。辅导员如果一味地运用传统、单一的管理服务模式，工作效果将大打折扣。因此，辅导员必须提升管理意识和服务理念，建立全面科学的管理服务模式。深入学生群体中开展调研，努力将“自上而下”的工作方式向“自下而上”的工作方式进行转变，根据学生真实的反馈意见，科学制定辅导员管理服务工作方案。

全面改进辅导员管理服务工作，满足创新发展要求。一方面，建立健全科学的学生管理服务系统，学习先进的手段方法，制定完备的管理规章制度，逐步提升辅导员管理服务工作的科学化、规范化、制度化水平；另一方面，学生管理服务工作不只局限于教师队伍，要充分发挥每一名学生骨干的作用，在工作中重点对学生骨干实施有效的教育和培养，营造全员参与、全员育人的校园环境，循序渐进地提升辅导员管理服务工作水平。

面对当前学生工作的新形势和新挑战，高校辅导员队伍迫切需要积极探索管理服务工作的新方法和新路径，秉持与时俱进的创新精神，根据学生的多样需求和不同情况，有的放矢地采取相应的管理服务方式和方法，着力打造全方位的辅导员管理服务体系，努力培养符合新时代发展要求的社会主义建设者和接班人。

四、进一步提高辅导员管理服务工作的时代性

党的十九大报告深刻阐述了习近平新时代中国特色社会主义思想，并提出了一系列符合当代中国实际的重大举措，是我们党迈向新时代、开启新征程、续写新篇章的政治宣言和行动纲领。① 十九大报告深刻阐释了“新时代”的丰富内涵，为进一步提高高校学生工作发展的“时代性”提供了有力的理论支撑和保障。因此，在加强和改进辅导员管理服务工作时，需要重点把握和突出时代性特点。高校辅导员工作的时代性，一方面体现了教育部门对时代思想的捕捉与认知，很大程度上是对相应时代思想问题的回应。② 另一方面则体现了大学生群体的特殊性，当代大学生是新思想的接受者、传播者和实践者，因此辅导员必须牢牢把握时代的脉搏，在管理服务工作的内容和形式上紧贴时代发展的要求。

(一)辅导员管理服务工作的新时代要求

习近平总书记在全国教育大会上指出，“要努力构建德智体美劳全面培养的教育体系，形成更高水平的人才培养体系”。接着，习近平总书记又在全国高校思想政治工作会议上强调：“我国高等教育肩负着培养德智体美全面发展的社会主义事业建设者和接班人的重大任务。”这对辅导员如何在新时代做好管理服务工作提出了新的目标和要求。

在德育方面，辅导员应以加强学生的品德修养为中心，教育引导学生培育和践行社会主义核心价值观，坚持落实管理工作，在选用主要学生骨干时秉持德才兼备、以德为先的原则，进而引导广大同学修身养性，提高

① 王珍珍：《用实际行动诠释忠诚》，载《创造》，2017 年第 12 期。

② 佟自光：《高校辅导员职能的历史变迁及困境分析》，载《赤峰学院学报》，2012 年第 11 期。

道德修养；在智育方面，辅导员要帮助学生在增长知识见识上下功夫，稳固做好服务工作，开展各式各类的学术专业活动，建立起专业教师与学生之间的桥梁，鼓励支持学生在学习中增长见识、丰富学识，进而向求真理、悟道理、明事理的境界努力学习；在体育、美育和劳育方面，积极创新育人载体，通过管理、服务两大手段，开展各式各类同学喜闻乐见的活动，帮助学生在体育锻炼中不断增强身体素质，在艺术活动中提升审美素养与人文情怀，在劳育活动中激发其积极性并做好理念引导，鼓励学生健全人格品格，锤炼思想意志，激励学生加入辛勤劳动的队伍中。

(二)在辅导员管理服务工作中促进学生全面发展

辅导员管理服务工作应当坚持立德树人根本任务，以促进学生全面发展为核心，扎实做好工作顶层设计，利用多元化手段和途径，深入落实辅导员管理服务工作的方针策略，打造各职能部门和院系协作配合、共同推进的工作模式，形成管理服务育人合力，推动学生德智体美劳全面发展。

将管理服务和育人有机融合，针对不同学业阶段、年级梯段，制定不同的管理服务方案，帮助学生解决在学习和生活中的合理诉求。

通过开展内容丰富、形式多样的主题教育活动，引导学生树立正确政治观念，坚定对中国特色社会主义的道路自信、理论自信、制度自信、文化自信，牢固树立正确的世界观、人生观、价值观，利用各类载体及工作方式深入了解学生个人成长发展动态，进行个性化管理服务，培育新时代青年人才。

做好学习管理，保证以学为本，扎实抓好学业规划、选课指导、学习方法指导、学生建设等重要学习管理工作。做好事务管理，推进完善考勤管理、档案管理、奖勤助贷补、危机事件应对等工作。做好组织管理，完善对学生组织、学生团体、学生骨干、学生活动的管理，挖掘各类组织在思想政治教育、专业能力提升、劳动教育与人才综合素质养成中的育人功效，通过集体带动个人的方式，引导学生成长成才。

做好生活指导。利用现有辅导员管理服务工作系统及常规工作方式方法做好学生的安全教育、情绪疏导等方面服务工作，积极思考如何顺应时代变迁与受教育对象自身需求开展细致有效的服务工作；做好发展指导，以全面系统的方式对学生成长发展做好引导，通过设计开展各式各类的教育活动与实践活动，促进学生德智体美劳全面发展，并通过与学生本人了解、个人特点分析等多种方式，将工作系统中各部分内容与学生个人做好针对性匹配，促进学生在校期间有目标，离校之际有方向，毕业之后有出路，保证学生在校期间实现多方面发展、全方位成长。

新时代的高校辅导员管理服务工作要紧随时代发展潮流，结合时代发展趋势和辅导员队伍发展变化的特点，不断汲取当代最新理论和实践成果，同时把握学生现实需要，在理论与实践的交互作用下探索实现创新发展，形成与时代发展同频共振的管理服务工作方法与内容，培养德智体美劳全面发展的社会主义建设者和接班人。

第五讲　高校辅导员的网络思政工作

网络思想政治工作是对我国自1994年全功能接入国际互联网以来，利用网络技术推动思想政治工作模式创新的统称。当代大学生是互联网的“原住民”，其思想观念、思维方式、行为习惯都深刻地受到网络环境的影响。高校辅导员以网络空间为育人场域，积极利用网络技术资源，针对大学生的网络学习生活需求与思想行为特征等创新性开展思想政治工作，不断构建和完善网络育人体系，是新时代高校加强和改进思想政治工作的重要任务。

第一节　高校辅导员网络思政工作面临的新形势

中国特色社会主义进入新时代以来，以习近平同志为核心的党中央高度重视加强和改进网络思想政治工作。一方面，在加快建设网络强国、数字中国、智慧社会的进程中，强调“要把思想政治工作作为治党治国的重要方式”①，切实发挥思想政治工作的生命线作用等；另一方面，在加强新时代思想政治工作、网络文明建设等工作中，强调“要运用新媒体新技术使工作活起来，推动思想政治工作传统优势同信息技术高度融合，增强时代感和吸引力”②。高校辅导员深入贯彻落实党中央的战略部署和要求，必须准确把握新时代高校网络思政工作所面临的新形势。

一、高校网络思政工作地位更加巩固

在推动我国网络社会建设的进程中，党中央始终高度重视互联网发展

① 《中共中央国务院印发〈关于新时代加强和改进思想政治工作的意见〉》，载《人民日报》，2021年7月13日。

② 《习近平在全国高校思想政治工作会议上强调　把思想政治工作贯穿教育教学全过程　开创我国高等教育事业发展新局面》，载《人民日报》，2016年12月9日。

给大学生思想政治教育带来的巨大变革，在大力推动大学生思想政治教育进网络的同时，不断探索和构建大学生网络思想政治教育新模式。如1999年《中共中央关于加强和改进思想政治工作的若干意见》明确提出，“要加强互联网上的信息分析，有针对性地加大网上宣传力度，提高宣传质量”①；2000年教育部印发《关于加强高等学校思想政治教育进网络工作的若干意见》，对扎实推进思想政治教育进网络进行部署。2004年，中共中央、国务院印发《关于进一步加强和改进大学生思想政治教育的意见》提出，“加强网络思想政治教育队伍建设，形成网络思想政治教育工作体系，牢牢把握网络思想政治教育主动权”②。党的十八大以来，网络思政在高校思想政治工作中的地位进一步巩固。2016年，中共中央、国务院印发《关于加强和改进新形势下高校思想政治工作的意见》，明确提出“要加强互联网思想政治工作载体建设，加强学生互动社区、主题教育网站、专业学术网站和‘两微一端’建设，运用大学生喜欢的表达方式开展思想政治教育”③。2021年，中共中央、国务院印发《关于新时代加强和改进思想政治工作的意见》，将网络思想政治工作与企业、农村、机关、学校、社区、各类群体等思想政治工作并列为基层思想政治工作的基本形式，并强调“要加强网络思想政治工作，深入实施网络内容建设工程，加强网络传播能力建设，依法加强网络社会管理，推动思想政治工作传统优势与信息技术深度融合，使互联网这个最大变量变成事业发展的最大增量”④。

二、高校网络思政体系建设更加重要

立德树人是高校的根本任务、立身之本，高校的每一门课程、每一项工作、每一位教师都负有育人的重要职责。网络作为高校育人的重要载体，必然承载着育人的重要使命。党的十八大以来，以习近平同志为核心的党中央统筹推进教育强国、网络强国、人才强国等战略实施，一方面提出构

① 教育部思想政治工作司：《加强和改进大学生思想政治教育重要文献选编：1978—2014》，知识产权出版社2015年版。

② 《中共中央国务院发出〈关于进一步加强和改进大学生思想政治教育的意见〉》，载《人民日报》，2004年10月15日。

③ 《中共中央国务院印发〈关于加强和改进新形势下高校思想政治工作的意见〉》，载《人民日报》，2017年2月28日。

④ 《中共中央国务院印发〈关于新时代加强和改进思想政治工作的意见〉》，载《人民日报》，2021年7月13日。

建德智体美劳“五育”并举高水平人才培养体系的要求，强调以现代信息技术为创新驱动，着力培养一批在核心技术和关键领域具有自主创新能力的网络人才、大数据人才、人工智能人才等，努力将我国打造成为世界重要的人才中心和创新高地；另一方面提出加快构建思想政治工作体系的要求，强调要完善思想政治工作体系，不断创新思想政治工作内容和形式，做到因事而化、因时而进、因势而新。2020年，教育部等八部门联合印发《关于加快构建高校思想政治工作体系的意见》，明确要求“健全立德树人体制机制，把立德树人融入思想道德、文化知识、社会实践教育各环节，贯通学科体系、教学体系、教材体系、管理体系，加快构建目标明确、内容完善、标准健全、运行科学、保障有力、成效显著的高校思想政治工作体系”，其中既提出在构建日常教育体系中加强网络育人的要求，又将网络思政的相关要求贯穿于其他体系的构建之中，如完善精准资助、加强一站式学生社区建设等。

三、高校网络思政方法创新更加突出

以信息化促进现代化是我国坚持中国特色社会主义发展道路的重要特征。党的十八大以来，党中央先后推动和实施“互联网＋”行动、大数据战略、人工智能行动计划、区块链创新发展计划等，极大地提高了我国社会建设的网络化和智能化发展水平。2021年，全国人大十三届四次会议通过《中华人民共和国国民经济和社会发展第十四个五年规划和2035年远景目标纲要》，对加快数字化发展、建设数字中国进行总体部署。与此同时，我国高校的教育信息化也在不断推进，网络教学、智能管理、智慧教育等已由概念到应用、由注重基础设施建设到逐步重视融合创新等不断地进行阶段提升，可以说现代信息技术对提高教育质量和推进教育现代化的支撑作用日益凸显。在这种背景下，高校网络思政利用网络传播、大数据分析、智能运用等方面技术进行方法创新的可行性和操作性更加增强。特别是在新冠肺炎疫情防控中，我国构建了全球最大规模的在线教育体系，实现了“停课不停教、不停学”的目标，既促进了高等教育线上线下融合教育格局的基本形成，也为推动高校网络思政的体系构建和方法创新等提供了实践基础和重要借鉴。

四、高校网络思政质量提升更加迫切

随着新时代我国社会主要矛盾的变化，高质量引领和满足高校师生日益增长的美好网络生活需要，成为高校网络思政工作创新发展和质量提升的主题。2017 年，教育部印发《高校思想政治工作质量提升工程实施纲要》，要求充分发挥课程、科研、实践、文化、网络、心理、管理、服务、资助、组织等方面工作的育人功能，其中明确要求创新推动网络育人。2017 年，教育部修订《普通高等学校辅导员队伍建设规定》，明确要求高校辅导员“要运用新媒体新技术，推动思想政治工作传统优势与信息技术高度融合”，“加强与学生的网上交流互动，运用网络新媒体对学生开展思想引领、学习指导、生活辅导、心理咨询等”。2018 年，中共中央、国务院印发《全面深化新时代教师队伍建设改革的意见》，明确提出“教师主动适应信息化、人工智能等新技术变革，积极有效开展教育教学”①等要求。2020 年，中共中央、国务院印发《深化新时代教育评价改革总体方案》，既要求将立德树人成效作为教育评价的根本标准，又强调“通过信息化等手段，探索学生、家长、教师以及社区等参与评价的有效方式”②。

第二节　高校辅导员网络思政工作的主要任务

高校辅导员是大学生思想政治教育的组织者、实施者和指导者，因而高校辅导员网络思政工作是高校网络思政工作的重要组成部分。高校辅导员加强网络思政工作，就是要推动思想政治工作的传统优势与现代信息技术高度融合，在准确把握互联网时代大学生思想行为特征的基础上，引领和满足大学生日益增长的网络化学习生活需要，不断促进他们的成长成才，保障他们的健康生活，进而在推动高校落实立德树人根本任务上发挥重要作用。

---

① 《中共中央国务院关于全面深化新时代教师队伍建设改革的意见》，载《人民日报》，2018 年 2 月 1 日。

② 《中共中央国务院印发〈深化新时代教育评价改革总体方案〉》，载《人民日报》，2020 年 10 月 14 日。

一、牢牢掌握大学生网络意识形态斗争的主导权和主动权

互联网时代网络空间日益成为意识形态领域斗争的主战场，各种社会思潮在网络空间碰撞，多元价值观念在网络空间集聚，特别是以美国为首的西方发达国家及其培植的国内代言人，利用网络肆意传播资本主义价值观念和错误思想，严重冲击着大学生的思想观念，给高校意识形态工作带来前所未有的严峻挑战。习近平总书记强调，“在互联网这个战场上，我们能否顶得住、打得赢，直接关系我国意识形态安全和政权安全”①。高校辅导员战斗在大学生意识形态斗争的最前沿，是负责大学生意识形态安全教育的直接责任人，必须要主动占领网络阵地，建强网络空间，从而牢牢掌握网络领域大学生意识形态工作的主导权和主动权。

(一)构筑网络意识形态教育的内容体系

社会主义意识形态宣传教育的内容在我国不同的历史发展时期呈现出不同特点，其体系构建旨在增强大学生对社会主义的认同，引导他们树牢“四个意识”，坚定“四个自信”，做到“两个维护”，既要坚持以马克思主义理论为基本遵循，又要推动党的创新理论进网络；既要注重巩固思想政治理论课教学内容与要求，又要紧密结合网络意识形态领域斗争的实际。首先，坚持推动马克思主义及其中国化最新成果进网络。马克思主义是社会主义意识形态的指导思想，要“坚持马克思主义在意识形态领域指导地位的根本制度”②，习近平新时代中国特色社会主义思想是马克思主义中国化的最新理论成果，因此，辅导员要加强对高校学生开展马克思主义理论，尤其是习近平新时代中国特色社会主义思想的网络宣传教育。其次，推动社会主义核心价值观的网络培育与践行。“社会主义核心价值体系是社会主义意识形态的本质体现”③，社会主义核心价值观是社会主义核心价值体系的高度概括，党的十八大指出“培育和践行社会主义核心价值观是当前加强意

---

①　习近平：《胸怀大局把握大势着眼大事　努力把宣传思想工作做得更好》，载《人民日报》，2013年8月21日。

②　《中共中央关于坚持和完善中国特色社会主义制度　推进国家治理体系和治理能力现代化若干重大问题的决定》，载《人民日报》，2019年11月6日。

③　胡锦涛：《高举中国特色社会主义伟大旗帜　为夺取全面建设小康社会新胜利而奋斗——在中国共产党第十七次全国代表大会上的报告》，人民出版社2007年版，第34页。

识形态建设的本质向度”①。社会主义核心价值观的基本内容涵盖国家层面的价值目标、社会层面的价值取向和公民个人层面的价值准则，高校加强社会主义核心价值观的网络宣传教育，有助于学生形成思想共识，引领学生树立建设党和国家事业的价值取向。最后，促进中国特色社会主义文化在网络空间的繁荣发展。“中国特色社会主义文化，源自于中华民族五千多年文明历史所孕育的中华优秀传统文化，熔铸于党领导人民在革命、建设、改革中创造的革命文化和社会主义先进文化。”②高校辅导员要加强网络文化培育，将宣传和弘扬中华优秀传统文化中的“天下兴亡、匹夫有责”“精忠报国、振兴中华”等爱国主义思想，革命文化中的中国共产党人的精神谱系，社会主义先进文化中的共产主义远大理想和中国特色社会主义共同理想相统一的理想追求等作为社会主义意识形态教育的重要内容。

(二)推动网络意识形态教育的话语转化

话语是意识形态的外在表达形式，社会主义意识形态的理论话语往往是学术话语的范式表达，具有很强的逻辑性和抽象性。针对当前一些大学生存在对党的创新理论学习不感兴趣，对主题教育网站和相关内容避而远之等现象，高校辅导员要积极探索、勇于创新，提升网络主导话语的转化能力，以通俗易懂的生活语言、广受欢迎的网络语言、喜闻乐见的呈现形式，增强主流意识形态话语的网络吸引力和感染力。首先，高校辅导员要用活理论话语。在认真研读马克思主义经典著作、党的重要文献和深刻理解其内涵特征的基础上，善于把晦涩难懂的专业学术话语转化为大学生愿意听、听得懂、听得进的生活语言、网络语言等，并系统地向他们讲清讲透意识形态安全的基础性地位和重要性作用。其次，高校辅导员要用好生活话语。高校辅导员充分利用线上线下渠道对大学生进行意识形态安全教育，既要结合网络意识形态领域的现实案例，通过深入剖析这些问题背后的本质危害，不断提升学生对错误社会思潮的辨识能力；又要结合“四史”教育的实践资源，在加强宣传党带领全国人民取得的伟大成就和创造的人间奇迹中，不断提升他们自觉抵御错误思潮侵蚀的意识和能力。最后，高校辅导员要善用网络语言。网络话语贴近学生现实生活，是“网生一代”学

---

① 胡锦涛：《坚定不移沿着中国特色社会主义道路前进 为全面建成小康社会而奋斗——在中国共产党第十八次全国代表大会上的报告》，载《人民日报》，2012 年 11 月 8 日。

② 习近平：《决胜全面建成小康社会 夺取新时代中国特色社会主义伟大胜利——在中国共产党第十九次全国代表大会上的报告》，载《人民日报》，2017 年 10 月 18 日。

生的常态话语形式，具有简洁化、符号化、形象化等特点，对学生具有较强的吸引力。高校辅导员要充分掌握融文字、图片、表情包、动漫、短视频等形式为一体的网络话语体系，将理论话语通过网络文化作品创作，以形象直观的形式呈现给学生，使社会主义意识形态的教育内容生动化，从而不断提升宣传教育效果，增强大学生的情感共鸣和价值认同。

(三)加强网络舆论舆情的正面引导

“网络舆论是网民在网络传播中形成的对社会事物、社会现象的言论、情绪、意见的总和”①，当社会热点、校园热点事件发生后，高校学生通过网上论坛、微博、微信朋友圈等网络平台发表观点，形成网络舆情事件。“从本质上讲，网络舆论工作是意识形态工作的延伸。”②近些年来，一些境内外敌对势力对社会事件，尤其是涉高校师生的事件进行恶意炒作，企图将普通的社会矛盾演变成攻击党的领导和社会主义制度的政治事件，企图通过煽动大学生的负面消极情绪来消解他们对社会主义意识形态的认同。高校辅导员加强对大学生进行网络舆论舆情的正面引导，已经成为他们牢牢掌握大学生意识形态斗争主导权和主动权的现实任务。首先是壮大主流思想舆论，营造良好舆论氛围。高校辅导员要增强对社会热点事件的敏锐性和觉察力，及时了解热点内容，掌握学生对热点事件的关注点，第一时间在网络空间对热点事件作出回应，争取舆论引导的主动权。既要充分挖掘热点事件中正面典型人物的先进事迹，做强网上正面宣传，积极传播网上正面声音，形成网上主流舆论；又要对热点事件中存在的负面声音和错误思想、虚假消息等及时地进行批驳，将官方媒体的权威信息通过微信、QQ等网络渠道及时传播给学生，并注重发挥学生网络意见领袖的作用，有效引导网络舆论舆情的正向发展。其次是抓住舆论中心问题，解决大学生的实际问题。高校校园热点事件往往关乎大学生学习生活的实际利益，网络的自由、开放、便捷性使他们把网络当作表达诉求、寻求帮助的主要渠道，学生合理的诉求得不到及时、有效解决是引发高校网络舆情事件的主要原因。因此，高校辅导员一方面要深入课堂、宿舍等了解学生诉求，对学生学习、生活困难给予及时帮助，对学生中的矛盾进行有效调解，避免现实问题迁移到网络空间，特别是发酵成网络舆情事件；另一方面，高校

① 薛宝琴:《网络舆论引导机制研究》，人民日报出版社2018年版，第12页。

② 杨增岽:《论新时代网络思想政治工作的根本遵循——学习习近平关于网络工作的系列重要论述》，载《思想理论教育导刊》，2020年第1期。

辅导员要随时关注学校论坛、学生自媒体空间平台中的热点话题，加强与网络舆论发声的学生进行一对一沟通交流，坚持解决思想问题与解决实际问题相结合，加强正面引导，既对其合理诉求予以及时满足，又对其不合理诉求予以必要疏导。

二、加快构建大学生日常思政的网络工作体系

高校辅导员主要负责大学生的日常思想政治教育。“大学生日常思想政治教育是指平日经常进行的、渗透在大学生日常学习和生活之中，对大学生全面发展和健康成长起着潜移默化作用的思想政治教育活动。”①高校辅导员推动日常思政与网络优势的高度融合，需要增强体系思维，加快建构大学生日常思政的网络工作体系。

(一)构建网络管理服务体系

高校辅导员加强网络思政工作，就是发挥网络的优势作用，突破高校传统管理服务模式的局限性，以网络技术资源的充分利用不断促进形成与大学生网络学习生活需要相适应的现代管理服务模式，从而使网络化管理服务真正发挥育人作用。首先，主动融入高校网络教学改革实践。新时代高校落实立德树人根本任务，需要通过构建德智体美劳“五育”并举机制以形成更高水平的人才培养体系，而在网络技术的创新驱动下，高校“五育”并举人才培养正在不断地向网络延伸和拓展。高校辅导员作为高校最熟悉和掌握大学生网络思想行为变化特征的人，对如何利用网络优势开展“五育”活动拥有发言权，特别是在推动“五育”网络教学改革中，他们往往可以通过及时掌握大学生的需求变化来对网络教学进行适时干预，既对教师的教学内容和教学方式等提出建议，又对大学生的网络学习态度和方式方法等进行必要指导。其次，积极推动高校网络化管理服务。在现代新兴信息技术的助力下，高校校园的信息化管理服务水平不断提高，数字化管理、智能化服务、智慧化教育等正在成为不可逆转的发展趋势。高校辅导员作为大学生事务最直接、最基层的管理者和服务者，对如何根据大学生的利益诉求来优化管理流程和提高服务水平等拥有建议权，特别是在协调大学生与高校管理服务部门之间的矛盾冲突中，他们往往可以起到有效的沟通

① 张斌、骆郁廷：《大学生日常思想政治教育长效机制的构建》，载《思想教育研究》，2010 年第 2 期。

协调作用，既推动"以生为本"理念的贯彻落实，又推动管理服务方式的改革创新。最后，加强对大学生网络生活的价值引领。大学生对网络生活越来越广泛的参与，从根本上说源于网络技术资源优势的吸引，但网络带来的不全都是优势，往往还伴随着一些负面的效应，如一些大学生对网络的过分依赖，以及大学生网络生活中不断出现的网络安全事件等。高校辅导员一方面要加强对大学生网络生活的价值引领，通过培育他们文明理性平和的心理心态，不断促进网络的工具理性和价值理性相统一；另一方面要通过一定的技术手段、伦理规制，以及建立与网络管理部门、公安机关和社会专业机构等之间的联动机制，切实加强大学生网络行为的风险防范和利益救济，从而最大限度地保障大学生网络生活的安全。

(二)构建网络实践育人体系

实践育人是马克思主义的基本观点。网络实践育人是伴随网络信息技术的发展而形成的实践育人新形态，是指高校思想政治工作主体利用网络技术组织和开展实践活动的育人形式。高校辅导员构建网络实践育人共同体，既是满足"网生一代"学生对实践活动个性化需求的有效途径，又是融合高校网络育人资源和形成网络育人合力的重要手段。首先，明确网络实践育人的工作目标。网络实践活动可以深化学生思想理论认知，增强学生社会责任感，提升学生实践创新能力。如高校辅导员可以通过组织大学生开展网络社会调查活动，来增进他们对世情、国情、党情、教情等的了解，从而使他们能够深刻理解"中国共产党为什么能、马克思主义为什么行、社会主义为什么好"；可以通过组织大学生开展线上支教、线上心理咨询、线上物资筹备等志愿服务活动，来促进他们对党和国家事业发展实际需要的感知，从而使他们更加强化自身的社会责任感和历史使命感；可以通过组织大学生参加专业性网络实践服务活动，来激励他们将所学专业知识进行理论与实践的相互转化，从而使他们不断提升创新创造能力和社会实践能力。其次，聚合网络实践育人多元主体力量。网络实践育人是一个多元主体协同育人的过程，高校辅导员要加强与各育人主体沟通协作，整合育人资源，形成网络实践育人的整体优势和协同力量。如高校辅导员可以通过加强与思想政治理论课教师、班主任、心理健康教师等其他思想政治工作主体之间的网络协同，共同打造以学生为中心的各级各类网络实践资源平台，实现资源的共建共享和力量的相互协同；可以通过加强与学校其他网络育人平台的互联互通，共同打造专业化的网络实践管理服务体系，并通过流程优化再造、信息集成利用等，不断提高学生网络实践的管理服务水平；可以通过加强与专业课教师的网络沟通协作，不断创新大学生网络学习、实习、实训等活动形式等。最后，促进网络实践育人元素的充分融合。网络活动是网络实践育人的重要载体。高校辅导员要对学生网络实践活动进行统筹规划和整体设计，在分类推进网络实践活动中相互融入各类实践活动的教育元素，如在开展线上志愿服务活动时，更多地融合思想品德教育与专业技术教育等元素；在开展“红色筑梦之旅”实践活动时，更多地融合“四史”教育和社会责任教育等元素。

(三)构建网络文化培育体系

网络文化是网络信息技术发展到一定阶段的产物，与优秀传统文化形态一样，优秀的网络文化也具有自身的育人功能。高校辅导员发挥网络文化的育人功能，需要创造性地培育兼具网络属性和教育属性的高校网络文化来丰富大学生的网络生活，在解决“以什么样的网络文化来育人”“如何用网络文化来育人”这一基本问题的基础上，不断提高网络空间以文育人、以文化人的质量和水平。首先，优化高校网络文化的内容供给。高校辅导员加强网络文化的内容建设要以培养社会主义建设者和接班人这一根本任务为价值取向，以推动中华优秀传统文化、革命文化和社会主义先进文化进网络为基本任务，一方面坚持弘扬主旋律、传播正能量，不断培育向上向善的网络文化，以最大限度地凝聚大学生的思想共识，使他们不断增强抵制庸俗、低俗、恶俗等网络文化的自觉性；另一方面坚持立足大学校园弘扬大学的精神追求，通过对高校的办学方向、办学理念、办学传统，以其大学精神、校史校训校歌、教风学风等的网络宣传，不断增进大学生对大学、对我国高等教育、对中国特色社会主义制度等的文化认同和价值认同。其次，建设高校网络文化育人资源。高校辅导员一方面要在贴近学生学习生活的现实环境中，融入文化元素不断进行网络空间建设，如将校园优美环境结合大学精神、校风校训等内容，以图文、短视频方式在其网络空间推送等；另一方面要充分利用中国大学生在线、易班网等网络空间育人资源，将品牌网络文化作品、优秀辅导员微言微语等在网络空间中进行展示，从而不断提升优秀网络文化对大学生的吸引力。最后，创新高校网络文化育人方法。高校辅导员要适应网络“去中心化”的特征，充分调动学生组织、学生党员骨干等参与网络文化活动和网络产品创作的积极性与创造性，既可以采取与学生合作的方式，直接带领学生创造蕴含文化元素、内容生动、形式多样的网络文化作品；也可以通过发挥学生自主策划、组织和管理活动的主体作用，不断增强学生在网络文化培育过程中的参与感、体验感和获得感。

(四)构建网络风险救济体系

网络是把"双刃剑"，既以其优势吸引大学生对网络生活的广泛参与，又不可避免地产生一些网络技术本身难以克服的局限性，从而使大学生的网络生活充满各种风险挑战。高校辅导员加强网络育人，需要在充分关注大学生日常网络学习生活中，不断增强对大学生各种网络风险的发现力和救济力。首先，构建网络风险发现机制。高校辅导员一方面要充分利用网络、大数据、人工智能等新兴现代信息技术，通过网络监测、大数据分析、智能预测等不断增强对大学生各种网络行为风险的技术发现力；另一方面要充分利用自身的经验优势、专业优势、工作优势等，通过模型建构、产品研发、智能运用等不断增强技术发现的准确率、及时性和高效性，从而使现代信息技术更好地与大学生网络管理服务相结合。其次，构建网络风险联动处置机制。高校辅导员要充分调动高校思想政治工作各主体的积极性，并与政府相关部门、校外专业机构、学生家长等建立紧密的联系，从而形成各方联动、反应快速、处置有力的网络风险防范与救济机制。最后，构建网络风险教育机制。高校辅导员要针对大学生中不断出现的网络成瘾、网络诈骗、网络色情、网络暴力等问题，多种形式、多种渠道地对他们进行网络法制和网络安全教育，持续提高他们的网络风险防范和自我救助能力。

三、不断提高大学生网络文明素养

大学生网络文明素养是指大学生在网络空间生活实践中应遵循的行为规范和伦理准则等的总和。高校辅导员加强大学生网络文明素养教育，就是要教育引导大学生树立正确的网络文明观，养成良好的网络道德素养，遵守文明的网络行为规范。当前大学生在网络空间中存在价值观念模糊、发表言论不当、网络行为失范等现象，加强大学生网络文明素养教育，是高校辅导员网络思政亟须解决的重要现实问题。

(一)加强大学生网络文明观教育

网络的开放性使其成为大学生自由抒发情感、发泄情绪、表达诉求，以及评论时事等的重要渠道，但他们囿于阅历不广、心智尚未成熟、辨别能力较差等方面的制约，在网络表达中易于呈现非理性化倾向，在时事评论中易于人云亦云，表现为网络语言粗暴、网络谩骂、网络暴力，转发甚至制造网络谣言、网络欺诈，观看传播网络淫秽图片、视频，开展低俗网络直播等现象。究其原因，是大学生网络文明意识淡薄、网络道德法制观念模糊甚至缺失、网络行为自制力较差所致。高校辅导员要充分利用线上线下教育途径，加强对大学生进行网络文明观的教育引导。一方面，要注重以科学的世界观、人生观、价值观教育引导学生树立正确的网络观。网络是工具理性和价值理性的统一体。教育引导大学生坚持网络的工具理性，就要通过网络的知识传授、技术规范、能力培训等来解决如何使用网络的问题，使网络真正成为大学生网络学习、网络生活、网络交往等的重要工具，教育引导大学生坚持网络的价值理性，就是要通过网络法制教育、网络伦理规范、网络价值引导等来解决如何用好网络的问题，使网络彻底成为大学生成长成才和健康生活的价值实现形式。另一方面，要注重构建大学生网络道德和网络法治教育的内容体系。高校辅导员提升学生网络道德意识和网络法治意识，不断提高大学生对网络道德的认知和对相关网络法律法规知识的熟知，既要教育引导大学生在网络空间自觉培育和践行社会主义核心价值观，特别是不断加强对大学生进行网络诚信、网络语言表达规范、网络文明行为规范等方面的教育引导；同时又要加强对大学生进行国家网络安全观和网络法律法规的知识普及，如在大学生中开展《中华人民共和国网络安全法》《中华人民共和国数据安全法》《网络音视频信息服务管理规定》等网络相关法律法规的学习活动，既让他们知晓网络行为的法律底线，又引导他们增强对自身网络行为的自律。

(二)加强大学生网络文明活动创建

高校历来是社会主义精神文明建设的重要阵地，在推动网络强国战略实施中，加强网络文明建设成为高校推进社会主义精神文明建设的重要任务。2021年，中共中央办公厅、国务院办公厅印发《关于加强网络文明建设的意见》，对新时代进一步加强网络文明建设进行整体部署，要求“推动形成适应新时代网络文明建设要求的思想观念、文化风尚、道德追求、行为规范、法治环境、创建机制，实现网上网下文明建设有机融合、相互促进”①。由于高校辅导员与大学生在网络空间是一种共存关系，因而高校网

① 《中办国办印发〈关于加强网络文明建设的意见〉》，载《人民日报》，2021年9月15日。

络文明建设必然对高校辅导员提出新要求。首先，高校辅导员要在建强高校网络阵地中起到政治把关作用。高校网络阵地建设事关国家意识形态安全和高校办学治校的秩序稳定，其中高校辅导员在教育引导大学生参与高校各级各类网络阵地活动中，承担着落实高校意识形态责任制的重要职责，特别是在大学生以班级、专业、课程等为单位组建的网络平台和大学生以个人或群体名义组建的自媒体等建设中，高校辅导员起到政治审核、程序审批、过程监管、问题处置等重要作用，是高校牢牢掌握网络意识形态领域主导权和主动权的一线指挥员和战斗员。其次，高校辅导员要在高校网络思想文化建设中起到价值引导作用。大学生网络文化生活虽然丰富多彩，但也同样存在良莠不齐的问题。推动党的创新理论进网络、以培育和践行社会主义核心价值观的要求贯穿网络、以坚定大学生的文化自信繁荣网络文化等，是高校辅导员加强网络思想文化建设的重要任务。最后，高校辅导员要在推动高校网络道德建设中起到模范带头作用。近些年来，高校成为网络舆情的高发地，特别是涉及高校师生思想道德的舆情一经网络发酵，往往引起社会的高度关注，并容易被境外反动势力和境内一些别有用心的人所操作，形成危害国家安全的重大事件。高校辅导员既是高校教师队伍的重要组成部分，必须坚守师德师风的底线；同时又是大学生成长成才的引路人和健康生活的知心朋友，必须坚持育人先育己，在网络思想道德建设中起到先锋模范作用。

(三)促进学生网络文明实践养成

大学生网络文明行为是其网络文明素养的外在表现，而网络文明行为是高校学生在反复实践中形成的稳定的文明习惯。促进学生网络文明的实践养成，高校辅导员要深入大学生的网络学习生活实际，根据他们的网络思想动态和行为特征，组织开展形式多样、富有吸引力的网络文明实践活动。一方面，高校辅导员要充分发挥大学生自我教育的主体作用，指导和支持他们组织开展各种网络文明实践活动，不断强化其网络文明观念。如开展网络志愿服务活动、网络文明诚信演讲比赛、网络文明倡议签名活动等，倡导大学生争做中国好网民、好公民。另一方面，要加强对大学生进行网络技术素养能力的培养培训，促进他们不断增强利用现代信息技术进行网络学习、网络生活和网络交往等的能力。如教育引导大学生积极创作健康向上、导向正确的网络文化作品，并通过学校和社会的网络平台予以广泛传播，使其在大学生群体中能够产生积极影响和示范带动作用，从而不断提高大学生进行网络文化创作的积极性和主动性，形成网络文明实践活动的良好社会氛围。

第三节　高校辅导员网络思政工作的实践要求

随着计算机及网络技术的快速发展与普及，大学生对网络的依赖程度愈发增强。数据显示，“伴随着智能手机的普及，大学生每天上网的时间明显增长，触网程度整体上显著提高”①；“每天上网时长在4小时以下的大学生比例为55.5%，上网时长在4小时以上的大学生比例为44.5%”②。这对高校辅导员网络思政工作提出了极大的挑战。但与此同时，随着我国网络强国战略的实施，高校校园的信息化建设程度和水平不断提高，为高校辅导员开展网络思政工作提供了强大的技术支撑和丰富的育人资源，使其不断推动实践创新成为可能。

一、强化网络思政的主体意识

随着互联网越来越普及地应用，特别是新媒体推动着“无人不网、无处不网、无时不网”网络社会的真正形成，高校辅导员应切实增强网络思政的主体意识，对于网络思政工作不应是局部地、被动式地参与，而应是全方位、主动式地组织、实施和推动。

(一)高校辅导员要成为高校网络思政的重要组织者

高校网络思政不是传统思政模式向网络空间的简单延伸或场域拓展，而是包括理念思维、内容体系和方式方法等在内的整体模式变革，既需要传统思政模式通过加大对网络技术资源的利用，来推动自身传统优势的创造性转化和创新性发展，又需要立足网络空间加快构建与大学生网络生活需要相适应的思想政治教育新体系，从而不断促进网上网下思政工作相融合。这就需要包括高校辅导员在内的高校思想政治工作者更新观念，加强构建高校网络思政工作模式的整体设计和制度推进，不断建立健全高校网

---

① 沈壮海、王培刚、段立国：《中国大学生思想政治教育发展报告2015》，北京师范大学出版社2016年版，第271页。

② 沈壮海、王晓霞、王丹：《中国大学生思想政治教育发展报告2017》，北京师范大学出版社2018年版，第365页。

络思政的组织管理体系。

(二)高校辅导员要成为高校网络思政的重要实施者

思想政治工作本质上是做人的工作，当然也需要人来做。对于高校网络思政来说，虽然互联网为大学生的学习生活提供了新的环境场域，但是这种新的环境场域并不是脱离现实生活而存在的，或者说大学生的网络学习生活是他们现实生活的重要组成部分，既受到线下生活原有的社会规范制约，又受到线上生活新生成的社会规范制约。这就需要高校辅导员在加强和改进线下大学生思想政治工作的同时，统筹加强和创新推动线上大学生思想政治工作。

(三)高校辅导员要成为高校网络思政的重要推动者

互联网的开放性、虚拟性、便捷性、共有性等特点，打破了大学生学习生活的时空限制，极大地拓展了他们的网络社交方式，既使高校思想政治工作的多元主体同时成为网络思政主体，又使大学生多样化的网络社交空间成为高校思想政治工作新的载体。这就需要高校辅导员发挥自身的独特优势，在加强和改进自身网络思想工作的同时，积极推动包括高校任课教师、班主任、党政群团管理干部等全员育人主体进入大学生网络学习生活空间，使他们在与大学生充分交流互动的基础上开展针对性的网络思政工作，从而也使大学生思想政治教育各主体的育人力量在网络上得以充分聚合和发挥协同作用。

二、建强网络思政的资源平台

网络空间成为大学生学习生活的新环境，“环境的改变和人的活动的一致，只能被看作是并合理地理解为变革的实践”①。一方面，网络环境对高校学生的网络价值观念、网络行为等产生重要影响；另一方面，大学生的网络实践活动也改变着网络环境。高校辅导员要善于利用网络环境育人资源，着力建强网络思政的资源平台。

(一)加强网络思政的阵地管理

大学生的校园网络空间主要涉及高校各级官网官微、官方视频号，各类主题教育网站、微信公众号、个人网页、个人视频号、QQ 群、微信群，以及学校的网络信息管理系统、网络教学课堂、各类校园 App 等。如何使

---

① 《马克思恩格斯选集》第 1 卷，人民出版社 1995 年版，第 59 页。

这些网络空间成为网络思政的资源平台，是高校辅导员网络思政首先要解决的前提问题。一方面，高校辅导员要加强对各类大学生网络平台进行监控管理，确保网络平台的建设和运行遵守党和国家关于网络建设的相关法律法规，确保网络平台内容和形式积极向上，有益于学生健康成长；另一方面，高校辅导员要加强对有害信息等的筛查堵截，利用网络技术对大学生经常使用非校园网络平台获取资讯、查询知识、娱乐消费等信息进行筛查过滤，对其中的错误思潮和有害信息进行必要堵截和及时处置，尽量防止和减少这些错误或有害信息对他们造成负面影响。

(二)推动网络思政的内容建设

加强健康向上的网络内容建设，为大学生营造良好的网络环境，是高校辅导员网络思政工作是否有成效的关键所在。习近平总书记强调“用人类文明优秀成果滋养网络空间、修复网络生态”①。高校辅导员要用科学理论、先进文化、主流价值主动占领网络阵地。一方面要以马克思主义理论及其中国化最新理论成果为内容，进行专题教育网站、视频号、学习 App 等网络平台建设，以网络专题讲座、微课堂、微视频、图文并茂的网络推文等形式，用学生易于理解的话语体系将理论知识讲清讲透；另一方面，要推动校园网络平台体系建设的顶层设计，明确各网络平台在社会主义意识形态宣传教育中的功能定位和分工，加强各平台间的相互联动，避免因网络内容和形式的高重复率而降低学生对网络平台的吸引力和黏合度。如校级专题教育网站、微信公众号、视频号以专家、教师的网络讲座、微课堂、网络文章为宣传教育的主要形式，易班等综合性服务网站主要以红色影视作品、网络话剧、网络文化作品制作与展示等为主要形式，辅以转载国家、省、校级网络平台的教育资源。

(三)健全网络思政的融合机制

高校辅导员网络思政是高校网络思政工作体系的重要组成部分。当前高校网络思政工作存在着育人主体间缺乏沟通、育人资源封闭碎片化等现象。新时代高校辅导员加强网络思政工作，需要发挥自身“黏合剂”“催化剂”的作用，以学生为中心不断健全高校网络思政的融合机制。一方面，推动高校网络思政工作的各个主体融合。通过推动构建“大思政”网络育人机制，不断加强各类网络育人资源平台的共建共享，打通全过程、全方位的

---

① 《习近平谈治国理政》第 2 卷，外文出版社 2017 年版，第 534 页。

学生大数据挖掘与利用通道，从而不断提升各育人主体的沟通协作意识，不断推进高校网络育人工作有序有效开展。另一方面，推动高校思政工作的网上网下融合，既充分发挥网上育人具有的传播及时、受众面广、形式直观、互动及时等优势，又充分发挥网下育人具有更强的情景交融性、参与性、互动性等优势从而形成功能定位明确、优势作用互补的现代思想政治工作模式。

三、增强网络思政的素质能力

互联网时代创造了高校辅导员工作的新环境，提供了新载体、新途径和新方法。2017年教育部印发的《普通高等学校辅导员队伍建设规定》明确指出，“要运用新媒体新技术，推动思想政治工作传统优势与信息技术高度融合”，“加强与学生的网上交流互动，运用网络新媒体对学生开展思想引领、学习指导、生活辅导、心理咨询等”①。可以说，利用现代信息技术开展网络思政工作，是新时代辅导员队伍建设的基本要求。

(一)提高网络技术应用能力

当前大学生“无人不网、无时不网、无处不网、无事不网”，根据网络环境下大学生思想行为特征有针对性地开展工作，成为高校辅导员工作的内在要求，而这一切建立在其掌握必备的网络知识和技术应用能力的基础之上。一方面，高校辅导员要学会利用网络技术来即时掌握大学生的思想动态和行为特征的变化。如通过关注自媒体平台学生的动态信息以及利用大数据分析技术等，及时掌握学生的思想需求情况，利用QQ、微信等即时通信工具全天候为学生进行思想引导、就业指导、生活辅导、心理咨询等，及时帮助学生解决学习、生活中遇到的实际问题，促进学生成长成才。另一方面，高校辅导员要学会利用网络技术对思想政治工作的全过程进行记录与评价。如利用大数据分析技术对网络思政提供的数据信息进行实时分析、动态监测和趋势预测等，既总结高校思政工作的实施情况和反馈其存在的问题等，又为今后高校思政工作的优化提供依据。

(二)提高网络资源利用能力

高校辅导员开展网络思政工作，不是简单地将线下思政搬到线上，而

① 《普通高等学校辅导员队伍建设管理规定》，教育部网站，http：//www.moe.gov.cn/srcsite/A02/s5911/moe_621/201709/t20170929_315781.html.

是要充分挖掘和利用网络空间的一切有利的育人因素。一方面，高校辅导员要密切关注学生的网络思想行为动态，围绕学生关注的重点、热点和难点问题，通过在微信、微博、校园交互社区等网络平台主动发布相关网文、短视频等，吸引学生的关注、评论等，进行有效的舆论思想引导。另一方面，高校辅导员要积极利用国家、省、地方和高校已有的专题教育网站、微信公众号等网络平台开展思想理论教育，推动学生使用官方网络平台资源来满足自身学习和生活需要。如利用易班网络平台实现学校相关事务的自助服务，开展网络文化活动等。此外，高校辅导员还要构建个人网络教育平台，该平台既从属于高校网络育人平台体系，又在内容和形式上体现个人的育人风格与特色。如通过熟练地利用网络即时通信工具，对大学生在学习、生活、心理等方面遇到的问题进行及时指导，帮助学生解决实际问题和思想问题。

(三)提高网络问题处置能力

网络空间的匿名性和开放性，使其成为鱼龙混杂、良莠不齐的海量信息的聚集地，各种有害、虚假信息、错误思想观念和不文明现象等给大学生带来严重的负面影响。高校辅导员要切实提高对网络信息的敏感性和觉察力，一方面要能够敏锐把握苗头性、倾向性、群体性等问题并进行研判，采取措施预防舆情事态的扩大化，根据舆情事件发生、发展及变化规律，把握处理舆情事件的最佳时机、最佳方式，确保舆情事件最终能够得以解决。另一方面要推动大学生网络安全维护的工作队伍建设。如在学校相关部门的指导下，可以组织学生成立校园网络安全维护社团，通过网络技术构筑网络绿色屏障，筛选、堵截、过滤掉网络空间中腐朽落后的价值观念、错误的有害信息、虚假的垃圾信息等，从而不断净化学生网络空间；可以推动成立年级、班级网络舆情监测小组，从而有利于对有苗头引发网络舆论的网络事件，第一时间采取有效措施进行处置，以免产生或扩大网络负面效应。

四、切实推动网络思政的实践创新

高校网络思政工作是高校思想政治工作“因事而化、因时而进、因势而新”的必然产物，既体现着思想政治工作传统优势与现代信息技术的高度融合，也体现着自身从理论到实践、从内容到方法等的不断创新发展。高校辅导员作为高校思想政治工作最贴近大学生学习生活的主体力量，其网络思政工作也在实践中不断创新。

(一)高校辅导员的名站名栏名篇不断涌现

我国高度重视网络育人平台建设。近些年来，在大学生中具有广泛影响力的全国性网络育人平台有全国高校思想政治工作网、中国大学生在线、易班网等。同时，各高校也同样重视网络育人平台建设，几乎所有的高校都建立了官网和官微平台，既成为大学生了解学校资讯的主要渠道，也成为高校思想政治工作的育人平台。在这些网络育人平台建设中，高校辅导员的个人网络平台越来越受到大学生的关注和青睐。当前高校辅导员普遍采用的个人网络平台主要有微博、微信公众号、网站专栏等，其中微信公众号由于微信 App 自身的便捷性、即时性、交互性等特征而拥有庞大的大学生用户群体，加之其图文并茂、音频、视频等丰富的内容呈现形式，使其成为高校辅导员普遍关注和重点建设的网络育人平台。从实际情况看，目前影响力较大的高校辅导员微信公众号有“仍然在路上”“鑫巴同学”“朱子微言”“辅导员娘亲”“交大 kelly 说”等。特别需要关注的是，近年来短视频以其内容精短丰富、体验性强、平台大数据算法自动推送等特征而备受广大用户喜爱，其用户规模增长显著，根据《中国互联网络信息中心第 47 次中国互联网络发展状况统计报告》，2020 年 3 月至 12 月，我国网民短视频用户从 77325 万人增长至 87335 万人，增长率为 12.9%。① 短视频产品在重构高校辅导员微博、微信等个人网络育人平台原有呈现形式的同时，哔哩哔哩、抖音、快手等以短视频为专门呈现形式的 App 也迅速崛起，逐渐成为学生新的网络“常驻空间”。许多高校辅导员敏锐洞察到网络空间变化特征、网络育人平台的传播规律、学生的网络接受规律等，建设了越来越多的既具思想性、引领性，又受大学生欢迎的个人网络育人平台。

高校辅导员个人网络平台建设并不是其个人在孤军奋战，而是普遍依托教育部及各省级教育主管部门的“网络教育名师培育支持计划”、高校辅导员联盟、高校辅导员工作室等进行建设，即普遍由多名辅导员和学生党员、学生骨干等组成运营团队，也有政府或高校为其平台建设提供的人力、物力、财力保障。纵观这些高校辅导员个人网络思政平台建设，有着共同的特征，主要体现在：一是明确功能定位。如一些高校辅导员对个人微信

---

① 中国互联网络信息中心发布第 47 次《中国互联网络发展状况统计报告》，中华人民共和国中央人民政府网站，http://www. gov. cn/xinwen/2021-02/03/content_5584518. htm.

公众号、视频号等的功能定位非常明确，有的利用微信公众号具有图文推送、交流互动、活动预约报名等功能优势，围绕某一教育主题推送系列网文，或者通过与学生及时交流来进行思想引领等；有的利用抖音等视频号具有内容短小精悍、时长短、趣味性强等优势特点，注重将校园趣事、学习生活指南等内容以精简视频形式呈现给学生等。二是突出个人网络平台内容的思想性、引领性和原创性。网络内容供给是“育好人”的关键要素，许多高校辅导员坚持把马克思主义理论及习近平新时代中国特色社会主义思想、社会主义核心价值观等内容融入网络平台图文、音视频作品中，加强对大学生进行思想引领和价值引领。三是着力提升个人网络平台的传播力。许多高校辅导员一方面坚持维护个人网络育人平台发布内容的权威性，增强学生对个人网络平台的信任感；另一方面坚持以回应学生关切为导向，注重以内容生产来增强学生对个人网络育人平台的黏性，进而不断提升个人网络育人平台的影响力和传播力。

(二)高校“一站式”学生社区建设不断推进

2020年，教育部等八部门印发《关于加快构建高校思想政治工作体系的意见》明确指出：“要推动‘一站式’学生社区建设。依托书院、宿舍等学生生活园区探索学生组织形式、管理模式、服务机制改革……将园区打造成为集学生思想教育、师生交流、文化活动、生活服务于一体的教育生活园地。”①高校学生网络社区是学生实体社区在网络空间中的延伸和拓展，高校通过推进各部门进驻网络社区开展工作，整合教育、管理、服务育人资源和主体力量，在对学生进行规范化管理、便捷性服务和多向交流互动中发挥育人功能。高校辅导员是建设“一站式”学生社区的重要力量，其网络思政工作也在“一站式”学生社区建设中发挥了重要作用。

高校“一站式”学生社区既是网络管理服务的信息化集成和流程化再造，也是高校网络思政工作向学生宿舍的进一步延伸。其特点在于：一是构建网格化管理模式。即将大学生以学生宿舍为单位划分为学生网格社区，既对学生学习和生活进行相对集中的管理服务，又依托网络技术手段对学生事务管理服务进行“一站式”的信息集成。如有的高校依托“一站式”学生社区建设，建设大学生网格化管理信息系统，对社区内的学生进行全过程、

---

① 《教育部等八部门关于加快构建高校思想政治工作体系的意见》，教育部网站，http://www.moe.gov.cn/srcsite/A12/moe_1407/s253/202005/t20200511_452697.html.

全方位的学习生活数据采集，形成动态化的信息管理模式，可以实现学生事务的网上办理、学生思想动态的数据分析和行为动态的智能预警等。二是提高学生事务管理服务的智能化水平。高校“一站式”学生社区的建设，改变了高校各职能部门需要定时定点为学生提供事务管理服务的传统模式，通过手机App、智能服务终端等，学生随时随地可以自助式办理所需的业务。如一些高校在“一站式”学生社区建设中，建设了学生管理服务的网络事务大厅和手机App，学生登录网络事务大厅或手机App等，就可以进行图书查询、成绩查询下载、生活费用充值、宿舍报修等，实现“足不出户”的便捷服务。三是深入推动网络思政力量协同。“一站式”学生社区建设有利于学生按专业、年级等进行集中教育教学，也有利于推动网络党建、网络团建、网络思政等工作更加贴近学生的社区生活。如有的高校辅导员利用“一站式”学生社区的网格化管理系统所提供的学生在校情况、归寝情况、健康日报情况等，及时了解和掌握学生的情况，既有利于对学生的不当行为进行及时纠正，也有利于对学生开展针对性的学习指导、生活辅导和心理疏导等。此外，高校“一站式”学生社区建设也增强了师生互动，既包括一些专业课教师可以深入学生社区为学生授课、辅导和参加讨论，也包括高校辅导员在内的高校思想政治工作各个主体可以深入学生社区与学生开展“一对一”“面对面”的交心谈心活动等，还包括由专业教师、管理人员、思想政治工作者、学生骨干等共同组成学生社区建设管理组织，从而不断形成以学生社区为依托的合力育人机制。

（三）高校辅导员“精准思政”水平不断提升

人类社会已经进入大数据时代，这是不以人的意志为转移的客观现实。在万物皆可数据化、互联化的时代，人们的表情、语言、行为随时以数据形式被记录，其情感、思想等可以由数据表达，数据成为各行各业的宝贵资源。“大数据是信息化发展的新阶段。”①随着高校信息化基础设施的建设不断加强，以及网络技术、大数据、物联网技术的发展，越来越多的高校建设校园大数据中心和大学生大数据分析中心等，通过对大学生数据的采集、存储、管理、计算等，不断增强对学生思想行为特征的分析，进而推动“精准思政”模式的不断建立和完善。

---

① 《习近平在中央政治局第二次集体学习时强调：审时度势精心谋划超前布局力争主动 实施大数据战略加快建设数字中国》，载《人民日报》，2017年12月10日。

高校辅导员依托学校大数据中心开展“精准思政”工作既是一个必然趋势，也是一个正在不断被推动的实现过程。高校辅导员构建“精准思政”育人模式，是指辅导员运用大数据技术对学生思想需求和行为特征进行精准定位，以对其进行及时性、针对性、个性化的思想教育与价值引领、生活指导与服务的工作模式。高校辅导员开展“精准思政”工作，首先要具备良好的大数据素养，即要具有大数据意识和思维、掌握大数据知识、运用大数据技术、遵守大数据伦理等。其次要精准定位学生学习生活需求，及时提供精准指导与服务。如一些高校辅导员通过对大学生“一卡通”消费数据进行分析，以分析结果作为学生家庭经济困难认定和提供临时困难补助的依据，实现“精准资助”目标；一些高校辅导员通过对学生就业兴趣、就业意向等数据进行分析，为学生提供精准的就业指导等。再次是要准确预测学生行为倾向，预防校园危机事件发生。如一些高校辅导员通过对学生学业数据进行分析，来对他们进行精准的学业预警和提供个性化的帮扶，并以此来预防由于学业压力可能带来的学生心理危机事件的发生；一些高校辅导员通过对学生社区的网络数据进行分析，结合校园网络对物理空间的监控数据分析等，可以及时掌握和准确预测学生人际交往状况、心理情感特征变化等，从而有效地预防心理危机事件的发生等。最后是要个性化地推送教育引导内容，提升思想政治教育实效。如一些高校辅导员根据学生对网络主题活动的参与度、网络话题讨论的互动度、电子图书阅读情况等的数据分析，以及利用大数据的聚类筛选功能与算法，可以针对学生的兴趣爱好和易于接受的教育形式，进行差异化、个性化、智能化的教育内容推送，从而极大地提高学生的接受度和获得感。

第六讲　高校辅导员的文化培育工作

文化育人是文化的本质功能，也是思想政治工作的重要内容与方法。党的十八大以来，以习近平同志为核心的党中央高度重视以文化人、以文育人工作，强调要用中华优秀传统文化、革命文化和社会主义先进文化来培育时代新人。2014 年，习近平总书记在中央政治局第 13 次集体学习时强调，要“用中华民族创造的一切精神财富来以文化人、以文育人”①。2017 年，教育部印发《高校思想政治工作质量提升工程实施纲要》，明确提出要实施文化育人质量提升工程。2021 年，中共中央、国务院印发《关于新时代加强和改进思想政治工作的意见》，强调要“更加注重以文化人以文育人”②。因此，新时代高校辅导员全面贯彻落实党中央的决策部署，落实立德树人的根本任务，必须始终坚持和不断加强中国特色社会主义文化建设，通过文化培育来深入推进以文化人、以文育人。

第一节　高校文化培育工作面临的新形势

从文化发展的历史脉络来看，不断推动传统文化向现代文化的创新发展是一个必然趋势。新时代我国文化建设既要对中华优秀传统文化进行创造性转化和创新性发展，又要在引领不同文化交融交汇交锋过程中建设强大的社会主义文化。高校作为文化建设的重要阵地，解决好培育什么文化、如何培育文化以及如何以文育人、以文化人等问题，需要准确把握新时代文化培育工作所面临的新形势。

一、现代大学建设与文化建设日益有机融合

在新时代建设社会主义现代化国家的征程中，文化建设的作用至关重

---

① 《习近平谈治国理政》，外文出版社 2014 年版，第 164 页。

② 《中共中央国务院印发〈关于新时代加强和改进思想政治工作的意见〉》，载《人民日报》，2021 年 7 月 13 日。

要。习近平总书记强调:“实现我们的发展目标,不仅要在物质上强大起来,而且要在精神上强大起来”①,“应对共同挑战、迈向美好未来,既需要经济科技力量,也需要文化文明力量”②。在我国,现代大学建设从本质上说是社会主义文化事业的重要内容与形式。与此同时,建设现代大学又离不开社会主义文化的支撑。2014年,习近平总书记在与北京大学师生座谈时强调“办好中国的世界一流大学,必须有中国特色”③,而高校坚持办出中国特色,内在地包含着建设中国特色社会主义文化的要求。2021年,《中华人民共和国国民经济和社会发展第十四个五年规划和2035年远景目标纲要》正式颁布,对发展社会主义先进文化和提高高等教育质量等进行了战略规划和统筹设计,为新时代现代大学建设与文化建设的融合创新提供了基本遵循。

文化是民族繁荣发展的精神血脉,教育是国家社会长治久安的基石。新时代推动现代大学建设与文化建设相融合,必然对高校文化培育工作提出新要求。一方面,现代大学建设必须始终坚持文化传承创新的重要使命。2011年,胡锦涛同志在清华大学100周年校庆上,将文化传承创新明确为大学继人才培养、科学研究、社会服务之后的第四项职能;2015年,国务院印发《统筹推进世界一流大学和一流学科建设总体方案》,明确将传承创新优秀文化列入“双一流”建设八大任务之中;2017年,中共中央、国务院印发《关于加强和改进新形势下高校思想政治工作的意见》,进一步强调文化传承创新是高校肩负的五大重要使命之一。这些都充分表明,文化培育是现代大学建设不可或缺的重要使命,在新时代的现代大学建设中,文化建设只能加强而不能削弱。另一方面,高校文化建设必须始终坚持融入现代大学建设之中。现代大学建设是一个从理念到行动、从精神到物质、从理论到实践等的不断推进过程,这其中文化建设所肩负的任务和所起到的作用都具有不可替代性。通过精神文化、物质文化、制度文化等的系统建设,可以促进高校师生形成与现代大学建设相适应的思想观念、文明风尚、道德追求、行为规范、环境氛围等。因而,凡是脱离了现代大学的精神塑造、环境改善、制度建设等实际工作的任何一项文化建设活动,其内容呈现必然是苍白的,其价值实现也必定是乏力的。只有将现代大学建设与文

① 《习近平谈治国理政》,外文出版社2014年版,第46页。

② 《习近平谈治国理政》第3卷,外文出版社2020年版,第465页。

③ 《习近平谈治国理政》,外文出版社2014年版,第174页。

化建设相互融合起来，相互依存、相互促进，才能既使现代大学建设具有文化内涵，又使高校文化建设具有实践基础。

二、高校文化育人与文化培育日益相互依存

党的十八大以来，习近平总书记反复强调立德树人是教育的根本任务，是高校的立身之本；反复强调高校的一切工作都具有育人职责，要将立德树人的成效作为衡量高校一切工作的根本标准。高校成为传播先进文化的重要阵地，具有自身特有的育人目标与职责。文化建设作为现代大学建设的一项重要工作，其目标就是以文化人、以文育人。高校文化育人首先需要解决用什么文化育人的问题，这就需要加强文化培育工作。高校文化培育通常有两种基本方式，一种是由外而内的培育方式，即通过将中国特色社会主义文化已有的内容借助各种方式广泛地传播到校园内，使之深刻影响师生的思想和行为；另一种是由内而外的培育方式，即通过教育引导师生在遵循中国特色社会主义文化建设基本要求的前提下，创造性和创新性地建设具有高校自身特色的校园文化内容与形式，使之不断地丰富中国特色社会主义文化的内涵及其呈现。

文化育人关系着国家的发展、社会的繁荣、民族的进步。新时代推动高校文化育人必然需要加强文化培育，而加强文化培育的过程本身就是促进文化育人的实现过程。一方面，文化育人是文化培育工作的出发点和落脚点。从出发点看，高校加强文化培育工作的目的在于实现立德树人的育人目标，因而文化育人作为一种理念必须渗透于文化培育的指导思想之中，作为一种要求必须贯穿于文化培育的全过程，作为一项任务必须贯通于文化培育的各项工作之中。从落脚点看，高校文化培育的工作成效与立德树人成效之间具有高度的关联性和一致性，一般情况下，文化培育的工作水平越高，意味着文化育人的效果越好、质量越高；反之亦然。另一方面，文化培育是文化育人的实现载体和过程呈现。从文化育人的载体看，文化培育为文化育人提供必要的内容、手段和途径等，没有文化培育，文化育人就是纸上谈兵、空中楼阁。从文化育人的过程看，文化培育既是一个内容生产的过程，也是一个作用发挥的过程，体现了教师与学生之间、师生与环境之间，以及教师与教师之间、学生与学生之间等通过文化活动进行相互影响、相互作用的过程。可以说，文化培育所开展的任何一项工作本身就是文化育人的实现过程。或者说，文化育人体现在文化培育工作的各

个环节、各种要素、各项具体活动之中。

三、高校学生文化与教师文化日益形成合力

不同的分析视角下，高校校园文化有着不同的表现形式。其中以人为对象进行区分，可以分成学生文化与教师文化两大类。学生文化是对学生群体价值观念和行为标准的统称，反映着学生在成长成才和健康生活中的所表现出来的各种文化需求及其实现方式。高校培育学生文化主要在于以社会主义核心价值观引领学生的学习生活，教育引导他们正确处理主流文化与非主流文化、个体文化与社会文化、民族文化与人类文化等之间的价值关系，从而将他们培养成为在思想水平、政治觉悟、道德品质、文化素养、精神状态等方面同新时代要求相符合的时代新人。教师文化则是对教师群体价值观念和行为标准的统称，既反映教师作为社会群体成员对社会主义文化的价值认同与行为遵守，也反映教师作为特殊身份人员对教师职业文化的价值认同与行为遵守。高校培育教师文化主要在于遵循育人先育己的基本原则，教育引导广大教师成为有理想信念、有道德情操、有扎实学识、有仁爱之心的"四有"好教师。对于高校来说，学生文化建设与教师文化建设同样重要，二者统一于优良的校风建设之中，包括建设优良的教风和建设优良的学风。但近些年来，高校学生文化与教师文化相互冲突，甚至背道而驰的现象时有发生，既给高校加强师德师风建设提出了严峻考验，又对高校加强学生思想政治教育提出了更高要求。

新时代高校需要统筹加强学生文化和教师文化建设，使二者始终保持同向同行，共同形成强大的文化育人合力。一方面，要在构建新型师生关系中统筹推进。尊师爱生是我国教育的优良传统，在新形势下继续发扬这一优良传统，需要广大教师在认真贯彻落实国家关于加强教师队伍建设、关于加强高校师德师风建设等相关要求的基础上，进一步发挥言传身教、身教重于言教的重要作用。同时，如何根据现代化教育教学规律在师生之间倡导形成平等、民主、友爱、团结、合作、和谐等新型文明关系，是高校加强学生文化建设和教师文化建设的共同任务。另一方面，要在推动新时代教育评价改革中不断推进。2020 年，中共中央、国务院印发了《深化新时代教育评价改革总体方案》，对改革教师评价和学生评价提出了具体要求，从而也对高校推进教师文化与学生文化的同向同创提出了更高要求。在落实教师评价改革上，高校要坚持把师德师风作为第一标准，坚决克服

教师中存在的重科研轻教学、重教书轻育人等现象，既突出教育教学实绩，又要强化一线学生工作等，从而真正形成广大教师专注教书育人的良好文化氛围。在落实学生评价上，高校要树立科学成才观念，坚持以德为先、能力为重、全面发展地引导广大学生养成良好思想道德、心理素质和行为习惯等，从而不断形成以学生为中心的高质量德育文化、智育文化、体育文化、美育文化、劳育文化等。

四、高校校园文化与社会文化日益互动发展

从宏观上说，高校校园文化是社会文化的重要组成部分，既受到社会文化的影响与制约，又不断推动社会文化的繁荣发展。从微观上说，不同高校的校园文化在社会文化的影响下呈现出不同的特点，既反映高校治学办校从思想观念到行为方式等的文化差异性，又反映师生不同的成长经历、生活背景、生存环境等社会文化因素带来高校校园文化的多元性。同时，社会文化对高校校园文化的影响往往具有正反两方面的双重性，其中在正向影响下，社会文化为高校校园文化建设提供源源不断的理论资源和实践资源，并通过传播与扩散不断地将高校校园文化转变为社会文化；在负向作用下，一些低俗、庸俗、媚俗，甚至是恶俗等社会文化现象不可避免地对高校文化育人起着消解作用。因而可以说，如何用好社会文化资源和抵制不良社会文化，始终是高校校园文化建设的重要任务。

新时代高校在顺应校园文化与社会文化互动发展的必然趋势中，需要正确处理与政府、社会、家庭等的关系，特别是注重在政府的主导下，与社会、家庭等共同发力、协调推进，从而不断拓展校园文化与社会文化相互促进的渠道。一方面，坚持在善用社会文化资源中不断增强校园文化的传播力和影响力。既要善于从中华民族优秀传统文化、革命文化和社会主义先进文化中汲取营养与智慧，又要善于利用一切有利于促进大学生成长成才和健康生活的社会文化因素，推动校园文化与企业文化、社区文化、家庭文化、网络文化等的有机融合。另一方面，坚持在抵制错误社会文化思潮中不断发挥校园文化的示范引领作用。既要始终坚持以马克思主义为指导，树立正确的文化观和文化育人观，不断增强对错误社会文化思潮的发现力、辨别力和抵制力；又要不断激发高校师生的积极性、主动性和创新性，不断创造具有吸引力和时代感的校园文化，使高校在社会主义文化建设中的作用得以充分彰显。

第二节 高校辅导员文化培育工作的主要任务

高校辅导员努力成为大学生成长成才的人生导师和健康生活的知心朋友，需要重视和发挥自身在高校文化建设中的作用，通过加强文化培育工作来不断推动以文化人、以文育人。新时代高校辅导员加强文化培育工作，必须坚守中华文化立场，以开放包容、借鉴吸收的文化视野，继承和弘扬中华民族传统优秀文化，深入挖掘红色革命文化，加强建设社会主义先进文化。在此基础上，创造形成与大学生日益增长的美好生活需要相适应的校园文化和育人文化。

一、教育引导大学生继承和弘扬中国特色社会主义文化

从总体上讲，新时代高校辅导员开展文化培育工作中的“文化”，是指符合新时代人才培养目标要求的中国特色社会主义文化。习近平总书记在党的十九大报告中明确指出：“中国特色社会主义文化，源自于中华民族五千多年文明历史所孕育的中华优秀传统文化，熔铸于党领导人民在革命、建设、改革中创造的革命文化和社会主义先进文化，植根于中国特色社会主义伟大实践。”①新时代高校辅导员加强文化培育工作的首要任务，就是在大学生中培育中国特色社会主义文化。

(一)推动中华民族优秀传统文化进校园

习近平总书记指出：“优秀传统文化是一个国家、一个民族传承和发展的根本，如果丢掉了，就割断了精神命脉。”②在五千年中华历史长河的积淀中，中华优秀传统文化历经商周奠基、百家争鸣、盛世繁荣、理性发展等阶段，形成了底蕴深厚、形态稳定、价值独特的文明成果。新时代高校辅导员文化培育工作不能摒弃与中华民族优秀传统文化之间的亲缘关系，要深入推动中华民族优秀传统文化进校园，在继承和弘扬中华民族优秀传统

---

① 习近平：《决胜全面建成小康社会　夺取新时代中国特色社会主义伟大胜利》，载《人民日报》，2017 年 10 月 28 日。

② 《习近平在纪念孔子诞辰 2565 周年国际学术研讨会暨国际儒学联合会第五届会员大会开幕会上的讲话》，载《人民日报》，2014 年 9 月 25 日。

文化实践中，通过时代新人的培养影响中国当代、引领中国未来，进而为实现中华民族伟大复兴的中国梦作出应有贡献。

一是要深入挖掘中华优秀传统文化的育人元素。习近平总书记指出："要认真汲取中华优秀传统文化的思想精华和道德精髓，大力弘扬以爱国主义为核心的民族精神和以改革创新为核心的时代精神，深入挖掘和阐发中华优秀传统文化讲仁爱、重民本、守诚信、崇正义、尚和合、求大同的时代价值，使中华优秀传统文化成为涵养社会主义核心价值观的重要源泉。"① 中华民族优秀传统文化中丰富的家国情怀、民族精神、关爱民众、立德修身、责任担当等文化精髓，对于启迪新时代青年完善自我人格、锤炼道德品质、树立远大抱负具有重要价值。新时代高校辅导员一方面要深入挖掘中华优秀传统文化中的道德资源作为"以文育人"的重要支撑；另一方面要深入挖掘中华传统优秀文化中的"文以化人"思想作为新时代"以文化人"的理论内涵。通过深入挖掘中华优秀传统文化中博大精深的育人元素，赋予新时代高校辅导员文化育人工程源源不断的精神食粮和底蕴深厚的思想意涵。

二是要深入开展中华优秀传统文化进校园活动。高校辅导员文化培育工作要在丰富多样的校园文化活动中将优秀传统文化中的价值理念和道德规范潜移默化地传递给学生，以润物无声的方式引领学生知耻明礼、崇德守信、知行合一，让中华民族优秀传统文化精髓涵养时代新人的思想认同、浸润他们的内心世界、规范他们的言行举止，从而发挥优秀传统文化在立德树人任务落实中的基础性作用。例如，在实践技能类活动中融入中国劳动精神、工匠精神教育；在传统节日活动中融入爱国主义教育、感恩教育、理想信念教育；在班团建设中开展经典诵读、民间艺术、民族体育、传统书法等活动。通过深入开展中华优秀传统文化进校园活动，以大学生喜闻乐见的方式将中华民族优秀传统文化厚植于学生的精神血脉里。

三是要深入推动中华优秀传统文化的创新转化。在深入研究和挖掘中华优秀传统文化中"以文化人"思想内容的基础上，以开展中华优秀传统文化进校园为抓手，用优秀的"文"来规范引领时代新人的价值认同、思想素养、行为习惯，这是中华民族优秀传统文化创造性转化和创新性发展的必

① 教育部：《2017 年全国教育事业发展统计公报》，http://www.moe.gov.cn/jyb_sjzl/sjzl_fztjgb/201807/t20180719_343508.html.

然选择。习近平总书记强调："中华优秀传统文化的丰富哲学思想、人文精神、教化思想、道德理念等，可以为人们认识和改造世界提供有益启迪，可以为治国理政提供有益启示，也可以为道德建设提供有益启发。"①高校辅导员开展文化培育实践要在遵循价值导向、遵循学生发展规律的基础上，深入推动中华优秀传统文化的创新转化。例如结合大数据思想政治教育理念，综合运用各种育人载体，以短视频、微电影、VR模拟影像等新颖有趣的现代化表达形式，将中华民族优秀传统文化以图文结合、声情并茂的形式在学生中进行传播。让学生通过第一课堂讲授学习、第二课堂实践学习、第三课堂线上自学等不同的学习路径，全方位地理解和接受中华民族优秀传统文化，进而让优秀传统文化走进学生生活、浸润学生心灵、服务学生成长。

(二)推动红色文化传播和革命精神传承

"红色是中国共产党、中华人民共和国最鲜亮的底色。"②习近平总书记在党史学习教育动员大会的讲话中明确指出："要教育引导全党大力发扬红色传统、传承红色基因。"③红色文化对于新时代铸魂育人工程意义深远，高校辅导员有义务、有责任、有使命去用红色文化教育引导时代青年赓续红色血脉、传承红色基因，以大无畏的革命奋斗精神涵育个体品格、完善自我发展。

一是深入挖掘红色文化育人资源。红色伴随着中国共产党的诞生，也见证着中华民族伟大复兴的光辉历程。"红色不仅是中华人民共和国与生俱来的'胎记'，而且也是中华民族浴火重生、脱胎换骨的精神图腾"④，它既根植于中华民族优秀传统文化，又是社会主义先进文化的发轫基础。高校辅导员一方面要阐释好红色文化，讲清楚红色文化的内涵是什么、怎么形成的、具有什么样的当代价值等，以此来丰富思想政治教育的内容；另一方面要利用好红色文化，通过带领学生参观、考察、实地观摩红色革命圣地，开展唱红歌、诵红诗、红色经典阅读等活动，来增强学生的理想信念、

① 《习近平在纪念孔子诞辰2565周年国际学术研讨会暨国际儒学联合会第五届会员大会开幕会上的讲话》，载《人民日报》，2014年9月25日。

② 《习近平在中共中央政治局第三十一次集体学习时强调 用好红色资源赓续红色血脉 努力创造无愧于历史和人民的新业绩》，载《人民日报》，2021年6月27日。

③ 《习近平在党史学习教育动员大会上强调 学党史悟思想办实事开新局 以优异成绩迎接建党一百周年》，载《人民日报》，2021年2月21日。

④ 马静：《红色文化教育理论与实践研究》，南开大学出版社2015年版，第32页。

价值观念、道德素养等，从而引领他们自觉将个人目标同国家发展联系起来，增强投身于社会主义现代化建设的积极性和主动性。

二是深入开展“四史”教育活动。2021年6月1日，习近平总书记在《求是》发表文章强调：“要通过在全社会开展党史、新中国史、改革开放史、社会主义发展史教育，引导广大人民群众特别是青少年弄清楚中国共产党为什么‘能’、马克思主义为什么‘行’、中国特色社会主义为什么‘好’等基本道理，坚定不移听党话、跟党走，自觉做中国特色社会主义的坚定信仰者、忠实实践者，在全面建设社会主义现代化国家伟大实践中建功立业。”①高校辅导员要以党史学习教育为契机，以大学生喜闻乐见的方式，通过理论宣讲、知识竞答、师生互动等多种渠道，深入开展“四史”教育，将历史故事、英雄人物、重大事件讲清楚、说明白，在讲好历史故事、厘清历史脉络、认清发展逻辑中引导大学生自觉抵制一切污名化、虚无化“四史”的错误言论，形成科学的历史观、正确的文化观，进而将爱党、爱国、爱社会主义的情感转化为自觉行动，做到在铭记历史中赓续好红色血脉。

三是深入阐释宣传中国共产党人的精神谱系。中国共产党人的精神谱系由无数革命志士仁人的价值追求、理想信念、家国大义汇聚而成，延安精神、长征精神、革命精神、井冈山精神、红船精神、西柏坡精神、伟大抗疫精神等都是中国共产党精神谱系的重要组成部分。它蕴含着一代代中国共产党人的初心使命，承载着中国共产党人的最高理想和最高价值追求，积淀着中国共产党人和中国人民的智慧才干，对正处于“拔节孕穗期”的大学生而言是最好的营养剂。高校辅导员要将深入研究阐释宣传中国共产党人的精神谱系作为提升自身思想政治工作水平的重要前提和内容，在学懂弄通做实上下功夫，既要建构学习研究体系，将学习和践行中国共产党人的精神谱系贯穿到自身素养能力提升全过程；又要构建宣传教育体系，将继承和弘扬中国共产党人的精神谱系贯穿到学生日常思想政治工作全过程。

（三）继承和弘扬社会主义先进文化

中国特色社会主义先进文化既传承了中华民族优秀文化的基因，又萃取了红色文化的精华；既承载着中国智慧，又积淀着中华民族最深层次的精神追求。高校辅导员继承和弘扬社会主义先进文化，要将其时代性、科

---

① 《〈求是〉杂志发表习近平总书记重要文章　〈学好“四史”，永葆初心、永担使命〉》，载《人民日报》，2021年6月1日。

学性、先进性、人民性贯彻到文化培育工作中去。

一是深入挖掘社会主义先进文化中的育人元素。社会主义先进文化蕴含着“以文化人、以文育人”的重要思想，高校辅导员要从社会主义先进文化中汲取能量、获取资源、寻找力量，大力弘扬时代精神，不断促进文化培育工作的质量提升。具体做到以培育和践行社会主义核心价值观为主线，以爱国主义、集体主义、社会主义等教育为切入点，紧扣时代主题，结合学校办学实际和学生成长特点，形式多样地开展意蕴深刻、内涵丰富、成效显著的文化培育工作，教育引导学生树立正确的世界观、人生观和价值观，让社会主义核心价值观像空气一样无所不在。

二是深入开展国情教育。国情教育是增强大学生文化自信的重要形式，深入开展国情教育活动是高校辅导员文化培育的重要途径。高校辅导员要坚持马克思主义的根本立场，在国情教育活动中引导学生正确认识中国特色和国际比较，正确认识时代责任和历史使命，正确认识远大抱负和脚踏实地，在准确厘清国际与国内、历史与现实、国家与个人关系的基础上，凝聚起为实现“中国梦”而努力奋斗的强大力量。

三是深入推动社会主义先进文化的创新发展。新时代中国特色社会主义文化建设正朝着面向现代化、面向世界、面向未来的方向不断发展。高校辅导员要始终站在时代前列，坚持推动社会主义先进文化因事而化、因时而进、因势而新，以守正创新、与时俱进的时代精神不断丰富学生的文化生活。一方面要在总结文化培育实践经验的基础上，综合运用各种宣传媒介大力传播社会主义先进文化，使大学校园始终弘扬主旋律、传播正能量。另一方面要在结合办学优势、专业特色基础上打造校园文化品牌，进而使大学生在校园文化浸润中成为社会主义先进文化的创造者和创新者。

二、组织动员大学生参与创建校园文化

高校继承和弘扬中国特色社会主义文化的落脚点在于，以中国特色社会主义文化来引领和推动校园文化建设。高校辅导员要深入把握中国特色社会主义文化培育的基础性、持久性、深层性等特征，紧密结合学校育人工作需要，紧贴学生校园生活实际，团结带领广大学生不断建设富有吸引力和时代感的校园文化。

(一)培育学生政治参与文化

学生政治参与文化是我国政治文化建设在高校校园文化建设中的具体

体现，反映大学生对中国特色社会主义政治生活的理论认知、价值取向、情感认同和参与状况。将大学生培养成为社会主义的建设者和接班人，需要高校辅导员通过培育学生的政治参与文化，来不断促使他们在坚持和发展中国特色社会主义过程中，不断提高政治理论认知、坚定政治理想信念和保持政治参与热情。

一是坚持学生政治参与文化培育的正确方向。高校辅导员坚持以习近平新时代中国特色社会主义思想为指导，坚定中国特色社会主义的政治方向，广泛组织动员大学生加强思想政治理论学习，既要通过摆事实、讲道理、作比较等方式，将社会主义制度优越性讲深讲透，将中国特色社会主义伟大征程中的辉煌成就与经验教训讲清楚，帮助学生科学地、客观地、全面地认识中国特色社会主义建设的伟大进程；又要通过推进习近平新时代中国特色社会主义思想进班团、进社团、进寝室、进网络等，不断地在大学生中营造学理论、用理论的良好氛围，使党的创新理论始终成为校园文化建设的灵魂。

二是突出学生政治参与文化培育的政治引领。高校辅导员要将政治引领作为加强文化培育工作的根本任务，并不断增强自身政治引领的意识和能力。一方面，坚持以政治引领明确各项文化培育工作的价值功能。凡是有利于政治引领的文化活动都要予以鼓励和支持；凡是不利于政治引领的文化活动都要坚决地予以限制。另一方面，坚持以政治引领促进各项文化培育工作的作用发挥。既要不断增强对各种错误社会文化思潮和不良社会文化现象的批判力、抵制力和引导力，又要不断增强对中国特色社会主义文化的传播力、话语力和影响力。

三是探索学生政治参与文化培育的基本路径。学生政治参与文化的培育，关键环节在于扩大学生的参与面和提高学生的参与感。高校辅导员一方面要通过形势政策课程教学、国家重大活动报道的收听收看、社会热点问题讨论辩论等多种方式，不断激发学生关心政治、关注时事、关怀社会的热情；另一方面要充分利用各种关键节点、传统节日、重大活动等，最大限度地吸引更多学生参与政治学习、民主管理、师生互动等活动中，从而不断增强他们“强国有我”的主体意识和政治参与能力。

(二)培育学生素质教育文化

坚持德智体美劳“五育”并举是新时代高校提高人才培养质量的重要举措，但客观地说，一定时期内高校“长于智、疏于德、弱于体美、缺于劳”

的倾向还难以根本消除。这就需要高校辅导员切实加强学生素质教育文化培育，教育引导学生不断增强对德智体美劳全面发展理念的思想认识和行动自觉，从而在思想道德素质、能力培养、个性发展、身体健康和心理健康教育等各个方面提升自己。

一是立足优良的学风培育。学习是学生的第一要务，学风建设是高校文化建设的关键所在。高校辅导员培育优良的学风，需要掌握必要的专业理论知识，熟悉高校专业人才培养的基本流程与规律，做到根据每一名学生的不同需求与特点，有针对性地开展学习指导工作。既要加强学生个体的学习文化建设，教育引导每一名大学生都能巩固专业思想、明确学习目的、端正学习态度，不断养成良好的学习习惯和不断增强自主学习、合作学习等能力；又要加强学生群体的学习文化建设，教育引导学生以班级、社团、寝室、团队等为单位，形成互帮互学、互相激励的文化氛围，从而以学风建设促进校风建设。

二是组织开展素质教育活动。高校辅导员具有组织开展学生素质教育活动方面的工作优势，但这一工作优势的发挥，需要克服娱乐化、形式化、片面化等倾向，应当结合素质教育的要求和学生个性化特点，加强体系化设计和制度化推进。既要根据学生的兴趣爱好，多开展一些学生喜爱、需求量大、参与度广的素质教育活动，如课外学术类活动、文艺体育类活动、实习实践类活动等；又要根据学生综合素质教育中的弱项和短板，多开展一些劳动素质教育、美育素质教育、心理素质教育等方面的活动。

三是加强学生个性化素质教育。高校辅导员培育学生素质教育文化，需要坚持个性教育理念，将解决思想问题与解决具体问题结合起来，充分调动每一名学生的积极性和主动性，从而不断增强学生的参与感与满意度。一方面，要加强对学生的人文关怀。通过全面分析学生个体综合素质存在的不足及其原因，及时地进行学习指导、生活辅导、就业帮扶、心理疏导等，从而使素质教育更具有针对性与实效性。另一方面，要注重形成联动机制。既注重加强与校内专业教师、管理干部及学生骨干等的联动，又注重加强与校外政府部门、社会专业机构和家庭等之间的力量协同，从而使个性化素质教育真正落地落实，得到学生、家长和社会等的广泛认可。

(三)培育学生实践活动文化

社会实践活动是高校有目的、有计划地组织学生走出校门、了解社会、服务社会的教育方式，也是最受学生欢迎的教育活动。高校辅导员培育学生的实践活动文化，就是要在学生中形成重视社会实践活动、乐于参加社会实践活动、善于参加社会实践活动的良好文化氛围，同时鼓励他们在积极参加社会实践活动中，充分发扬担当使命、吃苦奉献、团结合作、创新创造等精神，使学生社会实践活动既服务于国家和社会的需要，又不断承担起自身成长的第一责任。

一是组织开展实习实践活动。高校辅导员要将理论教育与实践教育充分地结合起来，做好学生实习实践活动的方案设计、组织实施和成果总结等，使实习实践与理论教育相辅相成、互相促进。同时注重在实习实践活动中，既充分发挥学生的专业特长，教育引导他们从小事着手，从身边做起，学以致用，不断增长才干；又充分发挥思想政治教育的作用，教育引导学生深入基层、深入农村，在实践中增强社会责任，培养家国情怀，彰显责任担当。

二是组织开展志愿服务活动。高校辅导员要根据新时代社会主义精神文明建设的要求，坚持立足校园和辐射社会并重，组织动员学生讲文明树新风，大力弘扬志愿服务精神，广泛参与各种形式的志愿服务活动。既要不断扩大学生志愿服务活动的覆盖面，努力营造“我为人人、人人为我”的良好社会风尚；又要不断健全志愿服务活动管理的体制机制，使学生参与志愿服务活动实现制度化、常态化。

三是组织开展创新创业活动。高校辅导员要采取“请进来”与“走出去”相结合的路径，在学生中加强创新创业文化的培育。一方面在校园内广泛开展创新创业实践活动。既通过开展科技创新竞赛、创业实践等活动，吸引学生关注和参与创新创业；又通过邀请政府、企业和其他专业人士参与，帮助学生了解和熟悉创新创业。另一方面鼓励和支持学生参与校外创新创业实践活动。通过组织学生参加各级各类创新创业竞赛活动、到企业实习实践、自主创办企业等方式，不断增强学生探索新事物的素质能力。

(四)培育学生民族团结文化

各民族团结友爱，是中华民族的优良传统，是社会主义民族关系的生动体现，是中华民族繁荣发展的重要保证。高校是民族团结教育的重要阵地，在学生中培育民族团结文化，既是落实我国民族政策、维护民族大团结的基本要求，也是营造高校各民族学生和谐共处、确保校园安全稳定的重要途径。

一是加强民族团结教育。高校辅导员一方面要利用形势政策课、党团班主题活动等多种途径，深入地对学生开展民族团结的理论与政策教育，教育引导广大学牛尊重民族平等和民族文化的多样性。另一方面可以通过组建民族团结教育类的学生社团、辅导员名师工作室等，广泛开展民族团结教育类校园文化活动，让更多的学生增进对不同民族文化的了解，让广大学生共享多民族文化的成果。

二是遵守民族团结政策。高校辅导员要从自身做起，带头遵守民族团结政策，充分尊重各民族学生在风俗习惯上的差异性，维护好少数民族学生的合法权益，努力为他们创造更好的学习生活条件。同时，高校辅导员要教育引导广大学生自觉遵守民族政策，共同维护和发展好各民族学生之间的平等、团结、互助、和谐的关系，既重视激发少数民族学生成长成才的精神动力，又鼓励广大学生为发展民族文化和增进民族团结而不懈奋斗。

三是抵制民族分裂活动。高校辅导员培育学生民族团结文化，要旗帜鲜明地反对和抵制一切破坏民族团结的因素和活动。一方面要教育引导广大学生牢固树立“中华一家亲”的理念，既反对大民族主义，又反对地方民族主义；另一方面教育引导各民族学生像石榴籽一样紧紧地抱在一起，坚决抵制民族分裂势力和活动向校园渗透，以实际行动支持国家依法严厉打击和制裁分裂祖国的活动。

(五)培育学生国际交流文化

国际交流文化是我国日益走向国际舞台中央的必然产物，其在高校的国际化进程中也日益得到体现。高校辅导员培育学生国际交流文化，就是要在推动高校国际化进程中，营造中国学生与国际学生和谐相处、共同学习和传承人类优秀文明成果的文化氛围。

一是牢固树立人类命运共同体意识。党的十八大以来，习近平总书记在多个场合阐述了人类命运共同体的思想，十九大报告对此进行了系统阐述。高校辅导员培育学生国际交流文化，需要不断增进学生对人类命运共同体意识的价值认知，不断提高他们对国家招收留学生政策和赴境外留学政策等的认知水平，使他们在校园学习生活中能够与留学生平等相待、和谐相处，在境外学习生活中能够自觉遵守当地的法律法规和社会习俗等，做到既不盲目自大，又不妄自菲薄。

二是组织开展国际文化交流活动。高校辅导员坚守育人立场，并结合工作实际，秉承开放的态度，根据留学生、交换生、不同国别教师的特点，积极开展具有校园特色的国际文化交流活动，如组织开展国际文化节、邀请留学生参与校园文化活动等。同时，还可以组织学生积极参加国家及地方政府组织的国际文化交流活动，为校园国际交流文化建设创造更多的实践平台。

三是不断扩大中华文化的国际传播。高校辅导员培育国际交流文化，一方面要教育引导学生以坚定的文化自信坚守中华文化的立场，始终坚持将继承和弘扬中华民族优秀文化作为自己的历史使命，做到利用一切有利的时机和场合加大中华优秀文化的宣传力度，从而不断增强中华文化的国际传播力和影响力；又要教育引导学生秉持开放包容的态度，善于吸收和借鉴一切人类的优秀文化成果，既扩大自己的国际文化视野，又丰富学生国际交流文化的内容与形式。

三、积极参与创建高校育人文化

高校文化培育和文化育人的过程，本身也是育人文化形成发展的过程。高校育人文化体现着高校落实立德树人根本任务，不断形成全员育人、全过程育人、全方位育人的思想自觉和行为规范。高校辅导员是高校教师队伍的重要组成部分，也是高校育人文化建设的主力军。因而，积极参与创建高尚高雅的育人文化，也是新时代高校辅导员文化培育工作的重要任务。

(一)参与创建高校环境育人文化

从文化层面上讲，由于环境具有重要的育人功能，因而环境育人也必然内化于育人文化建设之中，即其生成环境育人文化。高校环境育人文化既包括物质环境育人文化，体现着校园环境的基础设施、硬件保障等建设水平和育人功能的发挥水平；又包括人文环境育人文化，体现着高校办学治校过程中所形成的传统、特色和校风状况等方面。高校辅导员虽然不是高校环境建设的直接决策者，但也是重要的参与者，因而必然需要积极地参与高校环境育人文化的创建。

一是为高校打造高雅育人环境献言献策。高校辅导员身处学生工作一线，是最为熟悉学生特点与需求的人，对高校环境创建如何最大限度地发挥育人功能，往往具有充分反映学生意见或建议的工作优势。因而，无论是在高校基础设施改造或建设中，还是高校文明校园建设中，高校辅导员都要积极地献言献策，不断推动高校把以生为本的办学理念落实到各项管理服务工作之中，不断推动高校硬件环境的育人功能发挥。

二是挖掘利用校园环境的育人元素。高校环境育人作用的发挥，既是一个潜移默化的熏陶过程，也是一个需要不断挖掘利用的过程。高校辅导员积极参与高校环境育人文化建设，主要任务就是创造性地挖掘和利用高校环境中的一切育人元素。一方面通过对学生加强校史校训、名人名师、事迹典故、校纪校规等宣传教育，使每一名学生都能了解学校的办学特色和育人传统，从而使他们增强自信心和自豪感，做到自觉传承学校精神，加快融入校园生活；另一方面通过践行以学生为中心的发展思想，最广泛地团结带动任课教师、管理干部、教辅人员以及学生党员、学生骨干等，不断构建生动活泼的课堂环境、丰富多彩的活动环境、融洽和谐的人际环境，从而使育人环境建设与环境育人文化建设融为一体。

三是指导创建学生“三自”育人文化。学生自我教育、自我管理、自我服务是高校育人的重要形式，高校在积极营造有利于学生自我教育、自我管理、自我服务的环境氛围中，必然会相应地形成学生的“三自”育人文化。高校辅导员是指导和协调学生“三自”育人文化建设的重要主体力量，一方面要指导建强各级各类学生组织，并充分调动学生党员和学生骨干队伍参与自我教育、自我管理和自我服务的积极性和主动性，使他们在提升高校教学组织、事务管理、生活服务等各个方面工作质量中更好地发挥桥梁作用。另一方面要积极构建学生组织与学校管理部门之间的沟通渠道，既善于将学生的意见建议反馈给学校管理者，又善于在协调管理者与学生的相互关系中维护好双方的正当权益，从而促进高校以生为本的育人理念落到实处。

(二)参与创建教师育人文化

教师文化是高校文化育人的必备条件，也是重要资源。2019 年 11 月，教育部等七部门联合印发《关于加强和改进新时代师德师风建设的意见》，旨在全面提升教师的思想政治素质和职业道德水平，这也为高校加强教师育人文化指明了方向。高校辅导员参与高校教师育人文化建设既是发挥教师文化育人的需要，也是加强自身队伍建设的必然需求。

一是充分发挥师德师风的育人作用。以师德师风育人，就是以教师之德来育学生之德。高校辅导员发挥师德师风的育人作用，一方面要加大对全国和本校师德模范的宣传力度，以师德优秀的教师为学生树立榜样，让学生在感受和体验师德的温暖中，在高尚师德的浸润中学会传递温暖，并自觉努力成为一个可以传递温暖的人。另一方面要积极推动新型师生关系的构建。既教育引导学生以教师为榜样，以优良的师德传承为己任，在对教师更加尊重、信任和依赖之中，做到全面参照和主动学习；又要积极推动领导干部、任课教师等深入一线与学生交心谈心，主动帮助学生解决实际困难，从而以更加和谐的师生关系实现教师育人文化建设的目标。

二是建设高校辅导员特色育人文化。高校辅导员作为一个具有特殊使命的高校教师群体，其自身的文化建设体现着辅导员职业的价值观念、道德规范、行为准则、思维方式、精神风貌等。高校辅导员建设自身的育人文化，一方面要在尊重学生、爱护学生、帮助学生等方面切实发挥示范带动作用，既要做到以平等的姿态对待学生，充分尊重学生的个性，始终把促进每一名学生的全面发展作为各项工作的出发点和落脚点；又要做到加强个人修养，注重身体力行、言行一致、为人师表，把言教与身教结合起来，努力让自己首先成为师德师风的楷模。另一方面要在提高学生思想政治教育的针对性和实效性上下功夫，既要精准把握学生思想动态和行为变化，抢抓思想政治教育的先机；又要学会利用新媒体等现代信息技术手段加强与学生的沟通交流，不断增强学生的信任感和依靠感，此外，高校辅导员之间还要加强经验分享和合作交流，通过共建育人平台、共同举办育人活动等形成育人合力，发挥品牌效应。

第三节 高校辅导员文化培育工作的实践要求

面对新时代高等教育人才培养的新变化和新要求，高校辅导员必须不断提高自身文化育人的科学素养和实践水平，为深入拓展思想政治教育铸魂育人工程提供人才支撑。文化育人目标的落实关键在于“化人”的实施路径。只有科学理解文化育人要求、深入研究文化育人内容、准确把握文化育人实施路径，才能真正提高文化育人的实效性。高校辅导员可以根据新时代文化育人的基本要求，紧紧围绕文化育人内容体系建设，从持续推进中华优秀传统文化教育、深入挖掘革命文化的育人内涵、积极开展社会主义文化教育、统筹做好多元文化育人等四个层面，推进思想政治教育内涵式提升，使先进的文化资源更好地服务于新时代大学生的全面发展。

一、坚持文化育人导向

“培育什么样的文化”与“培养什么样的人”高度关联，是高校辅导员坚持文化育人的根本性问题，二者统一于坚持以马克思主义为理论指导。习近平总书记强调“坚持以马克思主义为指导，是当代中国哲学社会科学区别于其他哲学社会科学的根本标志，必须旗帜鲜明加以坚持”①。高校辅导员的文化培育工作坚持以马克思主义为理论指导，既是坚持社会主义文化建设的正确方向，又是坚持以文化人、以文育人的正确导向，也就是要坚持以中国特色社会主义先进文化来引领“文”的发展方向，以培育社会主义建设者和接班人为目标来确定“育”和“化”的价值导向。首先，发挥高校辅导员在文化培育工作中的价值引领作用。习近平总书记指出：“无论时代如何变迁、科学如何进步，马克思主义依然显示出科学思想的伟力，依然占据着真理和道义的制高点。”②新时代高校辅导员的文化培育工作作为大学生思想政治教育的重要环节，要坚持马克思主义的理论指导，在文化育人的实践场域中创造有利于培育和践行社会主义核心价值观的环境氛围，并通过文化浸润来实现潜移默化的思想引领和价值引导，从而促进大学生科学世界观、价值观、人生观的形成。其次，发挥高校辅导员在文化培育工作中的教育促进作用。面对多元复杂的文化建设领域，高校辅导员只有坚持运用马克思主义的根本立场和基本方法，如坚持一切从实际出发、坚持理论联系实际、坚持群众路线等，才能帮助大学生在多元文化的交汇、交锋、交融中不断坚定理想信念和文化自信，从而能够把握时代发展脉络、厘清文化矛盾运动规律，以及形成符合社会发展进步需要的科学文化观。最后，发挥高校辅导员在文化培育中的组织实施作用。高校辅导员要充分运用各自高校的办学优势，围绕培育和践行社会主义核心价值观，深入挖掘大学文化精神和文化内涵，结合学科优势和办学特色巧妙推进人文精神与科学精神的深度融合，在育人实践中推动马克思主义中国化时代化大众化，从而不断地使科学的文化观转化为科学的育人观、文化培育过程渗透着育人过程、丰富多彩的文化资源转变成育人资源。

二、聚焦文化育人主题

新时代高校辅导员的文化培育工作要牢牢把握住培养德智体美劳全面发展的社会主义建设者和接班人这一根本主题，从文化育人的多个方面入手持续增强思想政治教育的文化蕴涵。习近平总书记从党和国家事业发展

① 习近平：《在哲学社会科学工作座谈会上的讲话》，载《人民日报》，2016年5月19日。
② 同上。

全局出发，提出“思想政治工作从根本上说是做人的工作”的重要命题，聚焦“人”的培养既是对马克思主义关于人的全面发展理论的继承和发展，同时也是对高校思想政治教育工作的主题贯穿。高校辅导员文化培育工作聚焦育人主题，这就要求高校辅导员在育人目标上要明确“培养什么人”，在育人方法上要探索“怎样培养人”，在育人方向上要清晰“为谁培养人”。首先，在育人目标上明确“时代新人”培养这一主题。十九大报告中提出了培养担当民族复兴大任的时代新人的时代命题。习近平总书记明确指出：“我国是中国共产党领导的社会主义国家，这就决定了我们的教育必须把培养社会主义建设者和接班人作为根本任务，培养一代又一代拥护中国共产党领导和我国社会主义制度、立志为中国特色社会主义奋斗终身的有用人才。这是教育工作的根本任务，也是教育现代化的方向。”①高校辅导员聚焦“时代新人”育人主题，就是发挥中国特色社会主义先进文化教育人、引导人、陶冶人的价值功能，将培养有理想、有本领、有担当的“时代新人”作为文化培育工作的根本目标。其次，在育人要求上要坚持德智体美劳“五育并举”。高校辅导员聚焦“怎么培养人”的时代之问，围绕“五育并举”教育教学实践，通过文化育人将社会主义核心价值观渗透到育人全过程，使大学生的发展更加符合德智体美劳全面发展的根本要求。从这个意义上来看，“五育并举”既是聚焦文化育人主题的基本要求，其本身也是判断文化育人成效的关键尺度。最后，在育人价值上把握“为党育人、为国育才”。文化育人不是漫无目的的，“为党育人、为国育才”明确回答了“为谁培养人”的价值追问，也是高校辅导员文化培育工作的价值所在。十九大报告中提出：“发展中国特色社会主义文化，就是以马克思主义为指导，坚守中华文化立场，立足当代中国现实，结合当今时代条件，发展面向现代化、面向世界、面向未来的，民族的科学的大众的社会主义文化，推动社会主义精神文明和物质文明协调发展。”②高校辅导员文化培育工作坚守中华文化立场，就是要坚持和发展中国特色社会主义先进文化，教育引领大学生在思想观念、文化认同、价值取向上与党和国家的要求保持一致。只有这样构建起来的文化育人体系，才能实现“为党育人、为国育才”的目标总要求，才更具有源

---

① 《习近平在全国教育大会上强调　坚持中国特色社会主义教育发展道路　培养德智体美劳全面发展的社会主义建设者和接班人》，载《人民日报》，2018 年 9 月 11 日。

② 习近平：《决胜全面建成小康社会　夺取新时代中国特色社会主义伟大胜利——在中国共产党第十九次全国代表大会上的报告》，载《人民日报》，2017 年 10 月 28 日。

源不断的文化内生力。

三、遵循文化育人规律

文化育人作为思想政治教育工作的重要着力点，它在浸润人的文化品格、涵育人的文化心理、固化人的文化认同等方面与思想政治教育具有同样的规律性。习近平总书记在全国高校思政教育工作会议上强调，要遵循思想政治工作规律，遵循教书育人规律，遵循学生成长规律，不断提高工作能力和水平。[①] 高校辅导员文化培育工作只有坚持遵循教书育人规律、学生成长规律和思想政治教育规律，才能不断提升文化育人的质量。首先，尊重教书育人规律。“教书育人规律，是指教育者在培养教育对象成长、发展的过程中，教书和育人固有的、本质的、必然的联系。”[②]教书是知识的传授、育人是价值的引领，教书和育人同向并行、不可分割。高校辅导员文化培育工作遵循教书育人规律，既要求做好文化知识的传授，亦要求做好思想价值的引领；既要坚持文化育人的科学性，也要坚持文化育人的价值性；既要学习文化育人的内容方法，又要把握文化育人的目的方向；既要坚守中华文化立场，又要激发学生文化需求等。其次，尊重学生成长规律。大学生思想品格的发展过程，是“个体在社会环境的影响下，经由社会实践，是思想品德诸因素不断平衡发展，知与行从旧质到新质循环往复、螺旋上升，从而形成社会要求的相对稳定的心理特征、思想倾向和行为习惯的外部制约与内在转化有机统一的矛盾运动过程”[③]。高校辅导员文化培育工作遵循学生成长规律，就是要尊重大学生个体成长背景、家庭背景、生活背景等方面的不同，以及由此产生的在文化的接受和认同上的个体差异性，从而根据这种差异性，有选择性地对文化培育工作进行分层分类，使之更加符合大学生的群体性特征和个性化需求。最后，尊重思想政治教育规律。思想政治教育规律由思想政治教育基本矛盾运动所决定，“思想政治教育的基本矛盾，是一定社会发展要求与受教育者实际思想水平之间的矛

---

① 《习近平在全国高校思想政治工作会议上强调 把思想政治工作贯穿教育教学全过程 开创我国高等教育事业发展新局面》，载《人民日报》，2016年12月9日。

② 郑永廷、林伯海：《教书育人规律及其遵循对策研究》，载《思想教育研究》，2017年第6期。

③ 陈万柏、张耀灿主编：《思想政治教育学原理》，高等教育出版社2015年版，第130页。

盾。解决这一基本矛盾所要遵循的基本规律，是思想形成发展的规律”①。高校辅导员文化培育工作遵循思想政治教育规律，就是根据思想政治教育的基本要求，在文化活动中准确把握社会发展需求与大学生思想认知实际水平之间的矛盾，进而从解决各种复杂文化矛盾问题入手，不断提升文化育人的针对性与实效性。

四、创新文化育人形式

文化育人的形式创新是新时代高校辅导员有效开展思想政治教育工作的内在要求。高校辅导员文化培育工作需要不断创新文化育人形式，从方式方法的创新、育人载体的创新、育人环境的优化几个方面持续发力，让科学精神、人文素养、创新文化在促进大学生全面发展的过程中融会贯通。首先，在方式方法的创新上持续发力。高校辅导员以创新高校文化育人方法为切入点，将中华民族优秀传统文化、革命文化、社会主义先进文化融入育人机制，讲好中国故事、传承中国精神、彰显中华文化的影响力，使新时代文化育人工作源源不断地为思想政治教育事业的发展提供文化动力支持，使思想政治教育中的隐性教育法和显性教育法、直接教育法与间接教育法、价值渗透法与精神激励法综合运用到新时代文化育人的创新实践中去，使文化育人工作不再是简单的理论灌输或晦涩的口头说教，而是富有向心力和竞争力的教育新样态。其次，创新育人载体。高校辅导员科学地把握文化育人载体，并根据社会发展的新情况、文化育人对象的新特点等选择合适的文化载体，包括物质文化载体、媒介文化载体、制度文化载体网络文化载体等，并充分利用现代信息技术手段，深入挖掘各种传统文化活动的育人价值，在传统与现代的结合中探索文化育人的有效载体，不断增强文化育人的生动性、形象性。最后，优化育人环境。良好的文化环境对于思想政治教育具有积极的导向和规范作用，反之，则可能有消极的误导和扰乱作用。新时代高校文化育人环境呈现着多样性、复杂性、开放性、自由性、隐蔽性、多变性等特征，高校辅导员可通过优化校园文化、网络文化、社会文化，营造网上网下健康文化环境入手，充分发挥文化育人作用，不断营造有利于大学生思想品德形成和思想政治教育发展的文化环境。

---

① 郑永廷：《思想政治教育基本规律研究——马克思主义唯物史观的科学揭示》，载《思想理论教育导刊》，2001 年第 1 期。

五、搭建文化育人平台

新时代高校思想政治工作不仅需要抓好课堂主渠道，而且需要全员、全过程、全方位联动，探索构建科学合理的育人平台，以推动优质文化资源的共享和利用，在开放、创新的文化平台中拓展文化育人的影响力和作用力。结合新时代高校辅导员文化培育工作具有专业性、协同性、实践性等特点，加强文化育人的平台建设，可以从宏观层面的顶层设计、中观层面的体系建设、微观层面的平台实施三方面发力。首先，注重文化育人平台建设的顶层设计。高校辅导员要从高校思想政治工作体系构建的需要出发，根据人才培养的需求，统筹规划文化育人体系建设。通过整合优质文化资源、细化育人工作步骤等，加强文化育人平台建设的顶层设计，并针对不同层次、不同类别、不同需求的学生群体分门别类地进行设计。其次，注重文化育人平台建设的制度管理。高校辅导员加强文化育人的平台建设，必然涉及大学生教育管理的方方面面，需要有科学完善的制度保障，特别是要将文化育人平台建设的制度纳入高校学生教育管理的制度体系之中，使文化育人平台建设形成可持续运行的长效机制。最后，注重文化育人平台建设的科学实施。高校辅导员全方位、有特色地打造文化育人平台，应当结合学生学习生活实际，以大学生喜闻乐见的形式，以班级、专业、宿舍、网络等为依托，打造具有吸收力和黏合度的文化育人平台群。

六、形成文化育人合力

文化育人是一个体系性的濡化过程，需要各种文化资源、育人要素的协同配合才能完成。高校辅导员要以系统思维统筹推进文化培育和文化育人工作，不断整合文化育人资源，激活文化育人要素，从而形成文化育人及其他育人形式之间的合力。首先，坚持开放建设的态度。高校辅导员需要理性分析不同的文化形态，在融合多元文化中坚守中华文化立场，以科学的眼光和开放的态度去审视各种不同文化之间的交融碰撞，对不同国家、不同地域、不同民族的文化在科学甄别中采取借鉴、吸收、包容的态度，去其糟粕，取其精华，取长补短，不断丰富和完善文化育人内涵。其次，注重整合各种育人活动。高校辅导员应当充分发挥自身的工作优势，联合各方面育人力量共同加强党团班文化、社团文化、课程文化、学生社区文化、网络空间文化等建设，多渠道、多形式地推动文化育人各种活动之间形成合力、保持张力，从而使文化育人由“软指标”转变成“硬约束”。最后，推动第一课堂和第二课堂的文化育人相融合。高校辅导员可以发挥教师与管理干部双重身份优势，主动加强与不同育人主体的交流与联动，特别是注重加强第一课堂和第二课堂文化育人工作之间的联动，既促进教师文化与学生文化的相互促进，又不断形成师生共同参与、教学相长的新型师生共育文化。

第七讲 高校辅导员工作中的对象把握

高校思想政治教育对象是思想政治教育的受动者、参与者、接受者，在高校思想政治教育中处于被主导、被组织和被教育的地位。辅导员的工作对象主要是大学生，“大学生既是思想政治教育活动中的教育对象，也是思想政治教育过程的实施对象，还是思想政治活动中的人的因素，在教育活动中具有主体地位”①。无论是日常管理，还是教育引导，辅导员都要直接面对大学生，准确认识对象，充分了解对象，把握对象需求，这是做好辅导员工作的首要前提。

一切事物总是在不断发展变化之中。“中国特色社会主义进入新时代，我国社会主要矛盾已经转化为人民日益增长的美好生活需要和不平衡不充分的发展之间的矛盾。”②社会矛盾的变化也意味着辅导员工作对象发生了深刻的变化。当前，世界百年未有之大变局和中华民族伟大复兴战略全局融合交汇，新时代大学生作为“平视世界”的一代，他们更加自信、开放、理性和平等，他们是充满自信的一代，是网络原住民的一代，是有担当的一代。因此，辅导员要重视了解和把握工作对象，精准把握对象特征的时代变化，善于把握工作对象的方法路径，才能做好思想政治教育工作，才能为党和人民事业发展培养源源不断的优秀人才。

第一节 高校辅导员把握工作对象的重要性

“辅导员是高校日常思想政治教育活动的主力军，在思想政治教育活动中发挥着主阵地的重要作用，是学生日常思想政治工作的发动者、组织者、实施者。”③对工作对象的了解和把握是辅导员工作的基础性和前提性命题，既深刻关系到高校思想政治教育工作的良性有效运行，也紧密联动着辅导

---

① 冯刚等：《新时代高校思想政治教育学原理》，人民出版社2021年版，第271页。

② 习近平：《决胜全面建成小康社会 夺取新时代中国特色社会主义伟大胜利——在中国共产党第十九次全国代表大会上的报告》，人民出版社2017年版，第11页。

③ 冯刚等：《新时代高校思想政治教育学原理》，人民出版社2021年版，第262页。

员自身的专业化职业化发展，更可以有力回应当前辅导员工作面临的现实挑战。

一、高校思想政治教育工作的必然需要

“我们不是从人们所说的、所设想的、所想象的东西出发，也不是从口头的、思考出来的、设想出来的、想象出来的人出发，去理解有血有肉的人。我们的出发点是从事实际活动的人。”①思想政治教育工作实质就是以人为工作对象，通过一系列有计划、有针对性的教育活动，提高教育对象的思想政治觉悟和认识世界、改造世界的能力。辅导员作为开展大学生思想政治教育的骨干力量，是高校学生日常思想政治教育和管理工作的组织者、实施者、指导者，要紧紧围绕立德树人根本任务，努力培养担当民族复兴大任的时代新人。要达到上述目的，作为教育者的辅导员就必须了解和把握教育的工作对象，即全面认识大学生群体的基本特点，把握大学生群体的思想脉搏，探索大学生群体的活动规律，尤其是他们思想政治品德形成发展的规律，这是开展思想政治教育工作的前提，也是增强教育效果的必然要求。

当前，世界面临百年未有之大变局，加上新冠肺炎疫情全球大流行交织影响，国际国内形势纷繁复杂，高校思想政治教育工作的对象发生了深刻的变化。“思想政治教育对象是现实的人、具体的人。对于有血有肉的个体而言，都会有成长成才、全面发展的合理诉求，直接关乎思想政治教育的有效开展和实际效果。”②如何认清变化，遵循学生成长规律，了解学生思想和成长实际，以学生认可和接受的方式做好工作，科学把握思想政治教育工作全局，成为高校辅导员在开展思想政治教育工作中的一个重要课题。

(一)提升思想政治教育工作精准性的需要

习近平总书记在全国高校思想政治工作会议上指出：“思想政治工作从根本上说是做人的工作，必须围绕学生、关照学生、服务学生。”③只有遵循大学生群体的实际，才能使教育内容具有针对性，才有可能付诸实际，成

---

① 《马克思恩格斯选集》第1卷，人民出版社2012年版，第152页。

② 冯刚：《增强高校思想政治教育持续发展的内生动力》，载《中国高等教育》，2017年第10期。

③ 习近平：《习近平在全国高校思想政治工作会议上强调 把思想政治工作贯穿教育教学全过程 开创我国高等教育事业发展新局面》，载《人民日报》，2016年12月9日。

为大学生的思想意识和自觉行动，实现思想政治教育工作的精准施策。“在遵循思想政治教育规律的基础上，以推动现实的生命个体成长为目标，以具体问题为着力点，系统性、针对性地实施思想政治教育的过程。”①虽然每一位辅导员所辐射的学生群体具有一定数量，但在辅导员日常工作的具体情境中，辅导员所要面对的更多的是一个个具体鲜活的个体。同时，由于大学生在学缘、业缘、趣缘以及家庭背景、受教育经历等诸多方面存在着先赋性差异，直接导致了大学生的个体差异，直观体现为个体在思想观念、价值取向、现实诉求等方面的差异化表现。因此，应当清醒地认识到，辅导员所面对的学生并不是“千人一面”，甚至还可能是“一人多面”，每一个学生都是一个独特个体，并且会在不同的发展阶段或者不同的现实情境中呈现出不同的样貌。在这种情况下，辅导员对于工作对象的了解和把握，必然会对思想政治工作的精准性产生显著影响，这也是精准思政的现实需要。辅导员对工作对象的精准把握既体现在对学生基础信息的准确了解，更反映在对学生思想认识的动态掌握上。这需要辅导员把握好学生“群体画像”与“个体画像”之间的辩证关系，从而通过对“群体画像”的全面把握，分析学生群体的整体态势，通过对“个体画像”的精准描摹，提升工作精准性。

(二)增强思想政治教育工作亲和性的需要

思想政治教育是教育者和教育对象共同参与的社会实践活动，“与教育对象建立密切交往关系是正确认识和对待教育对象的重要方法”②。在日常工作当中，辅导员“以其亲密之姿、亲近之行以及亲切之言充分彰显了对大学生的亲和力”③。与其他思想政治工作队伍相比，由于年龄与学生相仿、工作内容与学生日常生活息息相关等客观因素，再加之辅导员希望迅速与学生打成一片、融入学生群体之中的主观意愿，辅导员在展现思想政治工作亲和力方面具有天然的原生优势。但是，由于辅导员这一角色直到大学阶段才正式出现，对大学生而言是个新生事物，他们对辅导员角色符号的认知缺乏文化背景，因此辅导员在与学生建立情感连接的过程中必然要经历一个从无到有、从弱渐强的过程。尤其是在与学生建立连接的初始工作

---

① 李辉、孙晓晖：《精准思政：必要与可行》，载《思想教育研究》，2020 年第 6 期。

② 《思想政治教育学原理》编写组：《思想政治教育学原理(第 2 版)》，高等教育出版社 2021 年版，第 199 页。

③ 李济沅、蔡文舢：《高校辅导员思想政治教育亲和力彰显的省思》，载《高校辅导员学刊》，2019 年第 4 期。

阶段(例如大一新生入学),辅导员对学生的了解和把握会直接影响学生对辅导员“首因效应”的形成,进而间接影响到思想政治教育形象在学生主观认知当中的生成。辅导员对学生的了解和把握,意味着对学生个人主体性的充分关照,这对于当下渴望被看见、被关注的以“00后”为主体的大学生群体而言尤为宝贵,更加容易激发其对思想政治工作的心理认同。由此可见,如果辅导员与学生建立起良好的情感亲和,两者之间的交互也会更为和谐融洽,辅导员开展的思想引领和价值引导工作更容易如春风化雨般浸润学生心灵,思想政治工作也会达到事半功倍的效果。

(三)提高思想政治教育工作有效性的需要

思想政治教育工作的有效性直接影响着高等教育的培养质量和育人效果,对学生的思想是否有真触动、对学生的行为是否有真影响,成为检验思想政治教育成效的重要指标。在辅导员日常实际工作中,相较于学生思想层面的困惑而言,学生在生活学习实践等方面的现实困惑更为普遍。辅导员在各种具体工作场景中应对学生的具体问题时,应坚持解决思想问题同解决实际问题相结合,只有准确把握学生的客观情况和主观诉求,方能实现“对症下药”,这也是有效开展思想政治工作的逻辑前提。“忽视学生需求便等同于忽视学生的主体性地位,思想政治教育工作也就犹如空中楼阁。”①辅导员要避免思想政治教育工作表面上开展得“轰轰烈烈”,但在学生心中却只留下了“平平淡淡”。倘若如此,思想政治教育工作的有效性也无从谈起,甚至可能还会起到反作用,引发学生对辅导员以及思想政治工作的认同危机。反之,辅导员若对工作对象有全面了解和精准把握,在与学生互动的过程中,尤其是在解决学生具体困难和问题时,更加具有针对性,进而给学生以“瞬间被击中”之感,后续的各项具体工作也自然可以“水到渠成”。“思想政治教育如果没有教育对象的积极自觉参与,是不会收到预期效果的。”②辅导员不仅要把学生当作教育的对象,而且要把学生当作教育的主体,在及时有力地回应学生现实需求的同时,实现辅导员对学生思想引领和价值引导的有的放矢。

---

① 郐小撑:《新时代高校辅导员专业化发展指向论析》,载《思想理论教育》,2021年第5期。

② 赵野田:《把握教育对象是增强思想政治理论课实效性的重要前提》,载《思想理论教育导刊》,2014年第6期。

二、辅导员专业化职业化发展的必然需要

专业化职业化发展是辅导员引领学生成长为担当民族复兴大任的时代新人的必由之路，也是辅导员队伍建设的题中应有之义。辅导员专业化职业化发展与学生的全面发展之间具有强耦合作用，二者辩证统一于德育共同体的建构。对学生作为工作对象的重要主体性充分关照，可以为辅导员的专业化职业化发展提供强大的内生驱动力和思想源泉。与此相对，如果对工作对象了解和把握不当，辅导员的专业化职业化发展便会成为无水之源、无木之本。

(一)辅导员职业能力提升的出发点

职业能力是任何一种职业的基本属性，对于辅导员也同样适用。《高等学校辅导员职业能力标准(暂行)》将高校辅导员职业能力界定为："辅导员以马克思主义为指导，以当代社会和大学生成长实际为基础，以我国民族文化为背景，以发达国家相关知识为借鉴，以促进大学生全面发展为目标，依托思想政治教育学科，运用相关学科理论与方法(或相关专业知识)有针对性、实效性地开展思想政治教育工作的状态和能力。"①职业能力是辅导员开展思想政治工作的基本功和胜任新时代立德树人工作要求的重要基石，也符合辅导员自身成长发展的需要。同时，职业能力也是将辅导员与其他职业进行区分的重要标准，关乎辅导员的职业自信、影响辅导员的工作成效。在思想政治教育工作的基本构成要素当中，工作对象(受教育者)是重要的组成要素之一，占据着非常关键的主体地位，是辅导员一切工作的重要聚焦点。辅导员在提升自身工作能力、练就过硬工作本领的过程中，对工作对象的了解和把握可以为其提供重要的指向作用，唯有真正从学生的实际需求出发、从学生的真实情况出发，唯有将自身职业能力与学生的全面发展高度关联，"围绕学生、关照学生、服务学生"才能成为可能，从而实现辅导员职业能力的高质量发展。

(二)辅导员综合素质提升的着力点

虽然辅导员并不是"全知全能"的存在，但不可回避的现实是，学生对于全面发展的诉求却是全方位的。日常工作中，辅导员"经常要同时扮演着

---

① 郑永廷：《高校辅导员工作专业化的任务与实现方式》，载《高校辅导员》，2010 年第 1 期。

教师、朋友、保姆，甚至第二家长等不同的角色。”①作为学生日常思想政治教育和管理的组织者、实施者和指导者，辅导员所需扮演的不同角色，意味着需要具备与之相对应的素质和能力，学生各种各样的现实需要直接映射出辅导员专业化发展的整体素质结构。作为社会化存在的个体，事实上每一个学生都连接着一定的社会关系（包含家庭关系），因此也可以认为是一个社会化存在的整体。正因为学生的整体性以及诉求的多样性，一些往往看似孤立的学生事件，实则是多重因素综合作用的结果。辅导员的综合素质彰显于能够在纷繁复杂事务的多元信息之中做到抽丝剥茧、条分缕析，找准问题的症结所在，进而给学生以针对性的指导。因而，在辅导员专业化职业化发展的过程中，从对学生的了解和掌握开始着力，可以让辅导员综合素质提升的方向和思路更加清晰。并且，对于辅导员自身而言，也面临着个人职业发展的现实需要，提升其综合素质也会对个人的职业发展产生积极促进作用，同时也有助于增强辅导员工作的获得感和幸福感，从而纾解职业倦怠。

（三）辅导员开展理论研究的落脚点

理论研究是内嵌于辅导员工作内容的有机组成部分，呼应辅导员教师和管理人员的双重身份，是辅导员队伍专业化建设的重要抓手。习近平总书记强调：“做好高校思想政治工作，要因事而化、因时而进、因势而新。要遵循思想政治工作规律，遵循教书育人规律，遵循学生成长规律，不断提高工作能力和水平。”②对“三大规律”的认识和把握，会对思想政治工作成效产生显著影响。通过聚焦思想政治工作的重点难点问题开展理论研究，有助于深化对“三大规律”的理解和认识，尤其是在学生成长规律的探索中，作为思想政治工作对象的学生群体居于中心位置。学生的思想动态、行为表征等都是学生成长规律的显性表达。因此，对学生的了解和把握也是辅导员开展理论研究的重要落脚点，无论是各项思想政治教育实践活动还是理论研究，都要注意围绕此核心议题展开，对青年群体的关注也成为思想政治教育理论研究的重要学术增长点。作为高校思想政治工作理论研究中不可或缺的一支工作队伍，辅导员长期深入学生群体，对青年学生的观察

---

① 金芳芳、施慧慧等：《“守门人”理论视角下高校辅导员队伍建设》，载《高校辅导员学刊》，2020年第6期。

② 《习近平在全国高校思想政治工作会议上强调　把思想政治工作贯穿教育教学全过程　开创我国高等教育事业发展新局面》，载《人民日报》，2016年12月9日。

更为深入透彻，这是辅导员开展理论研究的宝贵实践优势，赋予辅导员更加敏锐的实践智慧，由此所形成的理论研究成果也会更加“接地气”，对现实工作的指导意义也会更强。

三、当前面临的工作挑战

就现实而言，对于学生的了解和把握并非易事。辅导员的工作对象处于持续更替的动态变化之中，随着“00后”群体大批进入校园，思想政治教育工作的生态也随之发生改变。当前，对学生群体整体态势的把握仍然面临较为严峻的困境和挑战。

（一）互联网时代对思想政治教育工作的影响

目前我国社会发展处于经济全球化和科技信息化的双重驱动中，互联网实现了超越时空的信息传播，网络空间成为历史、现实的新空间，“时间空间化改变了人的思想和观念”①，对思想政治教育提出了新的要求。身处于网络社会，大学生的生活空间得到了极大的拓展，学生在社会参与时受到外部的时空制约越来越少，个体所产生的社会连接也更为丰富、隐蔽性也更强，因此辅导员所面临的工作头绪也更为复杂，“学生在哪里、辅导员就去哪里、思想政治工作就做到哪里”的工作理念受到挑战。同时，新时代大学生的思维更加活跃、主体意识更强，尤其是随着“前喻文化”的式微和“后喻文化”的兴起，辅导员与学生之间的交互关系也会发生深刻变革，对辅导员开展思想政治工作的思想理念和方式方法都提出了新的要求，故而辅导员真正走入学生、融入学生的挑战也随之变大。再加之社会经济深化发展，各种新兴业态竞相涌现，大学生的人生选择也更加多样多变，对自身成长成才的期待也更为多元，这些诉求会直观体现在德智体美劳等各个向度之中。面对学生各种各样的成长需求，辅导员也难免会无法准确有力把握。这些因素都会对辅导员了解和把握工作对象带来挑战。

（二）意识形态领域变化对思想政治教育工作的影响

当前，国际国内形势深刻变化，意识形态领域情况极为复杂，“马克思主义的指导地位经受多样化社会思潮的挑战，社会主义核心价值观经受西方价值观的挑战，培养社会主义建设者和接班人经受敌对势力渗透争夺的

---

① 李辉：《思想政治教育创新的时间维度》，载《教学与研究》，2019年第5期。

挑战”①。“佛系”“躺平”“内卷”等不同思潮相互交织、相互激荡，各自都在青年大学生群体当中收获了一批拥趸，呈现出“你方唱罢、我方登场”之势。对于价值观尚未成型、仍处于“拔节孕穗期”的青年大学生而言，多元社会思潮会对他们的思想认知产生显著影响，各类意识形态与思想政治工作所主导的主流意识形态争夺青年，对思想政治工作带来较大冲击。青年大学生群体圈层化倾向愈发显著，甚至部分青年大学生群体呈现出原子化倾向。值得注意的是，不同的青年圈层其思想认知、价值取向等都会存在一定差异，甚至会呈现对立状态，辅导员如何把握得当也是当前高校思想政治工作以及辅导员队伍建设所面临的重大考验和挑战。

第二节　高校辅导员工作对象特征的时代变化

大学生作为高校思想政治教育对象，既是思想政治教育过程的实施对象，也是思想政治教育活动中的人的因素，在教育活动中具有主体地位。“每一代人都有自己的成长过程和特点，也有自己成长的规律。了解青年、了解真实的青年，是我们开展思想政治教育的必要前提。”②中国特色社会主义进入新时代，也对高校思想政治工作提出了新要求。面对时代赋予的大学生新的思想变化和性格特点，我们既要看到他们具有大学生成长的共同特征，精准把握学生思想脉搏，掌握学生思想动态，也要紧跟时代发展要求，看到新时代大学生的特殊性。

一、工作对象发生新变化

教育现代化是教育高水平的发展状态，是对传统教育的超越，是教育发展理念、发展方式、体系制度等全方位的转变。2018 年，中共中央、国务院印发了《中国教育现代化 2035》，指出到 2035 年总体实现教育现代化，迈入教育强国行列，推动我国成为学习大国、人力资源强国和人才强国，为到本世纪中叶建成富强民主文明和谐美丽的社会主义现代化强国奠定坚

① 代玉启、李济沅：《网络社会青年信仰功利化风险及其化解举措》，载《中国青年研究》，2020 年第 1 期。

② 冯刚：《互联网思维与思想政治教育创新发展》，载《学校党建与思想教育》，2018 年第 3 期。

实基础。从1999年起，我国开始了大规模的高校扩招，高等教育在较短的时间内实现了由精英型教育向大众化教育的历史性跨越，工作对象也发生了新的变化。

(一)从高等教育统计数据看大学生新变化

“十三五”时期，我国高等教育实现突破性进展，高等教育进入普及化发展新阶段，在学总人数达到4002万，建成世界上规模最大的高等教育体系。我国高等教育毛入学率不断提升，由2015年的40.0%提升至2019年的51.6%。我国研究生教育人才规模也“超额”完成“十三五”规划指标，“十三五”期间授予博士学位33万人、硕士学位339万人。2020年，在学研究生总规模达到300万人，专业学位硕士招生占比超过60%。

可以看出，随着高等教育的大众化普及化，高等学校在校生、招生、毕业生数量逐年上升，且增长速度不断提升。大学生群体也呈现三个显著特征。一是多样化的特征，大学生从原先的高度同质化转向多样化，即学生的类型多种多样，存在综合素质情况不同、学习基础情况不同、家庭经济情况不同、学生的心理承受情况也不同等多样化特征。我们不能用一把尺子、一个标准衡量所有学生，用一个维度来评判所有学生。二是个性化的特征，从大学生的年龄统计数据来看，当前大学生主体多为“00后”，其所成长的社会环境是信息化、全球化、网络化的21世纪知识经济时代，相比“90后”具有更加优越的物质生活条件，家庭成员的受教育程度也明显提高，呈现群体思维活跃、主体意识强烈的特点，需要在教育的过程中尊重学生个体的独特性，做到因材施教。三是问题化的特征，高校人数的增长带来的直接影响是大学生就业形势愈发严峻，由就业压力所带来的各种问题丛生。学习动力不足、人际关系紧张、环境适应困难、网络诈骗、网络成瘾等成为大学生常见问题，随着学习、经济、就业等压力的增大，需要引起极大的关注。

(二)后疫情时代大学生思想状况的变化

“人的本质不是单个人所固有的抽象物，在其现实性上，它是一切社会关系的总和。”①席卷全球的新冠肺炎疫情对中国社会发展乃至全球治理都带来了极大的考验，也影响了当代大学生。就中国社会而言，疫情得到缓解之后，民众生活满意度、社会信任感和公平感总体上较好，但人们所面临

① 《马克思恩格斯文集》第1卷，人民出版社2009年版，第501页。

的经济压力、就业压力、工作压力也日趋严峻，也给社会心态带来了改变。《中国社会心态研究报告》(2020)一书中提到，2020年年初暴发的新冠肺炎疫情迄今仍未完全解除，民众的情绪体验随着疫情进展发生着变化。不同群体在疫情初期、中期和后期表现出不同的情绪易感性和情绪恢复性。报告显示，“90后”和“00后”在疫情后期的平静程度显著低于“70后”“80后”。从受教育程度对疫情的影响来看，研究生及以上是情绪易感且易恢复群体，高中大专是情绪不易感群体，高中及以下是情绪不易恢复群体。报告建议，情绪治理应该着重注意“90后”和“00后”群体，挖掘他们自身具有的心理弹性和情绪恢复性来应对疫情。从区域来看，城市发展水平越高，民众对疫情关注度也越高。由此可以看出，大学生是受疫情影响较大的群体，疫情所带来的负面情绪也影响着大学生的学习生活、家庭生活以及社会体验等各方面。比如因对是非缺乏辨别能力，转发传播不实信息，发布不当过激言论等，在学生群体中造成不良影响；因疫情期间缺少管理，生活作息不规律，对身体造成伤害；不服从疫情防控管理，违反校纪校规等，疫情带来的各种不良情绪的积累，都对大学生群体产生了比较大的影响。

从外部环境来看，中国已经进入疫情常态化防控阶段，但世界上许多国家的情况仍然不容乐观。后疫情时代，一些西方国家利用疫情开展舆论渗透，制造思想混乱，将疫情政治化、意识形态化。而高校是意识形态交锋的前沿重镇，后疫情时代的问题对大学生的思想政治教育工作带来不小挑战。

二、工作对象呈现新特点

高校思想政治工作对象在新时代呈现出新的特点。青年大学生展现其思想开放活跃、自我意识突出、自信心强、敢于创新等群体特征的同时，也存在深度思考欠少、社会责任感欠缺、心理素质欠佳等问题。

(一)思想开放活跃，但深度思考欠少

21世纪，是中国深化改革开放、与世界深入交流、经济文化发展走上快车道的时代，物质和精神生活极大丰富，与世界交流日益频繁。在这样的环境下成长的大学生，思想比任何一代人都开放活跃，具有更强烈的主体互动要求，互联网的发展拓宽了大学生获取信息和知识的渠道，强烈的求知欲和海量的信息平台，使大学生成为了新事物的追随者和热衷者。“‘00后’大学生思想开放、积极正面，价值追求多元化、个性化和自由化，

大部分青年学生对新闻热点能够提出自己的见解，受客观因素影响较小，能够遵从内心，不人云亦云。整体政治立场坚定，政策认同感高，对中国特色社会主义事业充满信心。”①但也存在部分学生的个人理想与社会理想脱节的情况，比如说入党动机不纯，部分大学生将入党视为升学就业的跳板，或者是受个人荣誉感、长辈的期待和朋辈压力等因素的影响。还有部分大学生出现“空心病”，对未来焦虑迷茫但又不采取行动，认为人生没有意义，找不到自己真正想要的方向。这些现象都是理想信念不够坚定、发展方向不够明确的表现。社交网络的多元化与碎片化也使得现代社会青年群体难以迅速地确立自我，与多元化相伴而生的是不确定性。同时，社会转型期的规范缺失使得青年群体容易出现茫然无措、甚至是无意义感。

另外，由于自身生活阅历的缺乏，社会经验和实践锻炼欠缺，大学生对复杂的社会问题的看法往往简单化、片面化，在遇到一些复杂情况时，容易被别有用心的人利用而误入歧途。青年大学生还存在对事物辨别能力不足的情形，容易产生偏激情绪，出现群体极化的现象，在社交网络上常常掀起舆论风波，为高校带来舆情管理的危机。认识事物和判断是非能力的缺失，也往往导致大学生思想行为上的迷茫、困惑和摇摆。

(二)自我意识突出，但社会责任感欠缺

新时代大学生具有非常强烈的“自我”意识。从社会环境来看，他们受西方所谓的自由主义思想影响深刻，获取信息的能力强，善于表达自己的观点和维护自身的权益。从家庭环境来看，这一代大学生往往是独生子女，父母对其成长倾注了非常多的心血。他们从小见多识广、兴趣广泛、有很多特长，在知识竞赛、文体活动中表现都很突出，综合素质高，强调个人的主观感受。

强烈的自我意识是一把“双刃剑”。强烈的自我意识与学校教育所强调的集体意识有时会发生冲突，但缺乏自我意识往往也会导致青年学生的自信心不足。从个人成长来看，一个人只有在清晰地认知自我的前提下，才能更好地认识他人和集体。正如艾里希·弗洛姆在《存在的艺术》中所言：“爱、理性和生产的能力是一个人自身的心理力量，只有不断实践才能成长至一定的深度。”②人先天拥有爱、理性和生产的能力，通过不断的实践、练

① 李敏、颜吾佴：《“00后”大学生思想行为特点与教育对策研究》，载《华北电力大学学报(社会科学版)》，2021年第6期。

② [美]艾里希·弗洛姆：《存在的艺术》，上海译文出版社2019年版，第4页。

习和冒险，慢慢意识、熟悉、认同自己未知而陌生的一面，相应地认识外部世界，从而建立一种自我和外部环境更广泛全面的关系，真实地活着。大学生具有的自我意识能够帮助他们更好地认识世界，关照他人，帮助他们进行符合个性的人生路径选择，进而去培养爱国情怀和集体意识。但从另一方面来说，如果不加以正确引导，让这种自我意识蔓延成自私自利，就容易表现为学习生活中行为乖张，不顾及他人的感受，只关注自己感兴趣的事物，缺乏集体荣誉感，发展成为精致的利己主义者。

(三)自信心强敢于创新，但心理素质欠佳

国家的日益强大，经济社会的快速发展，成长环境的优越，使得当代大学生对未来充满自信。中国青年报与腾讯QQ联合发布的《“00后”画像报告》显示，九成“00后”受访者认为成功在于奋斗，占比最多的“00后”受访者希望为祖国强国目标而努力。开放、自我、独立、自信是青年大学生的四大特质。他们的学习能力强，学习渠道广泛、形式多样、内容丰富。他们也往往具有很强的创业意识和竞争意识，敢于创新，热衷于参与各类创新创业项目。他们竞争意识强烈，更倾向于去经济发达但竞争激烈的城市就业，认为充满希望。

但同时，新时代大学生具有更明显的脆弱性。多元的学习能力，敢于竞争创新的意识所衍生的还有存在“恶性竞争”的环境，众多的学生走向同一赛道逐渐内卷化，大学生自嘲是越来越“卷”的群体，随之而来的心理压力也对大学生的健康造成了不良影响。近年来，大学生的抑郁、自杀等问题频发，引发社会关注。2020年9月，国家卫健委发布《探索抑郁症防治特色服务工作方案》，提出把抑郁症筛查纳入高中及高校学生的健康体检内容，更是将学生作为四大重点防治群体之一。中国科学院心理研究所发布的《中国国民心理健康发展报告(2019—2020)》显示，大学生心理健康状况整体良好，但一定比例的抑郁、焦虑等问题不容忽视。调查显示，18.5%的大学生有抑郁倾向，4.2%有抑郁高风险倾向；8.4%有焦虑倾向，本科生的抑郁平均得分显著高于大专生，心理健康状况存在性别差异，其中本科女生的抑郁水平最高。大学生对人际交往、自我调节、职业指导等方面的心理健康知识需求最大，应当加强对大学生的心理服务工作。

三、工作对象发生变化的原因探析

高校思想政治教育对象特征的变化，与百年未有之大变局紧密相连，与中华民族伟大复兴紧密相关，与经济社会发展的大环境紧密互动，是思想政治教育对象在与校内外环境的联动中形成和发展的。

(一)网络化时代与自媒体广泛运用

网络作为人类生存和发展的新的方式，正全面而深刻地影响中国社会，已经成为青年学生学习生活不可或缺的渠道。根据中国互联网络信息中心(CNNIC)发布的第48次《中国互联网络发展状况统计报告》(以下简称《报告》)显示，截至2021年6月，我国网民规模达10.11亿，较2020年12月增长2175万，互联网普及率达71.6%，超过全球平均水平6个百分点，其中20—29岁网民占17.4%。

大学生群体运用网络信息技术进行即时通信、看短视频、看直播、网购、在线教育、在线医疗等服务。正如麦克卢汉所言“媒介即人的延伸”，网络已经融入大学生的生活、学习、工作等方方面面，是大学生“身体的一部分”。网络的智能化、数字化与科学化发展和及时性、开放性、共享性的特征，为大学生的成长发展提供了很多便利条件。

同时，网络信息技术的发展催生了大量新兴媒介，微博、微信、短视频等载体助推自媒体时代快速来临，信息传播与日常生活中的交往也表现出大众化、碎片化、即时性的全新特征。然而网络的去中心化与匿名性，使得话语权发生转变，每个人都是信息网络系统的一个节点，每个人都可以利用社交网络进行交流互动，展示和表达自己，这也为高校思想政治教育带来了新的挑战。大学生正处于人生的拔节孕穗期，价值观念和理想信念不够牢固，自媒体所带来的海量信息与多元的价值观也容易冲击与影响大学生。因此，网络时代，高校思政工作者如何利用新技术手段构建网络思政话语权以及如何培养青年学生的网络媒介素养显得极为重要。

(二)经济全球化时代与多元化社会思潮的影响

经济全球化是当今世界发展的大趋势，各国经济、政治、文化等方面的交流日益密切，不仅促进了国家间、地区间的商贸合作、人员往来，而且加强了不同文明、不同文化之间的交流。作为一种思想文化样态，历史虚无主义、文化虚无主义、“普世价值”论等多元的社会思潮随着经济全球化迅速蔓延，而互联网发展则加快了这种趋势，各种社会思潮以独特的方式影响着大学生的思想和观念。比如，西方国家将所谓的自由、民主和人权等“普世价值”包裹在影视作品、音乐图画中，潜移默化地影响一些青年学生的价值观念。在高校中，也不乏假借“学术交流”名义，把政治问题学术化，篡改历史，消解革命文化的现象。经济全球化所带来的多元社会思潮冲击着主流的价值观。高校是思想文化产生和传播的前沿阵地，多元的社会思潮对高校学生群体的核心价值观会产生重要影响。

经济全球化和后现代主义所带来的社会思潮具有复杂多样、批判反思、直观现实、影响深远等特色，对大学生产生了多元化的影响。个人主义对大学生影响较大，“精致的利己主义者”一词频频被使用到大学生群体身上。在此情况下，思想政治工作者要进一步增强思政工作的实效性和渗透力，用社会主义核心价值观对社会思潮进行引领。

(三)社会经济发展和社会评价体系的影响

21世纪，中国国际地位不断提升，经济社会发展迅速，在这一环境中成长起来的大学生参与国际交流更加频繁、主动。社会主义法制建设的发展，也使得当代大学生注重通过法律途径维护自身的合法权益，主体意识和权利意识比较突出。但中国正处于社会转型时期，各项制度设施也在不断完善的过程中，经济社会发展所带来的教育、住房、医疗等民生问题也是大学生在成长过程中要面临的问题，也对大学生的思想带来了不同程度的影响。随着改革的进一步深化，利益关系更加多元化，享乐主义、拜金主义等社会现象仍较为常见。此外，近年来，针对大学生的诈骗犯罪时有发生，各种“非法校园贷”盛行，部分大学生深受其害，对高校思想政治教育工作的开展也带来一定程度的挑战。

有什么样的指挥棒，就有什么样的导向。一直以来，影响我国教育发展的重要因素就是评价体系的问题，社会、家庭、学校等外部环境中，“唯学习成绩”的评价体系占据主导地位，这为我们培养德智体美劳全面发展的学生带来了诸多阻力。在家庭教育中，多数家长想着让孩子赢在起跑线，希望通过早学、多学，进入一个办学条件更好的学校，于是分数成了学生追逐的对象。而在进入大学以后，也存在重智育轻德育、重分数轻素质等片面办学行为。学生毕业就业时，用人单位“唯名校”“唯学历”，学生从升学焦虑到高考焦虑，再到就业焦虑。单一的评价体系无法培养出全面发展的学生，也导致学生心理问题多发频发，带来更深层次的社会问题。

2020年10月13日，中共中央、国务院印发《深化新时代教育评价改革总体方案》，旨在扭转不科学的教育评价导向，坚决克服唯分数、唯升学、唯文凭、唯论文、唯帽子的顽瘴痼疾，提高教育治理能力和水平，加快推进教育现代化，建设教育强国，办好人民满意的教育。对于高校而言，真正回归教育初心，不断提升人才培养质量是立足大局大势的一项重要工作。要树立科学成才观念，坚持以德为先、能力为重、全面发展，坚持面向人人、因材施教、知行合一，坚决改变用分数给学生贴标签的做法，创新德智体美劳过程性评价办法，完善综合素质评价体系，切实引导学生坚定理想信念、厚植爱国主义情怀、加强品德修养、增长知识见识、培养奋斗精神、增强综合素质。

(四)青年亚文化价值观的消解作用

学者胡疆锋在《中国当代青年亚文化表征与透视》一书中将中国当代青年文化分为四种：青年认同文化、青年亚文化、青年反文化以及青年负文化。其中对青年亚文化的界定是："青年人通过风格化的和另类的符号对主导文化或支配文化进行挑战的附属文化方式。"①亚文化具有抵抗性、风格化、边缘性的特点。从粉丝文化到二次元文化，从丧文化到佛文化，当代中国青年亚文化最引人注目的变化，可能就是青年亚文化的盛行，呈现出蔓生长的状态。青年亚文化揭示了当下的文化症候和社会疑难，表现出普通人的文化样态，为"沉默的大多数"提供宣泄渠道，具有一定的认知价值和积极功能。但不可否认，亚文化的风格构成了一种"抵抗美学"，以一种仪式化的抵抗，在主流文化和从属文化之间形成张力，给主流思想带来挑战和威胁，容易消解社会主义核心价值观在青年群体中的传播。

而受网络媒介和消费主义等思潮的影响，青年亚文化群体出现了多元化、复杂化、异质化的现象。青年人不再仅仅执着于某一种亚文化类型，他们处于多个亚文化社群中，拥有多重身份，也会迅速地从一种亚文化转向另一种，青年亚文化的生产方式和呈现方式也都发生了巨大的变化，这对我们教育和引导青年群体带来了巨大的挑战。因此，高校思想政治工作者需要进一步掌握和理解青年学生的话语体系和日常行为，厘清这些亚文化现象与青年群体的家庭文化背景、经济状况等的关系，进而有效开展精准思政。

第三节　高校辅导员把握工作对象的方法路径

教育的根本任务是培养人。辅导员作为高校思想政治教育者，在高校

① 胡疆锋：《中国当代青年亚文化表征与透视》，中国电影出版社 2016 年版，第 10 页。

思想政治教育活动中发挥着主导性作用。辅导员要真正成为学生健康成长的人生导师和知心朋友，就要善于把握思想政治工作规律，尤其是要从全局性、整体性角度出发，认识把握并遵循学生成长规律。“对于思想政治教育对象而言，其主体性主要体现在其明确的接受主体意识与接受意愿，以及接受的相应知识准备和相应的接受力。”①因此，把握好恰当的方法路径，才能更好地了解学生思想和成长实际，深入研究学生特点，关注学生困惑难题，激发学生主体意识，从而以学生认可和接受的方式做好工作，提升工作的针对性和实效性。

一、善于整体把握学生群体的时代特征

习近平总书记在党的十九大报告中指出，经过长期努力，中国特色社会主义已经进入新时代，这是我国发展新的历史方位。学生群体是时代发展的风向标，也是社会反应的晴雨表，时代变迁和社会变革引起的社会心理变化也会映射到青年学生群体特质的变化之中。立足新的时代背景，开展学生思想政治教育也面临新的难点和挑战，如何提升思想政治教育的针对性和时效性，需要从全局上把握时代背景对学生群体的影响。

(一)深刻理解时代背景对学生群体的影响

“人的思想与时代环境是密不可分的关系”②，人的思想受到所处时代和生活条件的影响、制约甚至支配。纵观历史，我们可以发现社会政治环境的变化，经济社会的改革，对外开放的影响等，都成为大学生群体思想变化发展演进的重要因素，并直接影响和改变大学生思想行为的表现方式。“今天高校学生的人生黄金时期，同‘两个一百年’奋斗目标的实现完全吻合。亲自参与这个伟大历史进程，实现几代中国人夙愿，实乃人生之大幸。”③新时代大学生是特殊的一批大学生，“是伴随着中国特色社会主义进入新时代，伴随着中华民族伟大复兴的全过程成长和发展的一代”④，要深刻理解和认识他们身上所打上的时代烙印，所反映的时代要求，他们既具有普遍大学生成长的共同特征，也具有新时代大学生的特殊性。

---

① 冯刚等：《新时代高校思想政治教育学原理》，人民出版社 2021 年版，第 36 页。

② 王帅：《改革开放以来影响大学生思想热点发展演进的四重因素》，载《学校党建与思想教育》，2019 年第 10 期。

③ 《习近平关于青少年和共青团工作论述摘编》，中央文献出版社 2017 年版，第 18 页。

④ 冯刚等：《新时代高校思想政治教育学原理》，人民出版社 2021 年版，第 274 页。

一是具有强烈的爱国主义情感。对于我国新时代的使命和目标，大多数学生都有一定程度的了解并且普遍表示认同，特别是目睹了改革开放40多年来中国共产党带领中国人民取得的伟大成就、感受了中国共产党百年来在筚路蓝缕中创造的伟大基业，以及在抗击新冠肺炎疫情中所展现的中国特色社会制度的优势、向世界贡献的中国方案和中国力量，这些都使得学生群体有极高的爱国主义情感和民族的自豪感。但是由于面临西方国家对中国政治的干涉行为以及网络上歪曲事实的言论，部分学生在看待一些社会问题时，还只停留在表面，无法从“两个大局”的时代背景来看问题的本质，来理解和主动承担青年学生的使命，因此在思想政治认知层面表现还不够成熟，也无法将理论和实践统一于认识问题和解决问题的过程中。

二是具有更为明显的脆弱性。改革开放以来，国家进入加速实现现代化的转型期。持续的中高速经济增长、高负荷城市化进程、快速发展的高新技术、扑面而来的信息浪潮，给学生群体带来诸多机遇、广阔平台和发展可能性，委以重任的同时也给青年一代带来了巨大的社会压力。生活上学生群体对大学生活阶段具有较高的期望度，但独立生活能力较弱。告别高中紧张的学习生活和高考的压力，他们普遍对自己未来大学生活有美好憧憬，高中老师和家长给大学冠以“自由轻松”的标签更增添了学生过好大学生活的信心。当前青年学生多为独生子女，缺少父母及家人的照料呵护，需要自理的大学校园生活让他们压力重重。客观环境的改变，加剧了学生群体因独立性低、抗压受挫能力弱而带来的生活压力。学习认知层面，青年学生群体具有较强的学习能力，但学习主观能动性未充分发挥，面对以新媒体为主要载体的课堂教育，学生群体可通过宽广的信息平台满足自己对新知识的追求。但受中学阶段“应试教育”的影响，多数学生存在“被动学习”习惯，无法从传统的填鸭式、灌输式的教育方式转变为有明确学习目标的主动学习，即对良好的自学能力对个人发展的重要性缺乏正确认知。

三是具有突出的主体意识。大学阶段是学生群体行为习惯养成的关键阶段，随着经济的发展和科技的进步，社会物质更加充裕、开放程度更高、流动性更快，他们“更关注自主、自我表现和生活质量等，更加重视独立、自主、个性、自由等观念，主体意识日益明显”①。比如人际关系层面，学

① [美]罗纳德·英格尔哈特：《发达工业社会的文化转型》，社会科学文献出版社2013年版，第105页。

生群体人际关系水平总体良好，但存在社交恐惧、缺乏交往意愿、不善沟通等问题。大学阶段是身心迈向成熟的阶段，学生群体因个性不同、生源背景差异而引发人际关系紧张问题，如父母矛盾、宿舍矛盾或班级矛盾等，严重情况下还将引发心理健康危机。在思想行为方面，大学生勇于尝试新事物、接受新思想、传递新文化，但自我认知和思辨能力亟待提高。在文化交流、交融、交锋的大背景下，学生群体对新事物的认识存在偏差，对社会主义核心价值观认识不够深刻，社会多元文化冲击带来的学生问题屡见不鲜。

(二)在调查研究中加强对学生群体特征的把握

重视调查研究，善于调查研究，在调查研究的基础上解决突出矛盾和问题，是我们党一以贯之的优良传统，是谋划工作、科学决策的重要依据。把握学生群体特征，不仅要从时代背景入手，也要用好调查研究的重要途径，可以从以下三个方面把握。

一是加强文献研究。文献研究方法是围绕着研究项目及课题的需要而有目的有计划地查阅文献情报资料的一种科学研究方法。通过查阅、总结相关的文献，从理论上整体把握学生群体的特征，根据不同的视角研究分析学生群体特征变化的内涵和本质原因。具体来说，文献研究可以分为确定研究主题、提纲，搜集并鉴别有用的文献资料，详细阅读整理文献并形成笔记，分析整理材料并形成可借鉴的报告几个步骤。

二是学生思想动态调研。学生思想动态调研是开展思想政治教育的重要方法，根据学生成长和学业发展的不同时期，结合重大节庆日和时间节点，有针对性地制定学生思想动态调研的主题和内容提纲，从而全面掌握学生对时事热点和重大事件的看法以及学习生活中面临的实际困难和需求，作为学生思想政治教育的实施者，可以有针对性地进行回应，并提出有效的工作举措、创新工作方法。此外，对于学生群体性特征的把握还可以采取滚动调研的方式，即跟踪式的全覆盖调研，在学生成长的全周期内，在固定的时间点设计调研问卷，调研的内容可以包含学生基本情况、思想政治情况以及日常生活行为习惯等，这种滚动式调研可以把准学生的思想脉搏，从而确定不同时期思政工作的重点和核心内容。

三是开展交流研讨。学生思想政治教育的一个重要任务是德育共同体的建设，在“三全育人”视角下，施教者和受教者要经常性面对面地交流研讨，从而更加直观地掌握工作的内容和特点，实现思政教育供需的平衡。

回归到具体工作中，高校思想政治工作者，包括专兼职辅导员、班主任、学生骨干以及学生家庭，与工作对象群体之间要组织常态化交流机制，围绕特定主题或在发散式思维环境下探讨学生群体的特征和现实状况，既是思政教育者走近学生的重要手段，也是学生自我教育和管理的有效途径。

(三)在具体工作实践中把握学生群体特征

做好新时代高校学生思想政治工作，要因事而化、因时而进、因势而新，这是新时期、新形势、新任务下做好高校学生思想政治工作的总要求。精准把握学生群体特征的重要目的是更好地指导并运用于实际工作中，发现新问题，找准新思路，建立新途径。

一是分析学生群体画像。在全面了解学生的群体特征之后，可以对学生群体进行群像分析，包括基础属性分析和行为图鉴。新时代大学生是在网络环境中成长的一代，他们一出生就与网络信息时代无缝对接，受数字信息技术、即时通信设备、智能手机产品等影响比较大，所以又被称为“网生代”“互联网世代”“二次元世代”“数媒土著”等。比如从社交行为来看，有调研数据显示，学生群体微信、QQ、微博的活泼度皆高于全量人群(某个区域的全部用户)。另外，他们也偏好垂直社交类 App，以“乐趣”“喜好”为中心形成各类“社交圈”，寻找有趣的心灵和感兴趣的话题等。这些特征都为构建立体的学生群像提供了关键因素。

二是探索新的工作举措。当前，高校思想政治教育模式发生了深刻的变化，已经朝着“整体综合、双向并举、融入渗透、科学艺术、多样差异、全员专家”①模式发展。基于学生群体特征的变化，思政教育工作者要因时因势创新工作方式方法，特别是在日常的学生思政工作中，包括活动设计、话语体系建构都要坚持“以学生成长为中心”的原则，用学生喜闻乐见的工作方式将思政教育融入其中。

三是在变化中树立危机意识。学生群体特征受时代背景的影响，同时在一定程度上也映射了时代的变迁，也蕴含着思想政治教育的重要机遇和面临的复杂环境。这就要求思政工作者在认清学生群体特征，分析背后深层次社会原因的同时，要有强烈的危机意识，即在培养青年、教育青年和“争夺青年”的过程中，深刻认识世界各国对人才的竞争，切实回应好“培养

① 佘双好、罗佳：《新中国成立以来思想政治教育模式的创新发展》，载《理论与评论》，2020 年第 2 期。

什么样的人，为谁培养人，怎样培养人”的根本问题。

二、善于在日常工作中了解学生个体

辅导员是高校立德树人的关键力量，是高校开展日常思想政治教育的中坚力量，要善于在日常工作中了解学生个体，把握好学生成长过程中的时间链条、社会关系和教育场域，做到善于运用一切场合、一切载体、一切方式，全方位、多领域、深层次地开展思想政治工作，最终实现教育目标贴近日常生活，教育内容源于日常生活，教育方法融入日常生活，达到润物细无声的效果。

(一)把握学生成长的时间链条

辅导员的工作贯穿学生大学期间学习和生活的全过程，可以从学生成长的时间链条入手，抓住学生成长和发展过程中的重要时间节点，对学生进行全面的了解和认识。

一是抓住新生始业教育的时间点。新生始业教育是大学生入学后的“第一课”，通过开学典礼、入学报告会、新生见面会等系列活动，开展班团组建、理想信念教育以及校史校情教育，帮助新生认识大学、适应大学、扣好入学后的第一粒扣子。在此期间，辅导员和新生要实现双向熟悉，辅导员扮演了答疑解惑的重要角色，通过对新生的走访交流，使新生通过始业教育能够快速适应大学生活，同时辅导员通过始业教育能够尽早熟悉新生的基本情况。

二是抓住学生党员发展的全过程。学生党员发展包含了申请入党、入党积极分子的确认和培养、发展对象的确定和考察、预备党员的确定接收、教育考察和转正等多个环节，从申请入党到成为正式党员一般需要两年的时间，这段时间辅导员“大有可为”。目前，辅导员大多担任学生党支部书记或指导学生党支部开展工作，在对学生的考察、谈话中，辅导员可以深入把握学生思想动态，也可以通过对学生思想变化的分析，进一步掌握学生的学习、工作、生活情况。

三是抓住学生评奖评优关键环节。评奖评优建立的基础是过往一个学年学生的表现，是学生各方面情况的集中体现，其目的是要促进学生的德智体美劳全面发展。目前学校的评奖评优体系包含了荣誉称号及奖学金两个大类，其中既有体现综合素质的奖项，也有体现单项素质的奖励。辅导员可以通过评奖评优工作，在评价、筛选过程中，对学生过往一年的情况进行把握，特别是对学生在学业、文体活动、社会工作等方面进行评价评估。

四是抓住学生就业指导教育工作。就业指导是一个具体的教育过程，具有鲜明的导向性，例如鼓励学生到西部就业、到基层就业。这就要求辅导员具体问题具体分析，需要针对每个学生的实际情况进行有效指导。这也是辅导员全面了解学生情况的一种途径，特别是在学生职业生涯规划方面，当前高校思想政治教育工作中还没有得到很好的推动和拓展。

(二)把握学生成长的社会关系

社会性是人的本质属性，而社会性往往是由社会关系塑造而成。因而，辅导员对学生的了解可以从社会关系入手，抓住学生成长和发展过程中的重要人际关系，寻求工作的深入推进。

一是加强与学生家庭和家长的联系。“知子莫如父”，家长伴随着学生的成长，在一定程度上是对学生最为了解的群体之一，而家庭教育是学生接受时间最长、影响最深远的教育之一。因此，学校的教育离不开家长的支持，辅导员更需要与学生家长保持联系，掌握学生的过往，及时交流学生的在校情况。此外，辅导员在寒暑假期间，可以选择部分重点关注的学生进行家访，深入了解家庭教育情况和成长环境。

二是加强与学生课堂和专业教师的联系。辅导员以负责学生日常思想政治教育为主，对于课堂教育参与比较少，更多依靠专业教师开展工作。专业教师是高校全员育人的重要一环，辅导员和专业教师的协同非常必要。辅导员应该加强和专业教师的联系，了解学生在“第一课堂”的表现情况，包括出勤率、学生课堂状态、知识掌握情况等，进而才能在工作中开展有针对性的教育。

三是加强与学生班团组织和学生骨干的联系。学生骨干包括学生兼职辅导员、班长、团支书、学生会(研究生会)工作人员等，是协助辅导员管理学生的有力抓手，可起到承上启下的重要作用。辅导员需要依靠学生骨干落实工作，同时也需要学生骨干代表学生反馈意见和诉求。辅导员要抓好学生骨干队伍建设，真正让学生骨干成为沟通辅导员和学生之间的桥梁，帮助辅导员了解学生的真实情况。

四是加强与学生寝室和室友的联系。寝室是最小的学生群体单元。目前，班级和团支部的凝聚力日渐式微，学生的学习和生活更多围绕寝室群体开展，室友也往往成为学生在大学生活中接触时间最长、彼此最为熟悉的人之一。辅导员应该有计划地定期走访学生寝室，了解学生在寝室的学习、生活状态，以寝室为单位开展群体交流和个体谈话，全面了解学生各方面情况。

(三)把握学生成长的教育场域

习近平总书记在全国高校思想政治工作会议上指出，加强高校思想政治工作，要更加注重以文化人、以文育人。学生活动就是其中一个重要的载体，辅导员对学生的了解可以从教育场域入手，抓住学生成长和发展过程中的重要活动。

一是重视学生军训。在学生军训中，辅导员大多担任连队的指导员，陪伴学生进行操课训练，同时也要在空闲时间组织各类思想政治教育和文体活动。学生军训期间往往是辅导员和学生紧密相处最长的一段时间。在这段时间，时空上的伴随能帮助辅导员和学生之间产生“同甘共苦的战友情谊”，同时也为辅导员进一步了解学生提供了保障。辅导员在军训中应把握好机遇，拉近与学生的距离，通过谈心谈话进一步了解学生情况。

二是重视党团班活动。学生党支部要坚持“三会一课”制度，而学生团支部也需要定期开展“三会两制一课”，这是党和团的基本组织生活制度。辅导员作为学生党支部的支部书记或指导老师，同时也是团委或团总支负责人，应该积极参与到党团支部的活动当中，定期出席支部大会、参与组织生活会和团员评议、带头为党团支部讲党课团课。此外，辅导员还要指导学生开展好班级建设工作，营造积极向上的班级氛围，并在活动中加强和学生的联系，进一步了解学生的思想动态。

三是重视学生社会实践。社会实践一般有学期内的短途实践，也有寒暑假的为期一周左右的长途实践，内容上则涵盖了红色寻访、基层挂职、短期支教、乡村调查等多个方面，学生通过参加社会实践可以了解社会、认识国情。而辅导员一般需指导学生开展社会实践，同时也会担任社会实践的指导老师，与学生共同参加社会实践活动。辅导员在社会实践中除了沟通联络、保障安全外，也能够在“同吃同住”中增进和学生之间的联系，进而能够全面了解学生状况。

四是重视大型学生活动。利用各类传统节日和重要时间点开展大型学生活动，是思想政治教育工作的有效方式。大学生成长期间将参加各类综合性的文体活动，比如运动会、学生节、新年晚会等。对于这类活动，参与人员多，也需要辅导员参与统筹、组织策划。在活动筹备过程中，辅导员需要挑选合适的人选负责各方面的工作，并在工作中进行深入指导。这也是辅导员和学生深入了解的过程，辅导员可以在工作中发现学生的闪光点，全面了解学生各方面素质能力。

三、善于运用工具把握学生特点和需求

熟悉并把握学生群体的特点和需求，是辅导员开展工作的重要前提，而善于运用工具则能让辅导员工作如虎添翼。大数据技术、谈心谈话基本功、网络化表达是新时代辅导员思政工作中的三大关键工具。大数据技术形成学生群体 360 度画像，多场景谈心谈话锻炼对学生个体把握的精准度，网络化表达提升思想引导的话语权。辅导员要通过掌握三大工具并不断提升综合运用的能力，真正发挥辅导员群体作为思想政治教育工作关键力量的作用。

(一)大数据技术助力，形成学生 360 度画像，把握对象的德智体美劳全方位成长情况

习近平总书记在全国高校思想政治工作会议上强调，要运用新媒体新技术使工作活起来，推动思想政治工作传统优势同信息技术高度融合，增强时代感和吸引力。这对高校而言，既是工作方向指引，更是辅导员对运用大数据把握对象发展状况、创新思政教育开展形式提出的更高要求。

一是善于串联多元信息平台数据内容。大数据时代已经降临，决策日益基于数据和分析而作出，而并非基于经验和直觉。学生群体在“两微一端”、QQ、校内 BBS(小程序)等平台的使用习惯和操作痕迹，均可以成为辅导员把握其成长情况的基础数据，进而形成学生 360 度画像。同时，新冠肺炎疫情暴发以来，高校基于大数据技术纷纷推出每日健康打卡、疫苗接种预约、返离校申请等多个智能系统，实现了在短时间内迅速完成学生信息摸排的可能性，传统工作方式方法由此优化升级。此类系统除了辅助辅导员日常管理外，也对特定的学生群体状况整体描绘起到相当重要的作用，如打卡时间能够较为准确地反映作息时间、返离校申请能够在一定程度上体现人际交往与家庭关系情况。

二是基于网络热词把握学生关注的焦点。无论是“微博热搜榜”还是“校内 BBS(小程序)热词榜”，都是基于大数据实时监测展现出的观众群体瞬时关注焦点。“交往实践观是马克思主义哲学的一个基本范畴，始于马克思对世界普遍联系的考察，马克思认为脱离一定社会关系的‘抽象’实践是不存

在的。”①因此可以基于网络热词把握学生关注焦点，“洞察教育对象的心理状态和实际需求以便有的放矢”②。比如“小镇做题家”“金主爸爸”等词折射出学生对于阶层差异、身份特权的焦虑和不满，进而演变为对社会公平问题的探讨；“躺平”“佛系”则隐含着对努力文化的困惑和解构，进而演变为对职业选择、未来发展的迷茫。思想政治教育只有在把握全方位情况之后才能够做到有的放矢、切实回应学生心理期待，大数据技术正是实现这一目标的有效手段。

(二)谈话基本功发力，锻炼多场景谈心能力，把握对象的思想动态、成长需求与期待

人的需要是客观存在的，是思想政治教育的起点和动力。凡是有人的地方，就需要沟通交流，辅导员必须结合学生个体实际思想道德状况和发展层次，开展有目的性有规划性的引导，在“教”的过程中，构建“民主平等、双向互动、主导主动、交流共享、相互转化的关系”③，不断提高学生思想水平、政治觉悟、道德品质、文化素养，让学生成为德才兼备、全面发展的人才。因此，熟练运用谈心谈话是辅导员必备的基本功，是构建双方良好关系，化解工作中的各种疑难杂症，进而成为学生成长成才的人生导师和健康生活的知心朋友的重要手段。

一是把握五大原则锻炼多场景谈心能力。谈心谈话是实现教育目标的思想引领手段，既不同于课堂上的知识传授，也不是日常沟通交流，因此要求辅导员“具有扎实的思政理论功底、丰富的实践经验，既要深入了解党的方针政策，又要有高等思想政治教育、管理学、心理学等方面的专业储备”④。“问题导向、目标导向、常态关心、正向激励、精准引导”⑤是辅导员谈心谈话需要遵循的五大基本原则。在把握谈话原则的基础上，打破现有相对固化的“办公室”空间模式和“工作时段”时间模式，尝试把谈话地点扩展到诸如学校花园、操场、咖啡吧等环境较为轻松、学生较为熟悉自在

① 任平：《走向交往实践的唯物主义》，载《中国社会科学》，1999年第1期。

② 徐璐、杨湘弘：《基于交往实践观的高校网络思想政治教育图式构建》，载《学校党建与思想教育》，2021年第12期。

③ 冯刚等：《新时代高校思想政治教育学原理》，人民出版社2021年版，第284页。

④ 陈帅、叶定剑等：《高校辅导员谈心谈话长效机制探析》，载《学校党建与思想教育》，2020年第6期。

⑤ 张新平、王宇凡等：《努力成为学生喜欢“骚扰”的对象——辅导员与学生谈心谈话的技巧与体会》，载《高校辅导员》，2020年第2期。

的地点，更有利于学生全面描述近期的生活状态。后疫情时代，运用互联网完成有效谈心谈话同样也是对辅导员的极大考验，既要通过网络方式保证谈心谈话的覆盖与频率，也要打破网络壁垒实现心贴心的交流沟通，线上线下相结合的谈心谈话是未来可以进一步探索的方式。

二是形成长效化递进式谈心谈话体系。一些辅导员对谈心谈话存在误区，认为谈心谈话仅仅指与学生谈话的过程。事实上，谈心谈话涵盖了熟悉学生情况、选择谈话环境、建立谈话关系、完成谈话记录与反馈四个主要环节，目前已经形成完整长效的体系。在谈话前，辅导员要做足功课，对学生的性格脾气、求学背景、成长经历、家庭情况、人际关系、寝室相处情况等进行全面了解。在谈话过程中，可以适当提及学生兴趣爱好、未来发展选择等情况，让学生感到被关注与被尊重。同时要针对谈话对象的症结设计谈话内容，并对谈话效果有初步的预期，以对谈话过程中的效果偏移情况及时纠正。谈话过程中尽量不要采用边谈边记的方式，而应在谈话后第一时间梳理整理谈话记录，形成“一生一档”，用于回溯谈话过程、记录谈话对象发展变化，进而实现长效化、依次递进深化的谈心谈话效果。对每位谈话对象，都应该设计完整的访谈计划，包含频率、主题、需把握的重要时间节点等，并随着谈话推进情况而不断动态优化。

(三)网络化表达借力，提升话语权与信任感，把握对象的交流习惯、沟通心理与特点

当前辅导员工作对象正在逐渐向“Z世代”聚焦，网络化表达将成为辅导员最重要的工作表达途径之一。Z世代(Generation-Z)泛指出生于1995—2009年的一代，这一代也被称为互联网世代，即受到互联网、即时通信等科技产物影响极深的一代，该代人拥有在网络虚拟环境中所使用的群体语言。在此环境下，辅导员所习惯的话语体系与工作对象所习惯的沟通语境并不一致，易造成两者在网络思想政治教育空间内的话语差异、甚至彻底失语。因此，辅导员要从网络化表达中借力，打破固有的话语樊篱，把握对象的交流习惯、沟通心理与特点，开展有效的网络思政教育。

一是掌握网络空间语言使用规律。“话语能有效连接人与外部世界，人类思想认知需经过话语才能进行表达，话语权本身就蕴含着权力竞争关系。”①辅导员要认真分析大学生网络话语表达方式，并从中分析网络语言表

---

① 仲昭慧：《高校思想政治教育网络空间话语权掌控研究》，载《学校党建与思想教育》，2021年第10期。

达背后的深层次心理特征和成长状态。一方面，要熟悉学生使用频率最高载体的运行规律。通过把握学生常态化使用的“两微一端”、QQ、校内BBS(小程序)等载体的运行特征，熟悉不同类型学生群体使用偏好、不同背景下的载体使用倾向与依赖性，熟练掌握网络空间语言使用规律，在此基础上探析语言出现的原因和逻辑，进而把控好语言的演变形势和方向，不断整合对思想政治教育有利的网络话语内容。另一方面，要与学生网络意见领袖进行常态化互动。意见领袖是源自传播学的概念，指活跃在人际传播网络中，经常为他人提供信息、观点或建议并对他人施加个人影响的人物，是信息和影响的过滤环节。通过学生网络意见领袖回应学生群体关切，能够有效引领学生思想向主流意识形态靠拢，并在关键时间点实现舆论引导和归流的作用。

二是运用网络空间展开高效思想引导。首先，辅导员要熟悉所在学校、学院的情况，“要广泛挖掘聚合所在学科、学校乃至国家的网络思想政治工作资源，充分调动国际国内形势与政策、新时代精神图谱、国之大者、先进人物楷模等各类思政工作优质资源”①。其次，要将教育内容用学生所喜闻乐见的方式呈现。“以感性教育唤起学生的情感共鸣，以理性教育强化学生的思辨能力，达到传导主流意识形态、传递理想信念的效果，激发新时代大学生积极投身社会主义事业的强烈使命感。”②如各地各校开设了辅导员网络思政工作室，以学生熟悉并喜爱的“主播讲述”方式，列举在学生群体中具有广泛影响力的事例等，用娓娓道来的话语消解学生焦虑情绪，引导其树立服务国家战略发展的愿景，其间穿插弹幕、卡通表情包等学生日常使用的表现形式，有效拉近辅导员与学生的心理距离，实现思政教育的入脑入心。

---

① 张江艺：《“十四五”时期高校网络思政工作的时代内涵和发展逻辑》，载《国家教育行政学院学报》，2021年第6期。

② 范小青：《网络时代红色资源在高校思政课中的应用》，载《学校党建与思想教育》，2021年第6期。

第八讲　高校辅导员工作中的危机事件应对

近年来，随着国内外政治、经济和安全形势的深刻复杂变化，各类传统的和新型的、校内的和校外的风险因素交织叠加，师生价值观念和利益诉求日益多元，学生潜隐的思想问题和背负的心理压力日益多样，高校面临的安全稳定形势也日趋严峻。由于自然或人为、责任或非责任原因，各类学生危机事件时有发生，给校园的正常秩序、师生安全、社会声誉等造成一定的冲击和影响。学习危机管理的基本理论，掌握必要的处置技能，成为高校师生特别是党政管理干部的一堂必修课。其中辅导员不但肩负着学生思想政治教育和日常教育管理服务的重任，更是应对学生危机事件的主力军。面对学生危机事件带来的严峻挑战，辅导员需要掌握哪些危机管理的基础理论知识？在学生危机事件应对中的职责和角色是什么？要妥善应对学生危机事件需要具备哪些能力？如何解决自身情绪耗竭及法理情冲突的问题？这些都需要辅导员增强主动、经常思考、自我赋能、善于总结，做好随时应对学生危机事件的思想准备和能力准备。

第一节　高校辅导员需掌握的危机管理基本理论和知识

高校辅导员要处理好学生危机事件，首先要掌握危机管理的基本知识和基础理论，准确理解学生危机事件的内涵，识别学生危机事件的类型及其特点。如此，才能有针对性地采取相应措施予以化解。

一、学生危机事件的内涵

习近平总书记指出，我们的事业越前进、越发展，新情况新问题就会越多，面临的风险和挑战就会越多，面对的不可预料的事情就会越多。我们必须增强忧患意识，做到居安思危。①

---

① 习近平：《关于坚持和发展中国特色社会主义的几个问题》，载《求是》，2019年第7期。

(一)何为危机

“危机”一词最初来源于希腊语“Crimein”，意为决定，指医学上的转折点，即病情上的关键时刻——转好或者恶化。后来其词意逐渐丰富并多见于日常用语。在《辞海》中的定义是：潜伏的祸机；生死成败的紧要关头。对危机和危机管理的研究，美国等西方国家起步较早，我国香港、台湾地区也比大陆开展得早，近年来国内学者的研究已形成一定的热度。

国内外学者对危机定义有多种界说，代表性的有：美国学者C.F.赫尔曼认为，危机是某种特定的情境状态，其决策主体的根本目标遇到危险，而且作出决策的反应时间非常有限，且发生也出乎决策主体意料之外。① 荷兰学者乌里埃尔·罗森塔尔指出了危机的后果，它对一个社会系统的基本价值和行为准则构架产生严重威胁。危机是一段剧变和集体紧张的时期，在时间压力和不确定性极高的情况下，必须对其作出关键决策。② 美国学者史蒂芬·芬克指出，危机是不稳定的时期或事物状态，具有决定性的变化即将发生，同时包括了正面结果和负面结果产生的可能性。③ 苏伟伦认为，危机是新旧体制转化过程中的混乱状态。④ 朱德武认为，危机是指事物由于量变的积累，导致事物内在矛盾的激化，事物即将发生质变和质变已经发生但未稳定的状态，这种质变给组织或者个人带来了严重的损害，需要在时间紧迫、人财物资源缺乏和信息不充分情形下立即进行决策和行动。⑤

综上可知，危机是危与机的统一体，除了重点关注负面结果的应对处置，也要意识到存在转危为机的可能性。例如学生危机事件的妥善处置有助于高校应急管理体系的完善和危机应对能力的提高，有助于辅导员队伍素质能力的提升。但从实际情况来看，学生危机事件对高校而言更多的是急迫的、严重的危险和威胁，危机管理更侧重于预防和处置。

(二)学生危机事件的定义

一般性危机事件指的是，由自然或者人为的不确定性因素引起的，打

---

① Herman, Char F. (ed.), *International Crises: Insights from Behavioral Research*, N. Y.: Free Press, 1972. pp. 3-17.

② 转引自[美]罗伯特·希斯：《危机管理》，王成等译，中信出版社2004年版，第13页。

③ [美]史蒂芬·芬克：《危机管理》，韩应宁译，(台湾)经济与生活出版事业公司1987年版，第3页。

④ 苏伟伦：《危机管理——现代企业实务管理手册》，中国纺织出版社2000年版，第1页。

⑤ 朱德武：《危机管理：面对突发事件的抉择》，广东经济出版社2002年版，第5页。

破社会整体系统或者局部系统正常运行，可能造成财产损失、人员伤亡、环境破坏、声誉损毁等，给社会安全稳定和正常秩序带来严重影响的事件，它迫使管理者要在极短的时间作出决策并迅速行动、合理止损。美国学者劳伦斯·巴顿认为，危机事件是会引起潜在负面影响并具有不确定性的大事件，这种事件及后果可能对组织及其员工、产品、服务、资产和声誉造成巨大损害。① 我国《突发事件应对法》对突发事件的定义是：突然发生，造成或者可能造成严重社会危害，需要采取应急处置措施予以应对的自然灾害、事故灾难、公共卫生事件和社会安全事件。

高校内的学生危机事件既具有一般性危机事件的共性，也因发生场域、涉及人员等而使处置过程具有一些特殊性。美国教育部 2003 年向全美各级各类学校下发的《危机计划的实用资料：学校与社区指南》(以下简称《指南》)中将学校危机定义为：危机是学校领导在信息、时间和资源都不充分的条件下必须面对和作出一个或者多个重要决策。中国台湾学者黄德祥将学校危机定义为"校园内外发生突发、意外或紧急事件，而对学校师生身心造成不安、压力、伤害，甚至死亡，并且干扰学校正常运作，或者以学校现有人力与资源难以解决者"②。漆小萍提出大学生危机事件是指"导致社会或学校或个人基本价值和行为准则趋于崩溃，在较大程度和较大范围内威胁到人们生命或财产安全，引起大学生恐慌，甚至社会恐慌，致使学校的教学、科研或生活秩序不能正常进行的事件"③。

综合国内外学者的观点，高校学生危机事件即发生在校内或社会上，与学生直接相关，突然发生、难以预测，可能或已经对学生的生命和财产安全造成严重损害，对高校的办学秩序和社会声誉造成严重影响的事件。很多时候危机事件、突发事件被人们视为等义概念使用，二者实则是既有区别又有联系的概念。除了都具有危害性、突发性等特性之外，二者的区别主要体现在危机事件尚有部分是在酝酿期、潜伏期就已将爆发为更严重后果的可能性消除了(可谓"转危为安")，因此危机管理强调的是预防和处置并重；而突发事件则是已发生的既成事实，主要强调妥善处置。教育部在关于辅导员队伍建设和职业能力标准的相关文件中，使用的均为"危机事件应对"的表述，辅导员在高校危机管理方面主要负责的也是学生危机事件

① 转引自马琳：《我国危机管理研究述评》，载《公共管理学报》，2005 年第 1 期。
② 黄德祥：《青少年发展与辅导》，(台湾)五南图书出版公司 1994 年版，第 2 页。
③ 漆小萍：《大学生危机事件管理》，中山大学出版社 2009 年版，第 2 页。

的应对。鉴于以上考虑，本章均使用“学生危机事件应对”的表述，但在一些特定语境中或涉及具体应对举措时，也使用“危机事件处置”的表述。

(三)学生危机事件的类别和特点

高校辅导员应对学生危机事件，应按照危机事件的不同类型采取有针对性的措施。同时，学生危机事件具有不同的特点，辅导员在危机事件应对过程中应具体问题具体分析，从而有效化解危机，助力学生及其家庭走出困境。

1. 学生危机事件的类别

学生危机事件可按照不同的标准做多种分类。主要包括：按危机事件的动因，可分为自然危机和人为危机；按危机事件原发的地点，可分为校内事件和校外事件；按危机事件的性质，可分为政治敏感类危机、触犯法律类危机、自然灾害类危机、生理心理疾病类危机、情感问题类危机、家庭问题类危机、违反校纪校规类危机、学业就业问题类危机；按危机事件发生的主客观性，可分为客观性危机和主观性危机，前者包括社会危机、自然危机、政治危机和文化危机，后者包括心理危机、情感危机、思想危机、学习危机和人际交往危机；按危机事件的规模，可分为个体性危机和群体性危机；按危机事件的来源，可分为来自师生互动的危机、来自学生的危机、来自家庭的危机、来自本校的危机、来自社会的危机和来自媒体的危机；按危机事件发生的时间，可分为突然发生的危机和持续发生的危机；按危机事件发生的后果，可分为关乎生命财产安全的事件、破坏学校运转秩序使学校工作无法开展的事件、对师生和学校形象与声誉有负面影响的事件；按危机事件影响面及处理方式，可分为政治性危机、公共性危机、个体性危机；等等。另外，虽然危机事件总体而言不是“好事”，但其结构有良好与不良之分。结构良好危机是指所涉及的群体的利益与目标一致，例如会对所有人造成危害的自然灾害或系统性风险；结构不良危机是指涉及的群体的利益与目标不一致，有矛盾有冲突，这样的危机事件就更加错综复杂了。

综合以上学界观点和学生危机事件发生的实际，按照学生危机事件的诱发因素，可分为六大类别。一是自然灾害类，即由自然原因引发的，比如地震、台风、海啸、水灾、泥石流等，比如 2008 年汶川大地震，具有不可抗性和较强的破坏性。二是政治安全类，即国际、国内的政治争端影响到国家的安全稳定进而对高校产生影响，出现抗议、集会、游行示威、骚乱等学生群体性事件和法轮功、民族分裂、宗教极端问题等引发的事件，如2005年反日大游行、2008年抵制家乐福、2017年抵制韩国乐天等，社会波及面较广。三是社会问题类，即随着高校管理社会化，校园和社会互相交叉渗透，学生受政府政策变化、社会治安、社会金融等外部环境因素影响引发的事件，比如独立学院转设、经济危机、金融诈骗等。四是公共卫生类，即对高校学生健康造成或者可能造成严重的健康损害的传染性疾病、食物中毒等事件，比如新冠肺炎、SARS等。五是高校管理类，分为两小类，第一小类是教学与管理类，因高校内部管理上存在的问题决策失误，未得到及时、有效的解决而触发的危机事件，比如转专业制度设置不合理、教职工行为失范、学术腐败、信息泄露等，往往引发社会公众舆论的关注；第二小类是安全和事故类，由人为因素造成的紧急事件，如建筑安全、实验室爆炸事件等，近年来一些高校发生的实验室事故造成惨痛的人员伤亡。六是身心问题类，也分为两小类，第一小类是心理健康类危机，因学业困难、个人情感、人际矛盾、家庭变故、就业压力等原因导致心理压力过大，受挫后应激障碍，造成自杀、自残或者伤害他人的事件；第二小类是身体健康类危机，比如在校突发疾病或其他不可抗力导致出现人身伤亡。

学生危机事件的类型并非泾渭分明，而是相互交织、相互影响，在特定情景下可以相互转化，也可能从单一性事件转化为复杂性、多样性、群发性事件，并且可能衍生出次生危机。

2. 学生危机事件的特点

突发性。绝大部分的危机都在未预见的情况下发生，即便是危机爆发前有一定先兆，但隐蔽性高，同时伴随着不确定性。

危害性。危机事件无论是对学生、高校、家庭和社会，通常都具有一定的危害性、破坏性，其程度由危机的类型和性质决定。

复杂性。学生危机事件发生在高校这个“小社会”，往往有着复杂的前因后果，不是单纯的、孤立的事件。事情发生后，也牵动着校内校外多方管理部门和社会力量的关心关注。

群体性。高校内学生绝大多数为集体住宿，他们年龄相当、思维方式相近，经常在一起学习、活动，易形成思想和行动上的趋同性。同时他们因涉世未深，价值观尚未定型，考虑问题不全面，情绪易波动、易受鼓动，具有不稳定性。这是大学生群体性危机事件发生的原因。即便是个体性危机事件，也可能因处置不当引发群体效应。

扩散性。在信息社会背景下，高校发生的学生危机事件极易受媒体和公众关注，首先会通过朋辈关系迅速在校内传播，并有大概率会造成辐射和外溢，形成“多米诺骨牌”效应，使事件的复杂性严重性倍增。

双重性。危机事件确实会给学生带来伤害和损失，破坏高校正常的教育管理服务的秩序，所以它的负功能是第一位的，谁都不希望危机事件发生。但它兼有一定正功能，既然发生了，就要努力转化为提升管理水平和队伍能力的契机。对于辅导员来说，一方面要心存谨慎，另一方面要具备预防和处理突发事件的良好素质和专业技能，在事件发生后能够采取建设性的方法和技巧，将事件的危害性减少到最低，化“危”为“机”。①

持久性。高校学生危机事件爆发，极易引发周边区域及其他高校的连锁反应，兼有网络的“扩音效应”。即便是危机能够圆满处理，善后工作妥当有效，对当事方(当事学生本人及其利益相关方，包括亲属、好友、恋人等，以及其他与当事学生本人有较多经济往来、情感羁绊的人员。有的严重危机事件中当事学生本人不幸身故，当事方主要就是指其亲属。下文如非引文采用其他提法，此类人员均概称为“当事方”)的影响、工作人员及相关学生的心理创伤弥合、高校声誉的负面影响等，都需要长时间的努力才能修复。

二、国内外学生危机管理的主要理论

对于学生危机管理，国内外研究者给出了各种各样的定义，也衍生出不同的理论流派。了解国内外学生危机管理的相关理论，有助于深化高校辅导员对学生危机管理的认知，从而更好地处理学生危机事件。

(一)危机管理的定义

危机管理是社会公共管理领域的一项重要内容，近年来引起了许多研究者的兴趣。但关于危机管理的定义，国内外研究者尚未取得一致的定义，代表性的有：美国学者罗伯特·希斯认为危机管理包括五个方面：一是危机管理者对危机情境要防患于未然，并将危机影响最小化；二是危机管理者要未雨绸缪，在危机发生前作出响应和恢复计划，对员工进行危机管理的培训，做好应对未来危机和冲击的准备；三是在危机情境出现时，危机管理者要及时出击，在尽可能的时限内控制住苗头；四是危机威胁紧迫，

① 冯刚：《大学生思想政治教育工作概论》，北京师范大学出版社2020年版，第234页。

危机管理者需要全面考虑，不忽视任何一方；五是危机过后，管理者要对恢复和重建进行管理。① 日本学者龙泽正雄将危机发现与危机确认作为危机管理的出发点，认为危机管理的流程包括发现、确认、分析、评估和处理，以花费最少的费用取得最好效果为目标。② 朱德武认为，危机管理是指个人或组织为了预防危机的发生，减轻危机发生后所造成的危害，尽早从危机中恢复过来，或者为了某种目的，在有效控制的前提下让危机发生，针对可能发生的危机和已经发生的危机采取的管理行为。③ 白涛、许中华认为，危机管理就是建立和维系各种重要的关系，研究和预测它们的发展趋势，以及对可能会出现的对组织有破坏性影响的问题或事件采取措施，从而最大限度地减少那些问题或事件对组织的不利影响。④

从国内外学者的观点来看，危机管理是一个动态持续的过程，危机不可预测，但也有迹可循。可以通过危机的变化和发展，对危机进行阶段性管理，有策略有方法地预防、控制、阻断，使危机得以妥善处置。

(二)高校学生危机事件管理的内涵

高校学生危机事件是危机事件的特殊类型，在具有一般危机事件所包含的基本要素外，还有其特殊内涵。

1. 高校学生危机事件管理的定义

对于高校学生危机事件管理，需要结合危机管理学理论和高校工作实际加以考察。徐兴丽、陈华桂提出，大学生危机事件管理是高等学校的管理者对直接或间接威胁在校学生生命、财产、心理健康，影响学校和学生正常教学、科研和生活的紧急事件所采取的措施的过程。这一过程主要包括前期的预防教育、中期的应急机制、后期的恢复机制三部分。⑤ 漆小萍认为大学生危机事件管理是管理者对大学生危机事件的自然演进过程加以监视、预警、预防和控制的过程。⑥

---

① [美]罗伯特·希斯：《危机管理》，王成等译，中信出版社 2004 年版，第 14—15 页。

② 转引自畅铁民：《企业危机管理》，科学出版社 2004 年版，第 16 页。

③ 朱德武：《危机管理——面对突发事件的抉择》，广东经济出版社 2002 年版，第 19—20 页。

④ 白涛、许中华：《高校危机管理对策初探》，载《华南理工大学学报(社会科学版)》，2005 年第 2 期。

⑤ 徐兴丽、陈华桂：《从辅导员工作的角度谈大学生危机事件管理的预防策略》，载《思想教育研究》，2009 年第 S1 期。

⑥ 漆小萍：《中外大学生危机事件管理的比较》，载《思想政治教育研究》，2008 年第 3 期。

高校学生危机事件管理，可以界定为高校为了避免或者减少学生危机事件的产生及产生后的危害而进行的预测、监督、研判、控制、处理、恢复、评价的过程。在此过程中，高校领导者组织相关人员，建立统一的危机管理机构，收集并分析危机信息，制定危机管理计划，锤炼危机处理能力，积极有效应对危机，这是一种有组织、有计划、持续动态的管理。

2. 加强学生危机事件管理的意义

加强学生危机事件管理主要有三重意义：一是高校构建安全稳定和谐的校园，防范化解重大风险的时代要求。学生危机事件会严重干扰高校正常教学管理服务秩序，影响到高校教育质量、管理效率、社会形象。这要求高校要常怀危机意识，提高危机管理和应对能力，有效有针对性地监测预防，防患于未然，切实贯彻底线思维。二是高校贯彻“以人为本”、促进学生健康成长成才的内在驱动。在危机爆发的过程中，学生的生命安全、财产安全等基本权利会受到侵害或威胁，高校应采取积极救助帮扶的举措，充分关心和尊重学生，保障学生生命权、维护学生健康权、尊重学生发展权，将危害降到最低。三是高校治理能力现代化的重要组成部分，为社会危机管理提供智力支持。高校通过健全体制机制、优化内控体系、提高执行能力、梳理处置流程、完善负面清单、建立信息平台等举措，以教职工危机应对素质提升为内核，依托多学科融合、多部门协同的优势，最大限度激发师生参与危机事件共治共建的热情，在理念、制度、能力、方法上革故鼎新，为社会公共管理提供镜鉴。

(三)高校学生危机事件管理相关理论

高校学生危机事件管理是一个系统工程，需要有理论的指导和经验的积累。与高校学生危机事件管理相关的理论可以从马克思主义、管理学、社会学、传播学、心理学等视角进行理解。

1. 马克思主义相关理论

主要有马克思主义人学理论、社会冲突和生活世界理论等。这些理论论述了人的本质、价值、需要、发展，以及人与人、人与自然、人与社会的和谐统一，为高校充分尊重学生主体性、构建和谐发展校园、“以人为本”做好学生危机事件管理提供了根本理论依据。

2. 管理学相关理论

主要有危机管理 4R 模型、6C 理念、5S 原则等。危机管理好比“刀尖上的舞蹈”，这些理论揭示了危机管理各阶段发展变化和相互依存的内在规律，为高校工作者提供了系统的框架概念指导，为预防和处理危机提供了科学依据。①

3. 社会学相关理论

主要有现代社会物理学、社会燃烧理论、冲突理论等。这些理论有助于高校工作者科学地认识社会系统如何从有序向无序发展，理解学生危机事件的诱发机制，如何合理有效地将学生危机事件的矛盾冲突解决在萌芽状态。

4. 传播学相关理论

主要有议程设置理论、沉默螺旋理论和反沉默螺旋模式等。危机事件经常伴随网络舆情，使高校陷入被动局面。这些理论有助于高校工作者更好地理解舆情的孕育、扩散、变换和衰减规律，以及传播媒介对人们判断和行动产生影响的连锁反应机制等。

5. 心理学相关理论

主要有马斯洛需求层次理论、集群行为理论等。这些理论有助于高校工作者全面理解人的正当合理需求，适时调动人的主观能动性和积极性，分层激励教育对象，驱动个体全面发展。同时，有助于高校工作者对集群行为的结构、形式和特点有所了解，在处理学生群体性突发事件时，更能把握其成因、规律和特征，采取有效措施，引发正确的集群行为。

三、学生危机事件应对处置的策略

高校学生危机事件应对是一项具有高度技术要求的工作，需要辅导员讲究方式方法。在学生危机事件的处置过程中，稍有不慎就会导致次生危机的发生。因而，学生危机事件应对处置需要掌握一定的策略。

(一)应对处置原则

国内外学者公认的应对处置原则有：一是以人为本。这是应对学生危机事件的首要和最高原则。尊重人权，最小限度避免与保护个人权利的冲突，最大限度保护学生的生命安全与财产权益，并时时处处体现出人文关怀。二是快速反应。危机事件发生后，处理者就是与时间赛跑、与死神赛跑，要树立“第一时间理念”，第一时间赶到现场、第一时间到位处置，立

① 寇玉生、姜喜双：《大学生危机事件管理实务与理论》，东北大学出版社2017年版，第33页。

即启动预案，及时止损、防止恶化。三是协同治理。高校各部门都要以战时状态紧急动员起来，主要领导亲自关心，成立多部门协同的工作组，做好综合协调、信息通传、后勤保障、执行监督等工作，密切配合、有序运转，提升治理效能。四是有效沟通。既要做好与当事方的沟通，也要做好校内各部门间的沟通，还要注意与上级主管部门、校外相关部门以及媒体的沟通，要充分考虑不同场景、不同对象的特点，采取针对性的沟通方式和手段。

(二)应对处置依据

依法治理是最可靠、最稳定的治理。高校在应对处置学生突发事件时，应以法律作为主要依据。但在实践中，一线处理者往往法律知识淡薄、用法意识较低、法律分析评估不够，习惯性使用“经验式”做法，对事件走势辨不清、对有关政策把不准。不少高校注意并重视危机预防和处置，却忽视了这一过程中的法律风险及防控研究，导致学生危机事件应对成为最容易引起高校法律纠纷的领域。因此，厘清高校在危机事件管理中的法律义务和风险点，是构建多元化危机防范与应对体系，破解高校责任困境，推动依法治校进程，建立风险防范合作与责任分担机制的有效路径。

1. 民事责任。学生危机事件中经常发生损害结果，高校有可能成为侵权责任的主体，最常伴随的是民事法律风险。美国法律中高校与学生间的注意义务理论认为，“行为人应采取合理的注意而避免给他人的人身或财产造成损害的义务”，高校与其学生之间存在契约关系，存在教育与被教育、保护与被保护、管理与被管理的关系，这些特殊关系使大学有义务采取措施保护好学生的安全，如果没有尽到义务，则应当对受害学生承担侵权责任。这一理论也同样适用于我国高校对学生伤害事故的责任承担，主要依据过错责任原则，即高校若违反了这种注意义务，就要承担相应的民事责任。但高校的注意义务标准不宜过高也不宜过低，应采用英美法系中的“合理人”标准。①

2. 行政责任。《高等教育法》第 30 条规定，高校自批准设立之日起取得法人资格。高校的校长为高校的法定代表人。因此，高校是具备独立法人资格的法律主体，是由法律授权行使教育行政权力和公共管理权力的组织，

---

① 宋景华等：《大学生自杀突发事件中高校法律责任研究》，载《河北师范大学学报(教育科学版)》，2018 年第 5 期。

具备行政主体资格。《教育法》第28条规定，高校拥有招生权、学籍管理权、奖励处分权等，这些具有明显的单方意志性和强制性。在处理学生危机事件过程中，常常伴随着对学生休学、复学乃至退学等学籍方面的处置，高校行使教育行政权力时，不能越权、违法管理，要维护、保障学生受教育的权利，应当对所产生的行政结果承担相应的行政法律责任，依法接受监督。

3. 程序风险。在法律架构中，程序规则是实现实体规则的前提。根据《教育法》《高等教育法》和《行政处罚法》的相关规定，大学生享有告知、申辩、起诉等程序性权利。近年来，学生不服高校的行政决定状告学校的案件已不罕见，而在高校败诉的案件中很大一部分原因是学校根据规章制度处分学生时没有严格遵守法定程序，或办理程序存在瑕疵。这部分法律风险通常反映在行政法律风险当中，但同时又是较为特殊的一类。在这方面，高校和学生的地位是平等的，高校务求重视程序正当，保护学生合法权益，同时规避自身法律责任风险。

在实践中，高校还要注意三个方面的工作：一是在高校职责范围内的管理行为，职能部门要依照学校有关规章制度，坚持公平、公正、公开的原则，做到程序规范合理，有据可查、有规可依。而超出高校管理职责范围的，则必须移交公安、司法等部门按照相关法律法规裁定处理，学校应积极配合。二是要以法律作为与当事方沟通说明的重要依据，关键处不能含糊其词，明确主张"一切以法律为依凭"，以此建立和当事方互相信任理解的沟通基础。三是要谨防处置过程中不慎误用或者违反法律规定，这可能会造成新的矛盾点和爆发点，给危机处理带来不良影响，或引发新的危机。

(三)应对处置程序

由美国学者罗伯特·希斯的危机管理理论出发，可将危机管理程序分为预防、响应、研判、处置、善后五个阶段。国内学界在危机管理程序上较多借鉴这一理论。

1. 预防阶段

应对要点：加强教育、健全信息、协同联防、预防警戒。

在中国传统文化中，"防患于未然"的理念承袭千载。中国古代在对外安全保障的进攻与防御关系上，主流思想和做法是固防限攻，具有以防御为主导的特征。①习近平总书记强调，增强忧患意识，做到居安思危，是我们治党治国必须始终坚持的一个重大原则。②海恩法则指出，每一起严重事故的背后，必然有29次轻微事故和300起未遂先兆以及1000起事故隐患。墨菲定律指出，只要存在发生事故的原因，事故就一定会发生；不管其可能性多么小，但总会发生，并造成最大可能的损失。在预防阶段，辅导员可以发挥五重作用：一是打好“预防针”，强化自身和学生的安全意识，开展安全教育，提高面对危机的心理承受力、抗压应变力；二是当好“传感器”，健全信息集散管道和学生骨干体系，尽可能使工作手臂延长、感知触角遍布；三是喂好“定心丸”，重点关注存在各类困难和各种问题的学生，加强过程管理和全程关怀；四是涂上“润滑剂”，发挥思想政治工作组织者、协调者的作用，及时与家长、相关职能部门联系沟通；五是做好“吹哨人”，对潜在危机及时预警，对学校制度建设和校园治理提出建议。

2. 响应阶段

应对要点：研判信息、评估风险、监控形势、判断事态。

发生学生危机事件时，辅导员无论是否是事件第一发现人，都要迅速反应，第一时间赶到现场，稳定当事人情绪。到达现场后，要及时准确了解掌握事件发生的时间、地点、涉及人员、人员伤亡、财产损失等重要信息，客观、科学、适时地进行信息评估、研判，并立即向上级领导汇报。依据事件的性质和严重程度，同步请求学校保卫处、校医院、心理咨询中心等相关部门协助，或者拨打110、120、119寻求公安、医疗、消防等校外属地资源的帮助。学校领导需要对危机事件进行风险评估，监控形势、判断态势，构筑“防火墙”隔离危机，减少并消除危机损害。在确定危机性质、估量危机的发展趋势以及后果的基础上，协调校内各部门和相关社会职能机构共同做好安保、救治、沟通和舆情处置等工作。

3. 研判阶段

应对要点：审时度势、控制事态、调查研究、循证决策。

辅导员要密切关注涉事人员情绪、心理及思想变化，尽可能做好安抚、疏导和开导。与保卫部门协同规劝其他学生及时疏散，避免人群拥堵，影响事件的处理或激化当事人情绪。在事态稍趋稳定之后，细致调查事发原

---

① 刘跃进：《当代国家安全理论视角下的中国古代国家安全思想》，载《中国人民公安大学学报(社会科学版)》，2013年第3期。

② 《习近平关于总体国家安全观论述摘编》，中央文献出版社2018年版，第3页。

因、了解具体经过等，并将危机事件的概况、成因及初步处理情况准确向上级汇报，方便上级循证决策。不能拘泥于常规性做法，应遵照危机事件发展规律，视需采取非程序化决策灵活处置，以迅速控制局面。此外，还要密切关注网上信息，在合理范围、合适方式前提下发布信息并引导学生言论，制止学生传播不实信息或者发表有损学校形象的言论。

4. 处置阶段

响应要点：积极应对、协调处置、内外沟通、取得理解。

辅导员要树立大局观念，以妥善解决危机为根本目标，做好当事方、学校及其相关部门的三个主体之间的纽带，发挥沟通桥梁作用，积极应对、协调处置危机事件。辅导员要认真倾听学生的合理诉求，针对不同学生群体开展教育说服工作，尽可能帮助学生解决实际问题，维护学生的正当利益，进而尽早平息矛盾。及时进行家校沟通联系，充分考虑体谅家长的感受，有效共情安抚家长的情绪，争取家长理解、信任、配合。详细记录每天的工作进展情况，形成书面材料，做好台账以备质询。特别要注意工作细节，把工作做细、做实，保证自己负责的工作不出漏洞，确保处置工作的圆满完成。

5. 善后阶段

应对要点：恢复善后、总结反思、危机学习、评估研究。

美国学者诺曼·奥古斯丁认为，每一次危机的本身既包含导致失败的根源，也孕育着成功的种子。发现、培育以便收获这个潜在的成功机会就是危机管理的精髓。① 危机事件结束后，辅导员要持续关注、继续做好学生的情绪和心理疏导，帮助学生从危机事件中走出来，尽快恢复正常状态。同时，要及时总结经验教训，探究危机事件的起因，评估工作的成败，分析哪些环节还需要修正完善，从危机中学习经验教训，将相关资料汇总整理形成案例，以便更好地预防和处理类似的突发事件。组织开展学生危机意识教育，提高学生危机处理技能，帮助学生建立积极的心态及正确解决问题的能力。

---

① [美]诺曼·奥古斯丁：《危机管理》，中国人民大学出版社2001年版，第38页。

第二节　高校辅导员应对学生危机事件的职责和角色

一定程度上，社会稳定要看高校，高校稳定要看学生，学生稳定则要看辅导员。[①] 在学生危机事件应对中，准确定位辅导员的职责和角色，是确保辅导员积极、稳妥、有效发挥好应有作用的前提。学界普遍认为，辅导员在学生危机事件应对过程中居于极为重要的地位，发挥着至关重要的作用，扮演着预防者、协调者、决策者、谈判者、化解者、评估者的角色。[②]

这方面，在认识上和实践中长期存在三种偏差，一是责任“越位”。妥善应对学生危机事件，需要高校统筹协调，根据实际情况抽调相关部门和院系的工作力量组建工作团队（专班），各团队成员按照职能和分工协同开展工作，辅导员也是团队中的重要一员。但常常出现因辅导员被视为最熟悉、最贴近学生的人，而被团队负责人赋予和要求了更多的任务，或简单化地将学生危机事件的责任归咎于辅导员，导致辅导员承载了过多的责任和压力。二是职责“错位”。辅导员是开展大学生思想政治教育的骨干力量，是高校学生日常思想政治教育和管理工作的组织者、实施者、指导者。由此决定，辅导员的工作职责范围虽广，但并非全无边界；对学生负有教育管理服务的重要责任，但并非“无限责任公司”。辅导员的工作常被片面化理解，在学生危机事件应对中被视同于“侦察员”“消防员”“保姆”，有时被交予超出其本职范围的任务。三是角色“缺位”。有的辅导员对学生危机事件应对与思想政治工作的内在统一性认识不够深刻，认为此类事件应主要由学校的应急管理部门处置，将自身主动退居到“打酱油”的边缘位置；有的辅导员由于经验不足或有畏难情绪，有的辅导员则由于责任心、应变能力、处置水平差强人意，导致在学生危机事件应对中响应度、配合度、执行力不高，甚至阻滞了事态的良性发展进程。这三种偏差，显然都不利于学生危机事件的顺利处置，需要从三个方面准确定位辅导员在学生危机事件应对中的职责和角色。

---

① 徐家庆：《多维视域中的高校稳定问题研究》，山东大学博士论文，2015年。

② 于正伟：《辅导员在校园危机处理中的角色定位》，载《高校辅导员学刊》，2011年第4期。

一、学生危机事件应对是辅导员本职工作之一

目前，在我国高校中，辅导员是学生危机事件应对的主要力量。这既是高校辅导员职责使命的规定性要求，也是思想政治工作的应有之义。

(一)职责使命的规定性要求

《中共中央国务院关于进一步加强和改进大学生思想政治教育的意见》(中发〔2004〕16号)指出，高校辅导员是学生思想政治工作的骨干力量，是高校实施全面素质教育，开展学生思想政治工作，确保学校稳定的一支重要力量。《普通高等学校辅导员队伍建设规定》(教育部令第24号)对辅导员的主要工作职责提出具体要求，要求高校辅导员应了解和掌握高校学生思想政治状况，针对学生关心的热点、焦点问题，及时进行教育和引导，化解矛盾冲突，参与处理有关突发事件，维护好校园的安全和稳定。《普通高等学校辅导员队伍建设规定》(教育部令第43号)进一步明确校园危机事件应对是辅导员的一项重要工作职责，包括组织开展基本安全教育；参与学校、院(系)危机事件工作预案制定和执行；对校园危机事件进行初步处理，稳定局面控制事态发展，及时掌握危机事件信息并按程序上报；参与危机事件后期应对及总结研究分析。以上规定既明确了学生危机事件应对是辅导员的本职工作之一，又明确了具体的职责任务，为辅导员确定了工作方面的领域和边界。

(二)思想政治工作的应有之义

学生危机事件应对与思想政治工作有着密切的联系。学生危机事件应对是思想政治教育的重要范畴，运用思想政治教育是应对学生危机事件的需要，学生危机事件应对与思想政治教育相互促进。① 辅导员作为学生的成长引路人，要围绕学生、服务学生、关照学生，要把解决思想问题和实际问题结合起来，而危机事件的发生往往是多重矛盾交织叠加的结果，应对好危机事件、解决好危机事件背后的思想问题和实际问题，本身就是辅导员开展思想政治工作的分内之事。有统计表明，当班级出现突发事件时，90%以上的学生表示会在第一时间内求助他们的辅导员。② 在面对危机事件

---

① 张丹丹：《大学生危机管理中思想政治教育对策研究》，东北石油大学硕士论文，2018年。

② 吴惠：《辅导员在班集体建设中的角色转换及策略分析》，载《思想理论教育导刊》，2009年第9期。

时，辅导员应冲锋在前、发扬风格，主动担负起组织交予的各项任务，不推诿、不计较，力争为团队的共同目标作出更大贡献。

二、辅导员在学生危机事件应对中起重要作用

高校辅导员在学生危机事件应对中具有举足轻重的作用，是高校行使紧急权的重要主体，在学生危机事件应对的全过程都发挥着重要功能。

(一)高校行使紧急权的重要主体

从法理角度来说，高校在危机事件应对时行使紧急权——实质是一种扩张了的内部行政管理权，是基于危机事件具有突发性、迅速扩散性、严重危害性等特征，常规的权力使用已经无力掌控局面。[①] 而辅导员就是紧急权行使时的一个重要主体，能够发挥重要作用，有的作用对其他力量来说具有更优性甚至不可替代性，这是由辅导员的岗位特点和比较优势所决定的。例如，辅导员平时扎根学生、深入学生、保持家校联系，对学生的自然情况、思想动态、性格特征、人际关系等最为熟悉，可在需要时立即转化为有效信息供领导决策参考。

(二)在应对全过程发挥重要作用

在事前，作为“治未病”的先手棋，辅导员队伍协同保卫队伍日常开展的前置性的安全教育在提升学生安全意识和风险防范应对能力方面具有重要地位，高校、院(系)在制定危机事件处置预案过程中辅导员可以从学生群体实际出发提供建设性意见，辅导员自身建立健全危机预警机制也是危机管理的重要环节。当校园危机事件事发时，辅导员往往是“首应者”(第一应对者)或较早获知讯息者，要迅速响应并赶往现场进行前期干预和控制，防止事态恶化或附带伤害，并立即向院(系)和学校有关部门报告，获取上级的指示和支持；同时与时间赛跑，向相关专业机构寻求帮助，尽最大可能降低损失、挽救生命。在事中，在与当事方的沟通中，辅导员可以运用心理学基本知识和共情、倾听等方法进行抚慰，或向保险公司等机构为学生争取更好的经济补偿条件。在事后，在反馈、评价、总结中则可以从案例的角度进行研究分析。可见，在学生危机事件应对全过程中，辅导员均能在平时、事前、事发、事中、事后的各个环节发挥重要作用。

---

① 梁润、童蕾蕾：《高校危机管理中紧急权的使用：合法性、合理性和有效性分析》，载《南京航空航天大学学报(社会科学版)》，2017 年第 1 期。

三、学生危机事件应对需要多方合力协同开展

学生危机事件是对整个高校正常的教育教学秩序的严重的现实性风险，其应对是在学校党委通盘考虑和统一指挥下进行的，工作团队要树立系统思维和整体观念，发挥团队作战的力量，加强协同配合，将每个部门和成员的优势和“战力”运用到极致。事实上，在美国高校，学生危机事件的处置也是如此。按照美国教育部的要求，高校必须成立包括学校相关领导如校长、副校长等在内的同时囊括心理医生等校内外相关专家以及校外顾问的危机应对小组(CRT)，在危机处理过程中，各方必须协同开展紧急救援工作。① 具体而言，作为高校辅导员，要处理好以下三对关系。

(一)处理好战略方向和战术运用的关系

战略方向是团队为维护高校安全稳定而共同努力的大方向，凝聚了一致的价值观和总目标。战略方向决定战术运用的方向，战术运用服务并助力战略方向的达成。在战略方向既定的基础上，辅导员要借鉴一些军事上的战术思想，例如制订谁主攻谁助攻、谁突进谁掩护的方案，把握防御战、拉锯战、攻坚战等阶段性特点，采用迂回侧击、重点突破等策略，科学的战术思想和工作策略能够促进学生危机事件更快更顺利地得到解决。在战术运用层面则可以结合个人的工作风格、工作习惯、工作思考，充分地发挥主观能动性和创造性。

(二)处理好主责主业与协同配合的关系

辅导员决不是孤军奋战，也不总是“救火”对象，而需要团队提供坚强后援。在学生危机事件应对的整个过程中，辅导员时而作为主导，时而为参与角色，时而又居于从属配合地位，需要视不同情形加以界分。例如，在事发时的应急响应、现场勘定、降损控制和信息报送等环节，辅导员必须顶在最前线，这是辅导员的主责主业，他人无法替代，还要顶住压力和遭受可能的惊慌、责难、委屈，这正是考验辅导员的政治觉悟、党性修养、素质能力的关键时刻。在事中的相持期、拉锯期，要建立有效沟通机制，多渠道、多主体、经常性地和利益相关方保持沟通、对话②，甚至需要日夜

① 刘润：《美日高校学生危机管理的启示》，载《高校辅导员学刊》，2018年第6期。

② 张聪：《辅导员视角下高校危机管理的沟通机制研究》，载《法制与社会》，2018年第21期。

不离地提供陪伴、安排衣食住行，这对辅导员的交流能力和抗压能力是一种挑战。但其他一些环节，例如危机事件工作预案的制订和执行、向上级教育部门报送信息或与地方有关部门领导联络，辅导员通常都处于协同配合的位置。

(三)处理好事急从权和工作规程的关系

辅导员是学生危机事件应对的主力之一，但不应也无力"包办"一切。除非是在千钧一发、无暇他顾的极特殊情况下，辅导员需要随机应变、当机立断，否则遇到拿不准的事项切勿自行仓促做主，而要及时请示汇报。此外，在有些阶段和场合，辅导员并不适合作为主导性角色。例如当进入学校与当事方就善后事宜进行谈判阶段，涉及赔偿款或人道主义抚慰金的数额等事项，通常需要院(系)或学校职能部门负责人出面，事态严重时甚至需要学校领导出面谈判，此时辅导员应做好配合工作，不应随意作出超出"权限"的表态以免影响处置进程和结果。总之，准确定位辅导员的职责和角色，采取正确战略和科学战术，充分发挥应有的功能和作用，才能做到不"越位"、不"错位"、不"缺位"，促进学生危机事件的应对朝着学校希望的方向顺利推进。

第三节　高校辅导员应对学生危机事件需具备的能力

辅导员作为一个职业，有其特需的能力结构。辅导员的职业能力是以马克思主义为指导，以当代社会和大学生成长实际为基础，以我国民族文化为背景，以发达国家相关知识为借鉴，以促进大学生全面发展为目标，依托思想政治教育学科，运用相关学科理论和方法(或相关专业知识)，有针对性、实效性地开展思想政治工作的状态和能力。[①] 2014 年教育部颁布的《高等学校辅导员职业能力标准(暂行)》(以下简称《标准》)提出辅导员应具有良好的组织协调能力和文字运用表达能力，以及疏导教育能力、专业知识研究能力等，并按照一定的工作年限和阶段特征，将辅导员分为初级、中级、高级三个层次依次递进提出职业能力要求，这样就使得辅导员究竟需要什么样的职业能力有了一个可资探讨的基点。其中每个层次均包括了

---

① 郑永廷：《高校辅导员工作专业化的任务与实现方式》，载《高校辅导员》，2010 年第 1 期。

危机事件应对这一职业功能，列举出相应的工作内容、能力要求、相关理论和知识要求。无独有偶，美国大学人事协会(ACPA)联合美国学生人事管理者协会(NASPA)于2010年、2015年、2016年陆续颁布了《学生事务从业者专业胜任力范畴》《学生事务教育工作者专业胜任力范畴》《ACPA/NASPA专业胜任力标准》，使得学生事务从业者专业胜任力标准不断完善。① 与我国高校辅导员职业能力标准类似，美国学生事务从业者专业胜任力标准也按照初级、中级、高级三个层次依次递进提出职业能力要求，其中"危机与风险管理"是在"组织和人力资源"一级指标之下的重要二级指标。无论是我国高校还是美国高校，均将危机事件应对(危机与风险管理)作为学生事务从业者能力标准中的重要内容。

辅导员的职业能力标准是对辅导员能力结构的标准化描述。事实上，由于学生危机事件本身具有突发性、复杂性、艰巨性等特点，辅导员在学生危机事件应对中需要综合运用各种能力方能胜任，因此，学生危机事件应对是辅导员综合能力的总体呈现，许多高校把该项指标作为评价辅导员综合素质能力的重要内容。从工作实际出发，参照学生危机事件应对的基本流程，辅导员在学生危机事件应对中需具备的能力主要体现为六个方面。

一、落实做细能力

崇尚实干、狠抓落实，是我们党的优良传统。习近平总书记多次强调"一分部署，九分落实""世间事，做于细，成于严""要把抓落实作为开展工作的主要方式"。抓落实不仅是思想认识和工作作风方面的要求，会不会抓落实更是一种能力上的要求。"上面千条线，下面一根针"是对辅导员落实上级大量任务日常状态的形象描绘。在学生危机事件处理上，抓落实的一个重要体现就是把前置性、基础性的工作落实做细。当前国内外主要的危机管理理论和模型均把预防预警作为重心，改变了过去重于预处置、轻预防预警的做法。例如《指南》中将危机的发展划分为潜伏期、爆发期、恢复重建期三个时期，明确指出危机的发生是有征兆的，事前的预防远胜于事后的救济，最成功的危机解决办法应该是在潜伏期解决危机这样的以预防

① 李晓楠：《美国高校学生事务从业者专业标准研究》，中国地质大学博士论文，2019年。

为主的理念。①

要把这些预防预警的前置性、基础性的工作做好，需要在三个方面下功夫：一是要把上级有关安全稳定的工作部署与责任制落实到位，制定必要的安全管理制度和学生危机事件应对预案，时常督促检查并开展操演。例如，经常到学生宿舍走访，关心学生学习生活，排查和纠正安全隐患。二是安全教育要常思不怠、常抓不懈。要以大概率思维应对小概率事件，以总体国家安全观为指导，将国家安全与校园安全、传统安全与非传统安全相结合，既关注有外在行为表达的安全事项，又关注思想认识和价值观念方面的安全事项，创新开展融知识传授与实践体验、线下与线上为一体的安全教育活动，切实提升学生的安全意识和安全技能。作为一项预防性的工作，对学生开展心理健康教育很有必要，包括帮助学生正确认识各种心理问题的表征、原因和应对方法，提高学生应对危机的意识和能力。三是锤炼"了解学生"的看家本领，建立健全危机预警机制，全方位、深层次掌握所带学生和关联方的情况，建立学生工作台账，培养学生骨干队伍，织密信息通传网络，做到底数清、情况明，有需要的时候能够秒速检索、脱口而出，真正把思想政治工作做在日常、做到个人。尤其是平时要加强家校联系，既要尊重家长的知情权，又要保持与家长、学生三方的信息对称，避免因信息堵塞、信息失真而引发危机事件。

二、决策应变能力

美国著名管理学家赫伯特·亚历山大·西蒙认为，管理就是决策。决策过程贯穿了危机事件处置的全过程，主要体现在现场处置、相机抉择、信息处理三个方面。

(一)现场处置

在学生危机事件发生时，第一时间的响应和第一现场的处置是决定应对成效的关键环节。学界和高校普遍认同的一条原则就是"迅速快捷原则"，快速高效处置是减少损失的保证，也是检验预警机制是否高效的条件，学生危机事件应对必须迅速快捷，在最短时间内采取最有效的措施迅速控制

---

① 郭献进编：《大学生危机管理实务》，武汉大学出版社2010年版，第12页。

局面，贻误时机就可能导致更加严重的后果。① 无论是主动发现还是被动获知，辅导员通常都是学生危机事件应对的最早参与者，既要适度紧张保持头脑高速运转，又要沉着冷静，迅速从一开始的慌张中镇定下来，“每临大事有静气”，按照预案和遵循生命第一、有效控制的优先级顺序，有条不紊地主导或配合做到报警通报、救援医疗、人员疏散、消防抢险、信息收集等步骤，尽最大可能保护学生，控制并消除负面影响。

(二)相机抉择

不同角色在决策过程中的定位和作用不同，有些环节需要辅导员随机应变、相机抉择，如有特别紧急的情形就需要有“急智”，用非常规的、非程式化的思维和举措去处置。例如当有学生被疑似毒蛇咬伤，120 救护车一时没有可派出的，此时就决不能坐等，在采取伤口处置紧急措施后立即用自己或拦停的私家车送医。又如当校园火灾事故发生时，最紧急的任务是疏散学生，掌握火场中的学生信息和伤亡情况，联系并协助医护人员、消防人员开展救援。如自身或在场学生曾受过相关培训、且有消防设备，确证火势大小、过火部位和材质特性(尤其是在实验室火情中)，在确保人身安全情况下可在消防人员抵达前立即组织开展灭火行动。事实上，许多高校开展的学生消防演练、急救培训等活动已被实践证明了其必要性和有效性——一些校园火情发生后就是由师生自行扑灭的，师生采取的避险和急救行为减少了可能的伤害。

(三)信息处理

学生危机事件应对也内含着信息处理的过程，需要借鉴信息学的相关知识。危机信息学(也称灾害信息学)是一个新兴的跨学科研究领域。它的广义定义是：在危机、灾害期间，人类、组织机构、信息和技术之间的相互联系。② 从灾害评估、风险识别到应急管理与恢复，信息在减少人们受灾害影响程度及经济损失中发挥着关键性的作用，能否快速提供可靠信息是减灾决策成功与否之关键。③ 学生危机事件应对中的信息处理通常包括搜集、整合、加工、分析、发布、传播等环节，辅导员在这个处理链条中均

① 徐挺、蒋和法编：《高校突发公共事件应急处置与管理》，宁波出版社 2008 年版，第 12 页。

② 邱瑾：《美国圣何塞州立大学危机信息学教育设置及启示》，载《图书馆学研究》，2020 年第 13 期。

③ 邹青芸等：《灾害信息学研究及其在中日美的发展》，载《图书与情报》，2016 年第 4 期。

可不同程度发挥作用。例如，许多高校都建立了学生工作信息系统，辅导员需熟练运用并及时调用相关学生信息数据。又如，当学生自杀身故而又未留下遗书等能够说明起因的材料时，应配合警方从亲属、师长、学长、舍友、恋人、同乡、球友、网友等密切接触者和手机短信、社交媒体处捕捉蛛丝马迹，通过合理推断还原时间线和轨迹线，得出一个具有较高可信度的判断，为责任判定、应对方向、善后工作提供高价值的决策参考。再如，信息处理中的分析环节在诸如学生突然失联的危机事件中往往能起到出奇制胜的效果。辅导员要善于将上述信息素材，结合大数据分析方法和生活智慧，给失联学生的兴趣圈、社交圈、活动圈画像，推测出失联学生可能的位置和后续动向，为公安机关开展调查提供线索。

三、有效沟通能力

沟通是人与人之间、人与群体之间思想与感情的传递和反馈的过程，以求思想达成一致和感情的通畅。思想政治教育在危机事件应对中具有导向、整合、沟通、调适和规范功能。[①] 沟通得当能促使事件顺利解决，沟通不当乃至失败则可能迟滞事件处置或使事件恶化。有效沟通能力是辅导员必须具备的能力之一，它不仅应用于日常工作的各个场景(例如与学生谈心谈话、与其他同事或学生家长开展交流)，而且在学生危机事件应对中尤为重要。辅导员需要和可能进行沟通的对象有许多，包括校内各相关部门、院(系)，校外各有关部门，当事方，新闻媒体等；有时是个体间沟通，有时需要面向群体进行沟通。

要提高沟通的有效性，需注意两个方面。一是合理运用沟通技巧，比如悉心倾听、保持耐心、换位思考、舒缓情绪、斟酌表达、管理表情等；二是准确把握沟通对象的心理特点和危机事件发展规律。在信息沟通方面，辅导员应做到信息准确、确保时效、渠道通畅。当然，在危机事件应对中的沟通有时会比较曲折、艰难，这在学生失踪、学生伤亡等严重危机事件中表现得尤为明显。美国学者库伯勒·罗斯提出个体面临波折、磨难、压力之时要经历五个阶段的心理变化：否认、愤怒、协议、绝望与接受。[②] 此

---

① 周立军：《思想政治教育价值与高校突发事件善后治理机制研究》，载《思想教育研究》，2011 年第 2 期。

② 薛正：《不支持监督案件之矛盾化解与情绪疏导实践初探》，载《法制与社会》，2017 年第 23 期。

类危机事件的初期，亲属常常会本能地拒绝相信，甚至把通报信息的师生斥为骗子。且无论高校有责无责，亲属一般会在情绪驱动下，先入为主地将学校视为责任方，对学校提出质疑甚至怀有敌意，有时还会情绪失控产生过激言行。辅导员应感同身受地体谅亲属的心情，耐心地给予宽慰。随着危机事件的进程循着其本身的发展规律推进，前因后果、是非曲直逐渐明晰，亲属到最后通常都能接受校方的方案，但必须经历一个或长或短的过程。此外，由于亲属中至亲、远亲等细分类别对当事学生的感情基础具有差异性，沟通的策略也应因人而定。到了危机事件应对的中后期，通常亲属会与校方代表就解决方案进行协商或谈判，这个关键性问题的决策过程一般不由辅导员唱主角，但是可以充当助攻角色，做好调解性的沟通，促进双方尽快达成一致。

四、人文关怀能力

人文关怀是中国共产党以人民为中心的执政理念在具体工作中的体现。我国应急管理的理念和使命就是最大限度排险、最大限度救人、最大限度减少事故损失。① 人文性是学生危机事件应对中的基本价值取向，即尊重人、关怀人、关心人、爱护人。始终把师生的生命安全放在首位，“不惜一切代价救人”在我国绝不是一句空话。对经历危机事件后陷于悲痛和困境的当事方，辅导员带来的无论是温情的问候，还是真诚的鼓励，抑或是肯定的眼神，都能给他们带来温暖人心的力量和共渡难关的决心。人文关怀主要体现在三个方面：

（一）真情帮扶

要把对生命的敬畏和对学生的关爱转化为具有实质性帮助作用的行动，例如在学生康复期多探视慰问，帮助学生办好请假、缓考、休学、学籍注销等手续，安排得力同学照顾生活、补习功课，组织同学共同办好学生的善后事宜，协调学校相关部门为行动不便的伤残学生改造、调换宿舍，为家庭经济陷入困境的学生申请办理特殊补助，与亲属保持联系给予问候鼓励，联络保险公司、民政部门、红十字会、慈善组织等机构和单位给予理赔和救助等。总之，对辅导员而言，工作中注重人文关怀本就是一个鲜明

① 孙华山：《坚持以人民为中心　加强安全生产应急管理》，载《学习时报》，2017年7月17日。

的职业特征，在学生危机事件应对中要尤为“高亮”凸显。

(二)心理疏导

思想政治教育本身即是以人的思想为改造对象的活动，它直接影响着人们的心理状况，具有明显的心理调适功能，在学生危机事件中可以对当事方进行心理调适。心理调适和心理疏导既有联系又有区别，心理调适是一种内外兼顾、双向并行的活动，既注重对工作对象的调适，也注重对自身心理的调适。而心理疏导主要是着力于工作对象的。在学生危机事件应对中，主要进行的是心理疏导活动，辅导员通常是这项活动的主角。危机事件的当事人除了受到人身伤害和财产损失，心理上的伤害也不容小觑，严重的甚至患上了创伤后应激障碍(PTSD)。学生说“求心理阴影面积”“内心受到10000点暴击”等就是对造成严重心理刺激或打击的形象说法。因此心理疏导就成为学生危机事件应对的一个常规步骤。

就心理疏导的对象而言，除了群体性危机事件中的群体疏导，主要是以个体疏导形式存在；除了危机事件当事人需要进行心理疏导，当事方往往也会被波及，受到连带的心理伤害，因此也需要进行心理疏导，例如不可忽视危机事件当事人的舍友、恋人等密切接触者的心理疏导。作为职业能力的一项“标配”，辅导员在入职前或接受岗前培训后，都具有基本的心理学常识，掌握了心理健康教育和咨询的基础技能，有的还考取了心理咨询师证书，可以从危机事件发生后即着手进行心理疏导。疏导过程中要充分考虑疏导对象的身份、情绪、情境，将疏解与导引有机统一，达到既抚慰又开导的目的。心理疏导与思想引导是有机统一的，也不可忽略实际问题与危机事件发生、处置的关联性。但如辅导员的早期干预不奏效，或经研判已转化为次生危机——心理危机，则要尽早协调专业的心理医生介入，严重的要送至医院的精神科就诊。

(三)思想引导

思想引导是包括辅导员在内的思想政治教育工作者的核心能力。要充分关注危机事件中每个人的生存状况和生存意义，关心每个人的个性需求，帮助他们摆脱恐惧，恢复生活的信心。这不仅是应对危机事件的短时需要，也是一种文化和文明的长远需要。[①] 引发学生危机事件的根源，往往直接或

---

① 李晓元：《新时期突发事件中的思想政治教育研究》，东北师范大学博士论文，2019年。

间接归因于思想问题。思想问题可分为一般性的思想问题和政治性、意识形态性的思想问题。一般性思想问题只要找准症结，对症下药，再辅之以思想政治工作的其他方法，通常能够得到顺利解决。而政治性、意识形态性的思想问题往往是因为学生自身固有的错误认知，或受到了错误思潮、错误观念、错误言论的干扰和影响，或受到了境内外敌对势力的蛊惑，从而在思想上行为上产生偏差，这样的问题比较复杂，要通过思想政治教育扭转偏差、解疑释惑并不容易，需要具备一定的理论素养、人生阅历和引导能力。

在应对学生群体性事件和网络舆情事件中，尤其需要辅导员运用科学的理论和适当的方法对学生做好思想引导，学生思想上想通了，事件就能迎刃而解。学生群体性事件有的是因为校园生活服务类的问题引发学生不满，如因食堂供餐质量问题引发的罢餐、聚集。这类事件就是小矛盾转化为非理性行为表达的结果。科学的思想政治教育，有利于合理疏导学生情绪，将矛盾因素转化成无害或对学校有利的因素。① 有的群体性事件则是学生受到国内外一些热点或敏感事件的刺激，例如他国侵犯我国主权和领土完整、政府制订兴建高污染化工项目的规划、个别高校招生存在严重过错等，为表达抗议和不满而聚集示威、游行。这类事件关乎公共政治稳定，必须对涉事学生进行深入的思想引导，“不能对他们只用拍拍肩膀的办法。要把是非讲清楚，要把利害讲清楚”②。近年来大学生在网上发表错误言论而引爆舆论场的事件屡见不鲜，有的是歪曲历史的大是大非的问题，伤害了民族情感，必须给予严肃批评，做好思想引导，并依法依规进行处置。

五、舆情处置能力

善于运用网络开展工作，是辅导员必须具备的能力之一，包括运用网络加强正面宣传教育、开展网络文化建设、做好网络舆情监测和处置工作等。在学生危机事件应对过程中，需要全程保持对网上舆情的密切关注，随时做好处置准备。由于社会对高校的期望值和关注度都非常高，因此高校始终处于舆论场的聚光灯下，一丝风吹草动常常会引发社会的瞩目和议

① 吴頔：《思想政治教育视角下高校突发性群体事件研究》，南京理工大学博士论文，2013 年。

② 《邓小平文选》第 3 卷，人民出版社 1993 年版，第 199 页。

论。高校的危机事件恰恰最能触动社会的神经和媒体的嗅觉。在信息网络普及和新媒体发达的时代，高校的危机事件发生后，新媒体环境又为事态发展增加了许多不确定性和挑战性。新媒体环境下，传播的超时空性会加快危机事件消息扩散的速度，传播的互动性加大危机事件爆发的强度，传播的扁平性增加危机事件应对的难度。①

一般有两种情况容易引发网络舆情：一是危机事件在线下发生，但由当事方主动或被其他无关人员发布到网上后，引起网上舆情，有时会演变为线下线上双危机事件；二是因学生不当言行、高校管理服务瑕疵或教师师德师风问题涉及学生等，上网曝光后引起的舆情，这类事件本身可能尚未严重到“危机”级别，但上网后就升级了，形成网上危机事件。在网上舆情的苗头阶段，辅导员一旦监测到舆情，需立即上报并排查舆情源，通过网名、注册信息、个人空间、关联用户等锁定可能的目标，随即做好思想工作，如发布人愿意配合消除影响是最理想的，力争将可能发酵的舆情扼制在苗头状态。事实上，如及早识别、工作到位，许多网上舆情在这个阶段就得到了化解。如舆情热度进一步抬升，乃至经媒体的渲染形成连带效应，危机事件的辐射扩大，成为网上热点，此时干预和处置工作需由学校相关领导小组或党委宣传部门统筹协调，辅导员要听从调度、展现效度，按照舆情处置预案和上级部署开展工作，谨慎面对媒体追踪，排除媒体对工作的干扰。另外，危机事件当事人有关的学生群体和个人，例如所在班集体、宿舍或好友，受事件影响往往会议论纷纷或成为网上舆情的参与者、推动者，需要同步做好思想工作，强化权威意见，弱化有悖真相的情绪性意见。舆情处置的过程往往还伴生着信息发布，辅导员要掌握一定的与媒体打交道的能力，视上级口径、对象特点、发布时机、权责划分等审慎行事，不可自行随意发布。

六、总结研究能力

善于和重视对历史经验的总结与运用，是我们党领导团结带领人民在百年奋斗历程中不断取得胜利的一个重要原因。习近平总书记指出，我们党一步步走过来，很重要的一条就是不断总结经验、提高本领，不断提高

① 王国军：《新媒体环境下高校危机管理的挑战与对策》，载《江苏高教》，2015年第2期。

应对风险、迎接挑战、化险为夷的能力水平。① 辅导员是一个具有经验型和理论型双重特点的职业，其工作成果转化兼具理论和实践意义，要注重把辛苦转化为成果，把经验上升为科学，总结提炼工作中的经验规律。② 就危机事件应对而言，要从两方面着手加强总结研究能力。

(一)善于总结正反两方面的经验

要汲取能够指导危机事件应对实践的有益经验和知识。一是辅导员职业能力标准中，关于危机事件应对要求掌握的基本理论和知识，包括公共危机管理、心理学、教育学、社会学、伦理学等基本理论和相关法律法规知识；二是前人关于危机事件应对的实践经验和理论研究，凝聚在相关的著述、论文、案例等知识载体之中。这两者对辅导员而言构成了重要的间接知识和间接经验体系，在许多没有危机处置经验的辅导员特别是新入职辅导员尚无直接知识和直接经验的情况下，是必不可少的学习素材。三是自身学科背景和因兴趣使然所学的理论和知识，有时能在不经意间起作用。例如有的辅导员具有工程学科背景，对于因建筑物的工程质量或仪器设备损坏导致的危机事件，具有更深层次理解，有助于配合相关部门开展调查工作；有的辅导员具有法学学科背景，可以更好地配合学校法律事务部门，将法治意识融入危机事件处理中，维护当事人和学校双方的合法权益。

总结和运用经验，是为了更好地面向未来。危机事件处置结束后，辅导员一定要做好复盘，既要总结处置过程中的好办法、好经验，又要认真反思不足、吸取教训，这样可以避免以后再次出现类似的问题，不断提升危机事件应对的“段位”。同时，也可在做必要的隐私保护处理后，将危机事件作为案例进行安全教育，提升学生的危机防范意识和处置技能。

(二)善于在实践中开展工作研究

思想政治教育不仅具有学理性，也具有很强的实践性。着眼理论与实践的“结合部”，在实践中开展工作研究，不仅是辅导员的必备能力，也是成长发展的必经之路。思想政治教育研究不是为了“研究”而研究，相关研究不仅是为了推进基础理论的深化，同时也是为实践领域提供指引。③ 在《标准》中，对辅导员危机事件应对的能力标准(高级)就提出了总结经验、

① 习近平：《在党史学习教育动员大会上的讲话》，载《求是》，2021年第7期。

② 冯刚：《深化新时代高校辅导员队伍专业化职业化建设的逻辑理路》，载《高校辅导员》，2021年第2期。

③ 冯刚：《坚持思想政治教育热点研究的实践导向》，载《思想理论教育》，2020年第3期。

把握规律、开展学术研究、成为校园公共危机管理专家这样的要求。辅导员可以在复盘基础上，从撰写工作案例入手，以理论研究的方法查阅相关文献、尝试写作论文，形成可复制、可推广、可借鉴的经验，并在一定范围内交流。

第四节　高校辅导员应对学生危机事件的难点及其破解

高校辅导员在学生危机事件处置中承担重要角色，需要多维度、多层面、多线条开展工作。就单个辅导员来说，其时间、精力、能力和资源都是有限度的，由此在学生危机事件处置过程中难免遇到各种各样的问题，面临多方面的挑战。在此情况下，需要根据辅导员的实际情况予以支持和协同，形成学生危机事件处置的工作合力。

一、辅导员的情感支持不足

情感支持是辅导员素质能力提升的内生动力。辅导员的职业情感不是自然形成的，需要外部的赋能。辅导员需要表达欣喜、兴奋的正向情感，也会经历失望、挫折、苦恼的负向情感。[①] 长期以来，虽然对辅导员队伍的政策支持、工作支持、发展支持等支持体系建设越来越强化和完善，但情感支持一直是支持体系中的一个短板。原因是多方面的，一是由于辅导员的职业特性和已被“共识化”定义了的角色属性，被默认为是一个“输出型”的“人设”。例如谈到情感，人们的第一反应是辅导员要带着情感做工作、要加强对学生的情感关怀等，甚少谈及辅导员自身情感上受关怀的需要和输入型的需求，辅导员被视为具有强大心理建设和创伤自愈能力的“铁人”。二是由于高校的党建与思想政治工作的内容越来越丰富，学生的思想政治教育和日常管理服务的事项越来越多，节奏快、强度高，无论是辅导员还是院(系)、学校相关职能部门都像陀螺一样连轴转，上级忙于布置、基层忙于落实，均无暇或罕有顾及个体化的情感关照，相对于刚性的工作任务要求，情感支持成了一项非刚需的选项。三是由于辅导员队伍建设过程中

---

① 魏金明：《情感、理性、法则：新时代高校辅导员素质能力提升的三维向度》，载《高校辅导员学刊》，2019 年第 6 期。

缺乏对情感支持的体系化设计和制度化落实。许多高校虽然也注意到需要顾及对辅导员的心理状况的关心，开展了一些活动诸如团队素质拓展、体育兴趣小组、单身“青椒”联谊等，但零散不成体系，时有时无时断时续，在日程表上的排位总是屈居末端，活动的参与面、认可度、实效性很一般。

辅导员的情绪影响和情感消耗主要来自压力，例如工作压力、经济压力、家庭压力等。辅导员在工作中可能会遇到各式各样的具有压力感的情形，例如不时“逼迫”着的各种 DDL(deadline，即某项工作任务提交或完成的最后期限)，而学生危机事件无疑是其中最具有压力感的，初次遇到学生危机事件的辅导员更感压力巨大。学生危机事件带来的压力，既有辅导员在危机管理方面的本领恐慌，有危机现场带来的强烈刺激性影响，有面对危机事件的复杂性和可能产生的严重后果时的担忧焦虑，也有面对亲属的责难、辱骂还得赔笑的委屈，还有危机事件应对过程中的高强度工作与常规工作、个人家庭之间的协调困难。学生危机事件应对，对辅导员来说，是最不希望遇到、但遇到了必须处理妥当的事。它又有着如此鲜明的职业特点，以至于有的“老”辅导员说，“没处置过学生危机事件，辅导员生涯就是不完整的”。但一次学生危机事件的处理，对辅导员的情感世界而言不啻遭受了一次强风暴的袭击，以至于有的辅导员说，“从来没有受过这么多委屈，也从来没有流过这么多眼泪”；有的辅导员说，“经历此役，我只想求领导给我放一天假，躲到安静的地方自我疗伤”。然而实际情况是，辅导员很少能有喘息的时间，危机事件一处理完，就要马上返岗，解决危机事件处理期间堆积的工作去了；也很少有辅导员能够得到制度化的心理关怀，学校的心理健康教育与咨询中心似乎也是学生专用。

当压力不断蓄积、无法释放，正向情绪能量池的消耗达到一定的临界值而又得不到补充，直至耗尽的时候，就会趋于情绪耗竭的状态。情绪耗竭是指个体在承受长时间、高强度压力后所产生的情绪资源耗尽的心理表征①，表现为挫败感、疲惫不堪以及相应的生理、情感和心理方面的衰竭反应。情绪耗竭是一种破坏性的心理状态，不利于身心健康和危机事件应对。辅导员的选择与行为受个人情绪的驱使，积极的应对情绪是处理复杂工作的潜在动力，不良情绪则会使人消沉低迷、工作被动僵化，难以灵活应变

① Maslach C.，“Understanding Burnout：Definitional Issues in Analyzing a Complex Phenomenon”，*Job Stress and Burnout*，1982，pp. 29-40.

摆脱危机。[①] 曾经发生过辅导员处理完学生危机事件就离职、甚至作出过激行为的案例。情绪耗竭是个体内部资源与外界刺激交互作用的反应，个体恢复平衡有两种思路：一是从外部获得资源补充，创造良好的工作环境，提供有效的社会支持等；二是依赖个体自身的调节，如提高自我效能感、心理资源和拥有乐观的性格等。[②] 辅导员在危机事件应对中的情绪耗竭问题，可以从这两方面入手加以解决。

(一)从自身角度：做好压力管理

首先，思想准备要充分。虽然危机事件是否发生、何时发生不可预料，但就像军队要随时准备打仗，辅导员也要做好随时应对危机事件的思想准备。既要做好危机事件应对的理论和方法准备，对处理过程中可能遇到的困难、承受的压力、耗时的持久有所预期，也要做好个人工作和生活安排的准备，一发生危机事件能快速地按照设想，把该交接的工作交接给同事，把学生干部都一一交代好，把家庭的事务安排妥当，避免事到临头手忙脚乱。这样，即使危机事件真的发生了，因为思想准备做充分了，辅导员也能全身心地投入到事件处置中，做到忙而有序、忙而不乱。其次，用党性战胜压力。辅导员都是中共党员，都是为党工作的教育工作者。党性和人民性是统一的，党性和人性也不是对立的关系，在共产党员的身上，人性先于党性、党性高于人性，党性可以克服和战胜人性中的弱点、劣处。面对急难险重任务，面对学生的生命安全受到威胁，辅导员应当有“我不上谁上”的觉悟，发扬先进共产党员不怕苦、不怕累、不怕死的精神，关键时刻冲得上、危难关头豁得出、吃劲之际顶得住，这样的辅导员是靠得住的好辅导员。再次，调适好自身情绪。一方面，自己是最了解自己的，要根据个人心理特点，学会必要的心理调适技巧，找到最适合自己的调适方法，宜疏则疏，在感到压力较大时适时做好舒缓、解压，避免过于焦虑和精神紧绷。另一方面，也要树立自信心，做好积极的心理暗示，增强心理“防御力”，提高承受压力能力和正向能量池续航能力。

(二)从高校角度：加强情感支持

除了靠自身的意志控制和情绪调节外，还需要来自高校、社会等外界的情感支持。高等教育的建设绝不仅是依靠盖华美的教学楼、引进先进的

---

① 孙传通等：《高校危机事件中辅导员情绪耗竭研究》，载《科教导刊(中旬刊)》，2020年第5期。

② 黄桂等：《组织中情绪耗竭问题研究》，载《学术研究》，2021年第5期。

设备或是制定完备的行政制度、考评标准等硬件和软件手段，最重要的是从业人士的“心件”建设。① 学校要注重对辅导员的情感关注和人文关怀，关心辅导员工作、学习、生活等各个方面，为辅导员办实事、解难题，加强团队建设，培育组织文化，形成对辅导员的情感支持系统。② 在危机事件应对中，学校要注意合理安排工作任务，不可过度高估辅导员的承压力，领导要亲自关心辅导员的健康状态，鼓励和支持他们克服困难、完成任务；在应对结束后，学校人事、学工等部门要安排心理辅导和状态评估，在投入正常工作之前最好能有一个短暂的缓冲期。在平时，学校要建立辅导员心理状况预警机制，定期开展调查、访谈，开展工作满意度、信心指数、价值观变化、行为取向监测和研究，在不健康状态来临之前，及时发出预警信号，及早研究解决。③ 对于在重大危机事件中表现突出的辅导员，学校要作为先进典型给予褒奖。

二、实现法理情的辩证统一

实践表明，学生危机事件不仅是高校内部行使自身管理权的事，也与高校外部紧密相关，涉及政治问题、社会问题、教育问题、法律问题等。无论是以调解方式友好协商解决，还是诉诸法律对簿公堂，处置者都需要科学认识法、理、情的关系，寻求三者的辩证统一。

(一)中国传统

中国是一个自古讲究人情、天理的国家，所谓“法律无外乎人情”，情在理先、情理在法先的传统观念根深蒂固，传统诉讼不仅要尚法循规，还要顾及人伦人情、天理常理，做到情理和法律的合宜，避免出现合法但不合情理的判决，这种影响一直持续至今。现代中国提出了坚持“个案中实现法律效果与社会效果的统一”以及“三个至上”的理念，立法和司法都将法、理、情作为个案中慎重考量的因素。在立法上，应该遵循情理法顺位。目前，《学生伤害事故处理办法》(以下简称《办法》)立法位阶过低，只能在司法实践中作为参照适用的依据，未针对大学生特殊主体和处置特点等因素

① 郭位：《心件：大学校长说教育》，中信出版社2016年版，第139页。

② 姚海田等：《基于心理动力学的辅导员队伍建设研究》，载《中国石油大学学报(社会科学版)》，2012年第6期。

③ 周频：《论辅导员职业心态建设的三大支持系统》，载《长春师范学院学报》，2013年第5期。

进行专门立法。在大学生危机事件处置上，大多数学者认为，因目前的法律体系不完善导致司法适用混乱，应加强地方立法或在国家层面制定《校园安全法》等法律规定，并适当考虑当事人一方的情理诉求，体现出法律规则的人性和柔性。① 而在法的适用上，应遵循法理情顺位，在全面推进依法治国的实践进程中，包括具体到高校学生危机事件的处置，法律是调处纠纷、化解矛盾的首要准则，也就是说应对主体要坚持依法治校，牢固树立"法第一位、情理第二位"的观念，在依法应对的前提下论情说理，不支持不合法、不可行的情理因素。

情理法或法理情的统一，是中国式立法和司法实践坚持的基本准则和追求的完美状态、最高境界。法理情的辩证统一，则是高校学生危机事件的应对者坚持的基本原则和追求的理想结果，也是评价应对成效的主要标准。对辅导员来说，不仅在应对危机事件时要坚持和追求法理情的辩证统一，在日常的学生教育、管理和服务工作中同样要注意恰当地处理好三者的关系，有时对三者顺位的不同理解和把握会成为辅导员个人风格的重要决定因素。"法"的内涵既有作为公民的普遍性的内容，比如国家的法律、法制、法规等，以及尊法守法的自觉和行动；也有体现职业的特殊性的内容，比如落实党和国家的教育方针，根据教育方面的法律制度开展工作，按照学校的章程和学生工作方面的制度开展工作，同时辅导员自身也会根据需要制订规章制度并要求学生遵守执行。"理"的内涵首先是指事物的规律，即基于事物本来面目的看法和观点，以事实为依据或与事实密切相关，可以引申为真理性的认识；其次是指合规律性、合规范性，即行为遵守规矩，服从道德、良俗、伦理、契约、规律、礼仪等；最后，理还指代事情或者论点的根据，即理由。② "情"的内涵除了指通常意义上的人情(人之常情)外，主要是指情感。在现代汉语中，情感一词主要有两种解释，一是指对外界刺激肯定或否定的心理反应，如喜欢、愤怒、悲伤、恐惧、爱慕、厌恶等；二是指感情。③ 辅导员本身就是一个需要经常进行情感交流的职业，运用情感因素和情感调节方法是一项基本功。

---

① 李进付：《大学生伤害事故处置中的法理情冲突及平衡》，载《思想理论教育》，2016年第10期。

② 杨国荣：《说"道理"》，载《世界哲学》，2006年第2期。

③ 《现代汉语词典(第7版)》，商务印书馆2016年版，第1068页。

（二）现实困境

正如人体要达到中医理论意义上的完全的阴阳平衡很难，辅导员在实际工作中要实现法理情三者完美的兼顾也很难，总是受各种主客观因素影响而凸显其一、不及其余。其中最突出的表现是过于讲情。不少新入职辅导员，或是个人风格相对更“柔软”的辅导员，由于和学生的年龄差较小，共同话语较多，在与学生的亲密度、熟悉度方面没有隔阂与障碍，常被学生称为某哥、某姐。但辅导员偏重于做学生的知心朋友，而弱化了人生导师的作用；偏重服务、轻教育管理，或存在不想管、不敢管、不会管的现象；偏重从学生的角度考虑问题，有时在对学校规章制度和上级工作安排的理解上与学生存在不妥当的“共情”，甚至有抵触、对抗的想法或表达。也有的“资深”辅导员原则性不够强，为减少麻烦或看在与学生“私交”的情面上，对学生的思想偏差或行为错误不闻不问、包庇纵容。同时，有的辅导员也存在过于讲理和过于讲法的问题。例如，以灌输说教为主要工作方式，引起学生反感；学生出现问题第一时间想到的不是帮扶而是为自己免责，给学生造成冷漠的印象；过分强调“法”的作用，整天以法官或律师的形象出现，凡事动辄上纲上线、机械执行规章制度，在处理学生违纪时对悔过态度和其他表现没有给予应有的考量，给学生以缺乏人情味和简单粗暴的观感；此外，部分辅导员以加强管理为由，自我创制了很多成文或是口头的管理制度，有些是对校纪校规的细化，有些却与学校章程相左。[①] 各种大小制度数量过多、范围过宽、管得过细，学生的创造性、自主性受到压制，等等。现实中法理情要在个案中完美兼顾是很不容易的。学生危机事件处置时常面临法理情的冲突、或经艰苦努力方能达到辩证统一的局面。比较典型的有以下情况：

1. 有法不依

有的高校出于担心社会声誉受损、招生受影响等，发生学生危机事件后急于捂盖子，哪怕于法于理于情并无“硬伤”，哪怕当事方提出了明显不合理的要求，也不诉诸法律途径，宁愿付出比正常处置多得多的代价，只求息事宁人。这在收入来源主要依赖于学费收入的民办高校尤为明显，以至于流传着“公办大校依法治校，省市普本讨价还价，民办学校破财消灾”

---

① 周生虎、周良：《高校辅导员工作情理法三维度的冲突与协调》，载《高等建筑教育》，2017 年第 3 期。

的说法。目前从公开渠道能够获取的高校学生危机事件处置案例十分有限，这与实际情况严重不符，反映了许多高校对此类事件"家丑不可外扬"和"只做不说"的心态。有的高校在处置学生危机事件时，在上级压力下，或事件引起社会议论或网络舆情后，维稳思维占了上风，干扰或冲淡了法治思维，倾向于用行政权力手段强行介入事件，以求"短平快"处置，难免会出现简单粗暴的情况。

2. 法无定法

前文述及我国现行法律本身存在一些问题。2019 年 8 月，教育部等五部门共同发布《关于完善安全事故处理机制维护学校教育教学秩序的意见》(以下简称《意见》)，一定程度上弥补了这方面的不足，但仍存在位阶过低的问题。大学生绝大部分都已成年，发生危机事件后，所涉及的法律关系、归责原则、民事责任等可在民事法律框架下，依据完全民事行为能力人的行为能力和责任能力标准来判定。但是相关法律法规对高校的责任认定、是否担责、担多少责并无清晰的规定，这就为各方法理情的博弈留下了想象空间和诸多困扰。例如，虽然《办法》表面上明确了高校在无责任的情况下不需要承担任何赔偿责任，但又打开了"经济帮助"(道义责任)这一变通之路，帮助行为也不因当事方家庭经济状况是困难还是优渥而异；虽然规定了这一"经济帮助"由学校根据自身经济承受能力自愿给予，但未对幅度、范围、金额有明确的、具体的规定，所以现实情况是无论学校有责任还是无责任，都得在种种压力下承担相应的赔偿责任或一定的道义责任。必须明确的是，在责任事故中，高校因担责而支付给当事方的是赔偿金；而在无责任事故中，学校作为尽到道义责任的一种举措，通常会给予当事方一定数额的人道主义抚慰金，但这绝非赔偿金，两者有着质的不同。

3. 有法难依

有法难依突出地体现为高校方"法在情理先"与当事方"情理在法先"的撕裂与张力。学生危机事件处置中期，高校方与当事方争议的焦点将集中在责任认定上，高校责任事故或非责任事故的处理都比较棘手。尤其是在高校已尽到合理注意义务、完全无任何责任的危机事件中(如学生在校外或家中因个人原因发生事故)，当事方也经常会以种种"情理"要求高校承担责任甚至采取过激行动——最终都归结为经济上的诉求。在这种情况下政府和高校更希望依法依规处理，而当事方往往明知高校在管理上并无过失，也明知本方如诉诸法律必定讨不到什么好处，却抱着多少获得一点补偿的想法纠缠不休，伴之以情绪宣泄、讨要说法、媒体炒作等，双方陷入了一方讲法、一方不讲法的分裂，需要经历一个艰难的拉锯过程才能最终达成合意。

4. 裁判缺位

传统的危机管理理论基本上是按照危机事件的要素、危机处理的流程展开铺叙的，还可按照处置主体的角色定位和切换来考察——主要角色包括决策者、处理者、裁判者、诉求者、参与者。除了进入法律程序处理的事件，司法机关充当了裁判者角色，其他情况下都是高校方和当事方直接"对垒"，缺少一个公允可信的裁判者来调解或评判，因此容易陷入耗时耗神的阵地战。高校在缺乏裁判者调处的情况下，面对当事方的不理性言行，有时会有"有法不能依、有理说不清"的无力感，处于事实上的"弱势"地位。

(三)解决之道

要促进法理情的辩证统一，辅导员在处置学生危机事件时要注意以下几点。

1. 坚守法律底线

要掌握基本的法律常识和涉学生危机事件处置的法律法规，坚持法治思维和底线思维，劝导当事方尽快恢复理性，引导他们保持在法律框架下解决问题。对于当事方脱离法律底线甚至违法的言行，例如扬言要堵校门、拉横幅等，应在不激化矛盾的前提下态度鲜明地给予正告，《意见》中明确规定了8种扰乱高校教育教学秩序或侵害他人财产权益的"校闹"行为，公安机关可依照《治安管理处罚法》相关规定予以处罚，直至追究刑事责任。

2. 把握情理尺度

一方面要理解当事方在亲人遭受意外伤亡和重大变故时的剧烈情绪波动，对他们初期的情绪化表达要有必要的耐受力，对他们提出的合理要求应给予满足。在学生危机事件应对过程中，辅导员不仅是处置者，还要承担起教育者、发现者、沟通者、呵护者的责任，维护学生的合法权益。如当事方提出到孩子曾经学习生活过的校园、宿舍缅怀，应报请上级同意后，配合相关部门做好相应稳控措施，在不影响学校教育教学秩序的前提下帮助当事方实现愿望。辅导员还可主动给予其他的情感支持，例如在可控范围内组织同学追思、请学校的心理咨询师为当事方提供帮助以及配合做好其他善后工作，令当事方感受到学校的人文关怀和充足诚意。另一方面，当事方时常会在情绪和利益驱使下，作出不合宜的情理表达乃至"歪理"，例如，对学校的性质和经费来源情况不了解，认为高校是"公家单位""财大气粗"，理应多出点钱，要求学校承担不必要的赔偿责任或超乎常规的道义责任；认为孩子在学校上学，责任就从家庭让渡给了学校，学校应全方位担负起学生的教育、生活、安全责任，出了事不管学校有没有管理过失，都应该无限负责。辅导员要以巧妙的语言艺术把道理讲清楚，用平实易懂的话语阐释法律法规和学校的情况，消除当事方存在的误解，讲明白某些要求为何不可行。

3. 统一思想行动

在高校突发性事件中，无论危机爆发的诱因是否直接与高校组织有关，高校组织都在事情的发展与解决过程中起着重要作用。① 作为一线指战员，辅导员应当做到在思想上、行动上与上级保持高度一致，深刻理解和领会上级的有关精神，按照上级的统一部署开展行动。辅导员与学生之间存在着一定的情感基础，难免会为学生和其家庭的遭遇感到悲痛和同情，有时会认为上级的处置基调显得不近人情，但此时不能以个人观感质疑上级决策，不能因情绪起伏影响处理进程，要把握好理性判断和感性冲动的关系，展现出应有的风格和担当，全力确保组织意图的实现。

① 赵亿：《高校突发性事件舆情危机应对的两个维度》，载《学校党建与思想教育》，2021年第8期。

第九讲　高校辅导员工作中的质量评价

2017年，中共中央国务院印发《关于加强和改进新形势下高校思想政治工作的意见》明确提出，要健全高校思想政治工作评价体系，研究制定内容全面、指标合理、方法科学的评价体系，推动高校思想政治工作制度化。① 高校辅导员工作中的质量评价是以党和国家的政策为指导，对辅导员工作中的质量问题进行定期测量与判断，以期及时改进和完善辅导员工作的活动。辅导员工作中的质量评价是满足党和国家事业发展需要和青年学生的发展需求状况的价值判断过程，是提升高校辅导员队伍建设规范化、制度化、科学化管理水平的重要举措，是实现辅导员队伍"政治强、业务精、纪律严、作风正"的重要保证，也是保证辅导员工作正确方向的需要。如何制定科学的、可操作性的评价体系和方法，是一项重要且富有挑战性的工作。

教育部《普通高等学校辅导员队伍建设规定》指出："辅导员、班主任是大学生思想政治教育的骨干力量。"②辅导员工作中涉及大量的质量问题，辅导员是评价的主体，也是客体，辅导员工作既是评价的内容，也是被评价的对象。可见，辅导员工作中的质量评价，本身就是高校思想政治工作评价体系中的重要组成部分。要从系统的角度分析和判断高校思想政治教育体系中的内容结构、层次结构、标准结构等要素③，以思想政治工作的纲领性文件为指导，充分借鉴高校思想政治教育工作的质量评价，围绕"谁来评""评价谁""评什么""如何评"等一系列问题而展开，在评价主体、评价对象、评价内容和标准、评价方式方法等方面探索，紧随时代特征，反映时代思想，建构更加科学合理的评价体系和路径。

---

① 《中共中央国务院印发〈关于加强和改进新形势下高校思想政治工作的意见〉》，载《人民日报》，2017年2月28日。

② 教育部思想政治工作司：《加强和改进大学生思想政治教育重要文献选编(1978—2008)》，中国人民大学出版社2008年版，第381页。

③ 冯刚等：《新时代高校思想政治教育学原理》，人民出版社2021年版，第331页。

第一节 高校辅导员工作中的质量评价主体

辅导员工作中的质量评价主体和评价客体是构成辅导员工作中质量评价活动的两个基本要素，评价主体主要是解决“谁来评”的问题。

辅导员工作中的质量评价是对高校培养社会主义合格建设者和可靠接班人整体培养质量的衡量，反馈高校完成立德树人根本任务的评价。鉴于辅导员丰富的工作内容，特殊的工作属性，宽广的工作范围，首先应当强调多元评价主体，建构高校辅导员工作质量评价的上级评价体系、高校评价体系、学生评价体系、自身评价体系、家长及社会评价体系等。形成党委政府机构、高校及职能部门、学生、辅导员队伍、家长与其他社会群体共同参与的评价格局，从多个维度整体规划，系统构建辅导员工作中的质量评价体系，有效避免单一评价主体评价的局限性和片面性，对辅导员的工作质量进行全面、公正和客观的评价。

一、政府部门评价

2000 年 7 月 3 日，《中共教育部党组关于进一步加强高等学校学生思想政治工作队伍建设的若干意见》明确指出：“各高等学校要进一步建立健全和完善学生思想政治工作人员的管理和考核制度，加强对学生思想政治工作人员的日常管理，严格考核。”①以文件的形式对高校辅导员工作考核评价作出明确要求。2006 年 7 月 23 日，教育部 24 号令正式公布《普通高等学校辅导员队伍建设规定》，其中明确提出：“各高等学校要制定辅导员工作考核的具体办法，健全辅导员队伍的考核体系。”②

《国家中长期教育改革和发展规划纲要(2010—2020)》中，在“完善中国特色现代大学制度”部分明确提出：“各类高校应依法制定章程，依照章程规定管理学校……确定科学的考核评价和激励机制。”2012 年，中共中央宣传部、教育部印发《全国大学生思想政治教育工作测评体系(试行)》，2017 年 2 月，中共中央、国务院印发《关于加强和改进新形势下高校思想政治工

---

① 教育部思想政治教育工作司：《加强和改进大学生思想政治教育重要文献选编(1978—2008)》，中国人民大学出版社 2008 年版，第 300 页。

② 同上书，第 495 页。

作的意见》指出："高校思想政治工作队伍和党务工作队伍具有教师和管理人员双重身份，要纳入高校人才队伍建设总体规划，形成一支专职为主、专兼结合、数量充足、素质优良的工作力量。"2017 年，教育部印发《高校思想政治工作质量提升工程实施纲要》，从目标原则、基本任务、主要内容和实施保障等方面进行指导，要求各地各高校结合实际情况系统设计方案。2020 年 10 月 13 日，中共中央、国务院正式印发《深化新时代教育评价改革总体方案》，明确提出了新时代教育评价改革的最终改革目标是"到 2035 年，基本形成富有时代特征、彰显中国特色、体现世界水平的教育评价体系"。《总体方案》还指出要扭转不科学的评价导向，坚决克服唯分数、唯升学、唯文凭、唯论文、唯帽子的顽瘴痼疾。这些纲领性文件，为辅导员工作中的质量评价提供了有利的政策保证和环境支持。

此外，党的十九届五中全会对国家治理体系和治理能力现代化进行了一系列部署，建构高校思想政治工作体系也应置于国家治理的统筹安排下，提高站位，遵循规律，坚持立德树人的战略导向，强化党的"元治理"角色，发挥党和政府统揽全局的作用，落实党对高校工作全面领导的主体责任，增强日常思想政治教育协同育人的合力，推动提升党的基层组织做思想政治工作的能力，按照党的路线方针和政策统摄高校辅导员工作。以评价的权威性而言，党和政府主要是管政策、管方向、管组织、管质量，在政策的制定上为高校辅导员队伍建设提供方向上的指引，在组织领导、条件保障、环境建设等方面对高校辅导员队伍建设情况予以监督和指导，重点评价新时代高校加强、改进与创新大学生思想政治教育工作的进展和成效，以及近年来中央推进全面从严治党重点任务落实情况，巡视中发现的、涉及党建和思想政治工作方面的问题整改情况。鉴于推进高校思政工作治理现代化的总体要求，要逐步改变依靠上级指令的自上而下的传统工作方式，突出履职尽责，建立多元多层、科学有效的测评体系。这也是推进教育治理体系与治理能力现代化建设的现实要求。

步入新时代，在习近平新时代中国特色社会主义思想指导下，思想政治教育工作和高校辅导员工作被赋予了更高的要求。要充分理解和贯彻党中央关于高等教育、高校思想政治工作创新发展以及对辅导员工作的指导意见，促进辅导员工作更好适应国家教育现代化的发展方向，更好满足培养担当民族复兴大业的时代新人的使命。

二、高校内部评价

从高校层面来说，“思想政治工作是学校各项工作的生命线，各级党委、各级教育主管部门、学校党组织都必须紧紧抓在手上”①。提高辅导员工作的质量是新时代赋予高校的神圣使命和光荣责任。推进辅导员工作中的质量评价科学发展，具有复杂性和长期性，高校要以培养人和发展人的目标统筹辅导员工作相关各领域各方面各环节的评价工作。特别是在“三全育人”背景下，辅导员工作与其他工作协同育人是必然要求，辅导员工作中的质量评价要与高校其他工作质量评价交流借鉴，与高校学科评估、教学评估共同研判，从而促进高校思想政治教育工作可持续发展，加强辅导员队伍建设，提升人才培养质量。

高校要在贯彻中央精神的基础上，结合内涵式发展的新要求和新趋势，及时修订、调整和完善评价指标和细则，保证评价体系的发展性和连贯性。不同类型的高校对于辅导员工作中的质量评价的侧重点也不尽相同，应当建立具有自身地方特色和学校特色的辅导员工作评价体系，结合实际进行合理运用。各高校在具体实施方面，由学校党委学生工作部等部门牵头，学校各院、部、系等基层一线工作人员共同负责，形成责任落实机制，将庞杂的工作落细落小。

长期以来，高校涉及学生教育管理工作的职能部门较多，最直接的有学工部、研工部和团委，此外还有组织部、宣传部、教务处等，二级学院的辅导员除了在院系开展工作，接受院系考评之外，与学生工作有交集的职能部门都在部分性地行使对辅导员工作的监管、指挥、评价职权。基层辅导员工作内容边界宽泛、评价标准不明晰，多方监管、多头评价一定程度上影响了辅导员工作的稳定性。根据分工和实践经验，各职能部门应当合理确定工作边界，辅导员工作中的评价交由高校的学生工作部统一行使，高校其他职能部门发挥监督职能，立足于高校内部职能部门和学院（系）间的整体性运作。形成学工统一组织评价、多方监管、责权边界明确的格局。高校通过加大对思想政治工作的考核力度，梳理和规范辅导员工作职责，建立责任清单，持续释放思想政治工作体系的强劲动力。

---

① 《全面系统谋划高校思想政治工作切实把贯彻落实全国高校思想政治工作会议精神引向深入》，载《中国教育报》，2017 年 1 月 13 日。

三、学生主体性评价

思想政治教育是一定社会或群体用规定的思想观念、政治观念、道德规范，对其成员施加有目的、有计划、有组织的影响，并促使其自主地接受这种影响，从而形成符合一定社会一定阶级所需要的思想品德的社会实践活动。① 从思想政治教育的概念可以看出，辅导员开展思想政治教育工作是为了符合社会的需要，目标是培养时代新人，培养社会主义合格建设者和可靠接班人。习近平总书记指出："思想政治工作从根本上说是做人的工作，必须围绕学生、关照学生、服务学生。"②高校辅导员工作中的质量评价不是"为了考评"而评价，事关高校"为谁培养人""培养什么人"以及"如何培养人"的问题，其主要目的在于落实高校立德树人的根本任务，与多方力量一同帮助青年学生成长成才。

随着全球化和信息化进程加快，大学生思想政治教育面临的环境更加多元和复杂，青年学生的思维行为发生深刻变化，他们既有获得感同时也有焦虑，既有理性思考也有非理性判断，既有传统观念也有现代化理念，这都对大学生思想政治教育提出了新的要求和挑战。需要高校结合新形势新要求，加快推动思想政治教育高质量发展。学生是高校思想政治教育的现实需求主体，大学生的获得感是评价辅导员工作质量的重要方面。

辅导员开展思想政治教育的对象是学生，要通过学生的真实反馈检验辅导员工作的成效。在学生主体性评价的指标中，不仅仅考察青年学生对于辅导员日常工作的评价，还要使学生在评价的过程中更好地理解评价的意义和内涵，立足于大学生成长成才，反映一种价值导向和教育理念，发挥激励、导向、发展等功能，促进学生进一步明确自身的发展方向。以学生评价作为衡量辅导员工作质量的重要标尺，着重体现在辅导员开展学生工作的转化能力，有助于高校思想政治教育实现供给侧与需求侧的良性互动，驱动供给主体——辅导员不断提升理论水平和职业能力，使其固化为自身的思想和行为自觉。同时，考虑到学生的差异性以及对于思想政治教育需求的变化，他们的评价也存在一定的社会经验的匮乏和阅历的局限。

---

① 陈万柏、张耀灿主编：《思想政治教育学原理》，高等教育出版社2007年版。

② 《中共中央国务院印发〈关于加强和改进新形势下高校思想政治工作的意见〉》，载《人民日报》，2017年2月28日。

因此，大学生评价的主要目的在于为高校、为辅导员提供准确把握新时代大学生思想活动的特点和趋势，切准热点、疑点和难点，使辅导员有的放矢地开展思想引领和日常思想政治教育供给，让学生收获更多的获得感和幸福感。

四、社会多方参与式评价

2004年，中共中央、国务院颁布《关于进一步加强和改进大学生思想政治教育的意见》指出："学校要探索建立与大学生家庭联系沟通的机制"①，《关于加强和改进新形势下高校思想政治工作的意见》提出，要"形成党委统一领导、党政齐抓共管、职能部门组织协调、社会各方积极参与的工作格局"②。2015年5月，教育部出台《关于深入推进教育管办评分离　促进政府职能转变的若干意见》，正式将各类专业协会、专业组织和机构纳入教育评价的主体范围。然而，作为利益相关者的学生、家长以及用人单位在教育评价中少有参与。辅导员工作的对象除了学生，还辐射到学生背后的家庭以及更宽泛的社会关系和利益群体，充分体现了辅导员"立德树人、服务社会"的社会责任，体现了服务于党和国家、人民的需要。

对于家长而言，辅导员是学生在校健康成长的引路人和知心朋友，是家校沟通的桥梁和纽带，辅导员工作的质量评价不是一个工具，也不是简单的数据，在辅导员工作的质量评价中需要包含鲜明的价值导向，辅助学生综合素质能力全面发展，通过家长的反馈获取学生成长成才的真实情况，侧面反映辅导员工作的实效。

对于用人单位而言，辅导员工作的质量评价需要以满足人才市场发展需求为导向。在中国特色社会主义市场经济条件下，合格的人才需要具备哪些核心素养，科学有效的辅导员工作质量评价体系为学生成为合格的职业者提供参考依据，形成育人资源跨场域统筹整合，间接促进学生核心素养的养成。辅导员的工作要通过用人单位满意度以及学生的社会适应程度进行反馈，形成综合评价，来检验高校辅导员工作和人才培养的质量。

---

① 教育部思想政治工作司：《加强和改进大学生思想政治教育重要文献选编(1978—2008)》，中国人民大学出版社2008年版，第381页。

② 《中共中央国务院印发〈关于加强和改进新形势下高校思想政治工作的意见〉》，载《人民日报》，2017年2月28日。

五、辅导员工作质量自评

“以评促建，以评促改，以评促管，评建结合，重在建设”是教育评价工作的重要原则。建构辅导员工作中的质量评价体系最终目的在于促进辅导员自觉养成爱岗敬业的职业操守、遵守辅导员职业规范。合理的评价机制可以有效调动辅导员工作的积极性、主动性和创造性。辅导员将评价成果同自身职业发展结合起来，有助于辅导员对自身工作进行反思和改进，立足使命，强化责任担当。

辅导员的自我评价是辅导员工作质量评价中的重要环节，自评与他评是一个双向互动的过程，评价过程中涉及显性的知识、技能、水平，以及隐性的情感、思想、观念等需要进行多维度、全方位的考量，既需要考量辅导员工作对象的变化，还要通过自评反映辅导员自身的关切。传统的评价观念和方式更多看重外界对于辅导员工作的考量，由上级作单向度评价，对辅导员内隐的评价关注不够，导致在辅导员工作质量评价过程中呈现出辅导员的被动地位。单一的外部评价无法全面真实地反映辅导员工作的全景，忽视辅导员内在发展期待，造成辅导员职业认同感和荣誉感的缺失。“人”在辅导员工作中的质量评价中处于主体地位，每一个人都希望个人的价值能被认可，应当建立健全作为评价主体的辅导员个体评价方案和指标，通过科学合理的结果客观反映个人的贡献量和实际工作成效。

总之，辅导员复杂的工作性质决定了辅导员与学校、学生及其家庭、社会存在直接的交往关系，进而要求辅导员工作中的质量评价实施多元评价主体参与。教育主体之间、教育主体与受教育者之间以及教育客体相互之间都存在评价与被评价的关系。要实现这些评价主客体之间的良性互动，质量评价指标体系的建构就要充分尊重教育的多主体与教育客体，深刻认识到教育的多主体和教育客体对同一问题的看法和判断不是由一方定性，而是需要相互印证的。① 需要由上级党组织和政府、高校职能部门、学生、辅导员本身、社会中的家长群体与用人单位及其他利益相关群体共同配合，建立有机协同机制。虽然评价主体的角色定位各不相同，对辅导员工作中的质量评价也存在差异，但是通过构建贯通互联的评价工作机制，制定不

---

① 冯刚、严帅：《新时代大学生思想政治教育工作质量评价的方法和路径》，载《国家教育行政学院学报》，2019 年第 5 期。

同侧重的考核指标，做到既全面要求又兼顾差异，避免了被动接受考评，营造一种互动积极的状态，充分体现多元评价个体在教育评价活动中的主体地位。

第二节 高校辅导员工作中的质量评价对象

从本质上来说，教育评价是一种价值判断的活动，是对客体满足主体需要程度的判断。① 对辅导员工作中的质量评价宏观上要符合党的教育方针，中观上要符合思想政治教育对于人才培养的要求，微观上要关照学生自身成长成才以及辅导员发展诉求。辅导员工作中的质量评价并不是只针对辅导员的专项工作评估，凡是与辅导员工作相关联的因素，包括辅导员工作的对象、阵地、渠道等都应被纳入评价范围。

一、评价学生

2018 年 9 月召开的全国教育大会提出，要努力构建德智体美劳全面培养的教育体系，形成更高水平的人才培养体系。②《深化新时代教育评价改革总体方案》指出，教育评价事关教育发展方向，有什么样的评价指挥棒，就有什么样的办学导向。要改革学生评价，促进德智体美劳全面发展。③ 可以看出，随着新时代教育评价改革的深入推进，学生的综合测评对高校思政工作的导向功能将越发凸显。努力建构符合时代特征和学生特点的学生评价体系不仅可以直接反馈辅导员工作的质量，也可以回答好教育评价改革的时代之问。《总体方案》还提出了要改进结果评价，强化过程评价，探索增值评价，健全综合评价。④ 改进结果评价是避免评价的功利性，以过程评价作为补充，健全综合评价应当避免评价的片面性和单一化，其中的增值评价是一种发展性评价，对于学生而言，增值评价代表着对自我进步的褒奖，注重自我的转变和进步，有助于打破固化印象，避免被“贴标

---

① 陈玉琨：《教育评价学》，人民教育出版社 2019 年版，第 3 页。

② 《坚持中国特色社会主义教育发展道路 培养德智体美劳全面发展的社会主义建设者和接班人》，载《人民日报》，2018 年 9 月 11 日。

③ 《中共中央 国务院印发〈深化新时代教育评价改革总体方案〉》，载《人民日报》，2020 年 10 月 14 日。

④ 同上。

签”，在价值引领方面，在知识技能方面，在核心素养方面为处于不同等级、不同层次、不同类别的学生提供更多发展可能，最大限度地促进学生发展。

大学生是辅导员开展思想政治教育工作的对象，对辅导员开展教育的接受内化程度以及在辅导员影响下的成长发展质量，体现出辅导员工作的成效和质量。学生是辅导员工作质量评价中十分重要的评价客体。对大学生的接受内化效果进行科学评价，主要是考察大学生作为思想政治教育对象，在德智体美劳等方面的综合表现。辅导员工作中的价值评价作为一种价值导向，应该更加注重对人的精神内核和教育本质的追求，将“‘培养什么人’‘如何培养人’”这一重大课题始终摆在重要位置，辅导员工作中质量评价指标的构建，有助于帮助学生将外在的评价目标体系内化成自我成长的目标体系。对于学生的评价范围通常围绕纵横两个维度，纵向维度是指评价学生所处的教育发展阶段，横向维度是指评价包括的学生群体范围及分类，即学生个体、学生组织和不同类型层次学生。对于学生的评价要以时间为单位关注其不同阶段发展的变化，关注每一个学生的发展情况及学生群体的发展情况。

二、评价班主任

1995 年原国家教委颁布试行《中国普通高等学校德育大纲》提出了辅导员和班主任开展日常思想政治教育工作的指标描述，辅导员和班主任要深入学生搞好班集体、宿舍和年级工作；组织开展形式多样、生动活泼的教育活动；有针对性地做好深入细致的个别思想工作；加强心理健康和心理素质方面的咨询与指导；要通过各种行之有效的方式，密切学校与学生家长的联系，争取家庭教育与学校教育的良好配合。①

专职辅导员是指在学生工作机关、院系专职从事大学生日常思想政治教育工作的全职辅导员、双肩挑辅导员和学生事务助理。兼职辅导员是指在高校院系兼职从事辅导员工作的人员，包括从事学生工作的专任教师、管理人员、研究生等人员。兼职辅导员是辅导员队伍不可或缺的有益补充，对兼职辅导员(班主任)工作的评价既要有统一的指导思想，还要有差异化的评价体系，检视专兼职辅导员的协同工作效果，检验是否形成了全员全

① 《中国普通高等学校德育大纲》，载《中国高等教育》，1996 年第 2 期。

过程全方位育人的良好氛围。兼职辅导员(班主任)通常由高校中思想素质好、业务能力强、甘于奉献的专业教师担任，与专职辅导员一同推动开展学生工作。《普通高等学校辅导员队伍建设规定》中明确指出：“兼职辅导员工作量按专职辅导员工作量的 1/3 核定。”对于班主任的评价既要考察综合素质，也要对其专项履职情况进行考核。习近平总书记强调，“要用好课堂教学这个主渠道……使各类课程与思想政治理论课同向同行，形成协同效应”。第一，以“立德树人”根本任务为指引，在“三全育人”理念下，要发挥班主任在“课程思政”专业上的知识优势，积极开展学业指导，体现班主任教书育人、管理育人、服务育人的积极导向，将考评结果与专兼职辅导员的评奖评优挂钩，形成良性循环机制，彰显班主任的育人工作实效。第二，要着力于班主任“辅导力”的提升，深度辅导是班主任、辅导员工作的重要抓手，也是构建“三全育人”新格局的关键举措，辅导员要努力打造自身硬本领，保障深度辅导工作的专业性和常态化，强化深度辅导的能力和效果。第三，辅导员是大学生日常思想政治教育和管理工作的组织者、实施者和指导者。日常思政作为思想政治教育的主阵地，需要上下齐心，专兼结合，准确把握新时代大学生日常思想政治教育的新目标与新要求，也是辅导员(班主任)的新课题，通过精准思政回应党和国家的期待和广大学生的期盼。

2017 年 2 月，中共中央、国务院印发的《关于加强和改进新形势下高校思想政治工作的意见》指出，“做好高校思想政治工作，必须加强教师队伍和专门力量建设，努力形成一支专职为主、专兼结合、数量充足、素质优良的高校思想政治工作专门力量”。《普通高等学校辅导员队伍建设规定》(43 号令)明确青年教师晋升高一级专业技术职务(职称)“须有至少一年的辅导员或班主任经历并考核合格”，高校“要鼓励新入职教师以多种形式参与辅导员或班主任工作”。2019 年 12 月，教育部等七部门联合出台的《关于加强和改进新时代师德师风建设的意见》明确指出：“要把立德树人的成效作为检验学校一切工作的根本标准，把师德师风作为评价教师队伍素质的第一标准。”针对不同类型辅导员进行分类考核，采取差异化、多样性的考核标准和方式，扭转不科学评价，拉回到立德树人根本任务上来。按照《高校思想政治工作质量提升工程实施纲要》要求，在学校层面，以“十大”育人体系为基础，系统梳理归纳各个群体、各个岗位的育人要素，并作为职责要求和考核内容融入整体制度设计和具体操作环节，推动全体教职员工把工作的重心和目标落在育人成效上，切实打通“三全育人”的最后一公里，形成可转化、可推广的一体化育人制度和模式。

三、评价辅导员工作

高校辅导员工作的质量评价是通过建立评价目标、制定科学的评价指标体系和标准、运用科学的评价方法等评价辅导员工作的质量。① 辅导员工作的质量评价不仅着眼于辅导员个体，还要着眼于辅导员队伍整体，将两种视角和两个层面相互补充，为辅导员个体发展指明方向，也为辅导员队伍建设树立目标。衡量辅导员个人工作的质量，也是衡量思想政治教育队伍质量以及思想政治教育对象的质量，评价中既要考察这支队伍的政治理论素养、政策水平、工作能力和工作技能、育人理念和职业精神等，还要考察个人品德的评价、工作态度的评价、工作能力的评价和工作业绩的评价。

专职辅导员是在院(系)专职从事大学生日常思想政治教育工作的人员，包括院(系)党委(党总支)副书记、学工组长、团委(团总支)书记，具有教师和管理人员双重身份。辅导员工作的质量评价要将辅导员的综合评价作为重要内容。将政治认同、情感认同纳入考评体系，相对于兼职辅导员(班主任)要在质量评价中更加体现对辅导员职业化、专业化、专家化的发展要求。要探索适合不同层次、不同阶段的辅导员工作的质量评价体系。

结合新时代的新要求，为更好地落实党的十九大精神，更好贯彻落实全国高校思政工作会议精神和中发 31 号文件《关于加强和改进新形势下高校思想政治工作的意见》，2017 年 8 月 31 日公布的《普通高等学校辅导员队伍建设规定》(中华人民共和国教育部第 43 号令)对 2006 年 5 月 20 号通过的《普通高等学校辅导员队伍建设规定》进行了修订，旨在切实加强和提升辅导员队伍专业化和职业化发展，对比新旧《规定》可以看到，对于高校辅导员在政治素养、理论知识水平以及职业能力等方面都有了拓展，成为当前辅导员队伍建设的基本遵循。

新《规定》在总则中提出，要不断提高队伍的专业水平和职业能力，对辅导员“工作有条件、干事有平台、待遇有保障、发展有空间”的职业发展

---

① 教育部思想政治工作司：《加强和改进大学生思想政治教育重要文献选编(1978—2008)》，中国人民大学出版社 2008 年版，第 382 页。

予以强调；在要求和职责中，突出“立德树人”根本任务、职业守则和师德师风的相关要求。此外，在原八项工作职责的基础上增加为九项，强调了思想理论教育和价值引领的首要职责，增加了“中国梦宣传教育”等具有时代特征的表述，增加了对于学风建设、网络思政的新要求；在配备与选聘中，强调“高等学校应当按总体上不低于1：200的比例设置专职辅导员岗位”，对辅导员的基本条件做了更为明确的条款阐释，增加了关于纪律和规则意识的说明，体现了对于辅导员专业化职业化水平的具体要求；在发展与培训方面，突出了对于辅导员提升职业能力的具体要求，在职务(职称)评聘中更加突出了“注重考察工作业绩与育人实效”“将优秀网络文化成果纳入专职辅导员的科研成果统计、职务(职称)评聘范围”等，并对专职辅导员参加专业化培训的频次、学时提出了具体要求；在管理和考核方面，在管理体制上进一步强化党的领导，在辅导员考核机制上明确了学工部门牵头负责此项工作，把“辅导员职业能力标准”作为考核依据。

通过修订的《意见》可以看出，国家对于高校辅导员队伍的新要求，必须以习近平新时代中国特色社会主义思想为指导，在政治素质、知识和能力上提高标准，对于辅导员工作中的质量评价而言，要进一步突出辅导员工作的政治性、组织力以及师德师风建设，关注辅导员在思想理论教育和价值引领方面的育人成效，提高质量评价对于辅导员工作的引领作用，将辅导员职业能力标准作为参照依据，注重考察工作业绩与育人实效。

第三节 高校辅导员工作中的质量评价内容

辅导员工作中的质量评价是一项复杂且专业的评价体系，评价内容要结合时代的特点，要契合思想政治教育工作的规律，需要把诸多因素纳入其中进行考量、分析和设计。辅导员工作的质量评价的内容主要包括指标体系的建构，这是辅导员工作的质量评价的关键。

辅导员工作中的质量评价内容要遵循几个重要的原则。首先，评价工作要坚持正确的政治方向，评价的内容要体现正确的价值导向性。习近平总书记在全国高校思想政治教育会议上指出：“我国高等教育肩负着培养德智体美全面发展的社会主义事业建设者和接班人的重大任务，必须坚持正确政治方向。”①因此要把政治合格作为辅导员工作质量评价的首要标准。特别是在各种社会思潮的影响下，工作质量评价要充分发挥价值导向的功能。要以习近平新时代中国特色社会主义思想为指导，把正确的政治方向贯穿于评价工作全过程，体现于评价工作全方位。此外，评价工作应遵循思想政治工作规律，评价的内容具有针对性和实效性。习近平指出：“做好高校思想政治工作，要因事而化、因时而进、因势而新。要遵循思想政治工作规律。遵循教书育人规律，遵循学生成长规律，不断提高工作能力和水平。”遵循思想政治教育的规律可以为高校辅导员工作中的质量评价指标体系设计提供科学的有针对性的参考依据。最后，辅导员工作质量的评价指标要明确。目前部分高校对于辅导员工作评价指标过于笼统，很难反映辅导员工作的特点。评价指标突出新时代高校辅导员工作的重点内容，将辅导员工作各个方面分类概括、抽象升华成为适当的表述。评价的核心在于决定评什么、不评什么。具体步骤包括：明确评价所依据的目标或文件；根据特定的目标或文件设计指标系统；在指标系统确定的基础上，确定指标权重。

辅导员工作中的质量评价内容既要遵循国家层面、社会层面对于人才培养的需求，考察辅导员开展思想政治教育是否满足正确的方向性要求；又要判断学生个体层面的差异化需求以及个性化教育期待，考察是否有助于个体综合素养的提升。力求把辅导员工作中的质量评价转向为了提升思想政治教育质量，围绕学生全面发展、促进辅导员专业化和职业化发展的评价上来。

一、学生思想状况评价

2016 年习近平总书记在全国高校思想政治教育会议上强调“不断提高学生思想水平、政治觉悟、道德品质、文化素养，让学生成为德才兼备、全面发展的人才”②。教育部在 2005 年制定了《普通高等学校学生管理规定》，并于 2017 年进行修订，突出了立德树人根本任务，体现促进学生创新创业、提高质量等新要求。2020 年印发的《深化新时代教育评价改革总体方

① 《习近平总书记在全国高校思想政治教育会议上强调　把思想政治工作贯穿教育教学全过程　开创我国高等教育事业发展新局面》，载《人民日报》，2016 年 12 月 9 日。

② 同上。

案》指出：坚定理想信念、厚植爱国情怀、加强品德修养、增长知识见识、培养奋斗精神、增强综合素质。《总体方案》提出，要将学生品行日常表现和突出表现，特别是践行社会主义核心价值观情况作为综合素质评价的重要内容。

学生的培养质量是辅导员工作质量评价的重要依据和重要指标，特别是考量学生思想状况，如政治观点、道德行为、理想信念等方面已有的水平和状态，通过评价环节审视学生的情感、认知和态度得到有效反馈。20世纪90年代开始，教育部门每年面向全国开展学生思想状况滚动调查，调查选取若干省份和高校，收集学生一年来对国内外重大时政热点、党和国家重点工作以及个人价值观、人生观等相关问题的意见和态度，形成年度分析报告。以"中国大学生思想政治教育发展报告"为题，教育部门每年系统收集、分析和研判大学生思想状况，如2015年的滚动调查共抽取高校35所，覆盖全国20个省份，以相关高校在校学生总规模人数为分层特征，计算确定了各高校抽取的学生总数及抽样学院不同学段(本、硕、博)、不同性别大学生的样本数，发放问卷3500份。从大学生人生观和人生追求、大学生政治观念和行为、大学生道德观念和行为、大学生文化观和文化素养等四个维度进行了不同角度的呈现。

"立德"是"树人"的前提，思想政治教育工作本身是做人的工作，具有复杂性与特殊性。特别是当前社会环境复杂，部分大学生容易受到个人主义、功利主义、享乐主义等错误思潮影响，理想信念淡化、价值观扭曲，不利于青年学生成长成才。新时代背景下，高校是意识形态前沿阵地，辅导员需要更加关注学生的思想情感，树立正确的世界观、人生观、价值观，使学生产生价值认同进而发生行为改变。辅导员要及时了解大学生思想动态，针对大学生生活、学习以及关注的热点问题、难点问题加以教育和引导。

帮助青年学生"系好人生第一粒扣子"是辅导员义不容辞的责任。大学生的思想与行为表现具有层次性、多样性和动态性等特征。大学生思想状况的内容和指标设计要遵循大学生思想品德形成和发展的规律。注重学生成长发展需求，"找准思想政治工作与学生成长发展需求的结合点"①，对于学生思想状况评价的具体内容要增加对学生的政治立场、政治觉悟、政治

① 冯刚：《在遵循规律中提升思想政治工作质量》，载《思想教育研究》，2017年第4期。

态度、政治理论水平的考核权重，还应该包括学生的道德品质、政治品质和思想品质。以理想信念教育为核心，以促进学生全面发展为主旨和归宿。通过建立健全全方位的评价指标体系，衡量学生的思想变化以及由思想变化影响的行为变化。学生思想状况评价考察的是辅导员通过思想引领、实践活动等途径增强青年学生的中国特色社会主义道路自信、理论自信、制度自信、文化自信，立志肩负起民族复兴的时代重任的效果。

二、学生综合素质评价

思想政治教育是一个长效的过程，在短时期内并不一定显现出效果，辅导员的工作也不是一蹴而就，有很多隐性效果短期内很难进行评估，辅导员工作的效果可能会逐步显现，要以发展的眼光检验辅导员对于学生各个方面的影响力。学生综合素质评价需要对学生受到的长远影响进行监测和评价，评价的方法需要即时评价和长效评价相结合。

学生综合素质评价指标的建立除了对学生思想状况的评价跟踪外，还要判断学生在接受辅导员开展教育和管理工作后，综合能力素质的变化情况。学生综合素质评价考察的并不是学生学业的排名或等级，而是为了反映学生接受辅导员思想政治教育后，在各个方面内化为自身的行为自觉。通过多层次、多维度、全方位把握大学生发展的核心素养，确保辅导员工作的针对性和实效性、对学生进行分阶段数据的综合评价。辅导员获取有效信息后，再采取有针对性的措施，更好地促进这些方面的发展。

2016年修订的《中华人民共和国高等教育法》指出，高等教育必须贯彻国家的教育方针，为社会主义现代化建设服务、为人民服务，与生产劳动和社会实践相结合，使受教育者成为德、智、体、美等方面全面发展的社会主义建设者和接班人。[①] 中国学生发展核心素养体系在体现德育为先、能力为重、全面发展的基础上，既关注学生应具有的知识、专业技能，又重视学生的品德、个性和社会生活技能的发展。[②]

关于学业(智)的评价，主要考查学生基础、综合文化知识、专业知识技能掌握的程度，教育部《关于加快建设高水平本科教育提高人才培养能力的意见》《普通高等学校学生管理规定》《深化新时代教育评价改革总体方案》

① 《中华人民共和国高等教育法》，载《人民日报》，2016年3月3日。

② 林崇德：《21世纪学生发展核心素养研究》，北京师范大学出版社2016年版。

等文件对此作出明确要求，包括了对于教育教学计划规定的课程和各种教育教学环节的考核，对辅修校内其他专业或者选修其他专业课程有认定，对学生参加创新创业、社会实践等活动以及发表论文、获得专利授权等与专业学习、学业要求相关的经历、成果有说明。在各项教育评价活动的具体实践中，很多评价只是为了评价而评价，根本没有价值取向和追求。[①] 如对于学生的评价如果仅仅按学业成绩进行排名，就迷失了教育评价的初心，偏移了人才培养的目标。评价不是一个指标、数据以及名次排列的过程，要充分考虑教育培养人的本质目的。关于体育、心理(体)方面的评价，主要考查学生生理、心理素质情况。《深化新时代教育评价改革总体方案》提出，要加强学生体育评价，建立日常参与、体质监测和专项技能测试相结合的考核考查机制，引导大学生养成良好的锻炼习惯和健康生活方式。《高等学校学生心理健康教育指导纲要》指出，要“坚持育心与德育相统一，加强人文关怀和心理疏导”，在基本原则中指出“充分发挥心理健康教师、心理咨询师、辅导员、班主任等育人主体的主导作用，强化家校育人合力”。身体健康评价指标包括身体形态、身体机能和身体素质；心理健康评价包括情绪调节、认知能力和意志表现。[②] 关于审美(美)的评价，指的是考量学生审美和人文素养。根据《教育部关于切实加强新时代高等学校美育工作的意见》，要引导学生树立正确的审美观念、陶冶高尚的道德情操、塑造美好心灵。由此可见，对于学生审美素质的评价指标可以包括审美的观念、体验和表现的综合能力。关于劳动技能(劳)的评价，包含了对学生与劳动有关的情感、知识、技能方面的考察，有利于促进学生热爱劳动的态度和情感，也有利于学生劳动知识技能的掌握。《关于全面加强新时代大中小学劳动教育的意见》《深化新时代教育评价改革总体方案》《大中小学劳动教育指导纲要(试行)》等文件，可将此部分分为劳动观念与技能两部分考察指标。

---

① 叶赋桂：《教育评价的浮华与贫困》，载《清华大学教育研究》，2019年第40期。

② 闫振龙、鲁婷婷、陈善平等：《大学生健康综合测评体系研究》，载《西安交通大学学报(社会科学版)》，2012年第6期。

新时代高校大学生综合评价体系建构示例(学业评价模块)

一级指标	二级指标	具体内容	对应指标	对应文件
德智体美劳全面发展	学业(智)的评价	知识技能、实习实践与创新创业能力	1. 加强课堂参与和课堂纪律考查，引导学生树立良好学风。探索学士学位论文(毕业设计)抽检试点工作，完善博士、硕士学位论文抽检工作，严肃处理各类学术不端行为。完善实习(实训)考核办法，确保学生足额、真实参加实习(实训)。 2. 注重考查学生运用知识分析、解决问题的能力，探索非标准答案考试，破除“高分低能”积弊。 3. 将学生开展创新实验、发表论文、获得专利和自主创业等情况折算为学分，将学生参与课题研究、项目实验等活动认定为课堂学习。 4. 广泛开展社会调查、生产劳动、志愿服务、科技发明、勤工助学等社会实践活动，增强学生表达沟通、团队合作、组织协调、实践操作、敢闯会创的能力。	《深化新时代教育评价改革总体方案》《普通高等学校学生管理规定》《关于深化高等学校创新创业教育改革的实施意见》《关于加快建设高水平本科教育全面提高人才培养能力的意见》

对学生评价的目的还在于帮助高校和辅导员分析人才培养过程中存在哪些问题，问题的原因是什么，并提出相应的解决方案和具体措施，从而促进人才培养和辅导员工作提升。在设计学生评价指标时，要聚焦学生成长成才密切相关因素，考虑大学生知、情、意、行的规律。多层次、多维度、全方位把握当代大学生发展的核心素养，将知识评价与价值评价相结合。有的高校结合学生第二课堂成绩单，探索开展不同年级学生之间第二课堂成绩单的纵向评价以及德智体美劳全要素横向评价，将“第二课堂”教育纳入学校人才培养方案，纳入学生素质综合测评办法，设计“第二课堂”毕业标准，将“两张成绩单”作为学生综合素质测评、评奖评优、推优入党、研究生推免等参考要素，并纳入学生档案，利用人工智能、大数据等技术，分析学生们的成长轨迹、职业选择与发展信息，为不同年级学生提供学业规划、全面发展、就业选择等智能化咨询，为学校教育评价体系的导向、鉴定、诊断、调控和改进提供反馈，构建“第一课堂”与“第二课堂”深度融合、“两张成绩单”相得益彰的德智体美劳“五育并举”全面发展育人新模式。

三、思想政治教育工作评价

思想政治教育工作的评价是一个系统性、全面性、整体性的工作。该评价的内容包含高校对于辅导员工作的政策支持系统、环境支持系统、组织支持系统，以及经费、人员等。2012年教育部印发的《全国大学生思想政治教育工作质量测评体系(试行)》中，就针对省(区、市)党委、政府、高校，围绕加强、改进与创新大学生思想政治教育工作的进展与成效进行效果评价，党委政府版指标体系包括组织领导、条件保障、社会环境、统筹协调等4个一级指标、12个二级指标；高校版指标体系包括组织领导、队伍建设、思想政治理论课、课堂外思想政治教育、条件保障、育人环境等6个一级指标、20个二级指标。数据采集方法主要采用材料审核和实地考察两种方法。材料审核以测评年度前两年的材料为主，各类数据取测评年度前两年的平均值。实地考察采取走访、问卷调查等方式。测评结果采用“状态描述法”，以A、B、C、D描述测评结果，分别对应为优秀、良好、合格、不合格。第一次就高校思想政治教育工作的开展情况，面向全国各省(区、市)全体高校进行了全覆盖的测评，与大学生思想状况滚动调查等专项评价共同形成了点面结合、各有侧重、指标明确的思想政治教育工作评价体系。

思想政治教育工作评价也包括对辅导员开展思想政治教育工作成效的考察。辅导员的主职主业围绕大学生思想政治教育活动展开，要以理想信念教育为核心，以爱国主义教育为重点，以社会主义核心价值观为引领，筑牢学生信仰之基，补足精神之钙，把稳思想之舵。此外，“十大”育人体系进一步强化了辅导员在课程、科研、实践、文化、网络、心理、管理、服务、资助、组织方面的育人意识和育人自觉。对于辅导员思想政治教育工作的评价要侧重考察辅导员是否能够将思想政治教育贯穿于各项工作和活动中。通过辅导员工作的质量评价，正确定位辅导员的角色和学生的关系，促使辅导员从繁杂的日常事务型工作中解脱出来，把主要精力用于对学生开展思想政治教育等模块化的工作中，把政治过硬作为新时代辅导员工作质量评价的风向标。进一步明确辅导员职业化、专业化发展的导向。

指标体系是辅导员工作质量评价各要素的集中体现。政治上，高校辅导员工作需要满足党的教育方针，完成高校立德树人根本任务，履行高校辅导员工作职责。法理上，指标内容应当有理有据，有章可循，有据可依。把辅导员工作的主要内容，转化为可观测和可评价的指标项，是建构指标体系的关键过程。

新时代高校辅导员工作质量评价体系要在《普通高等学校辅导员队伍建设规定(2017年)》的基础上建构，用于评价辅导员工作的进展和成效。在《规定》中的各项具体条款可以提炼为评价辅导员工作的量化指标。其中对于辅导员工作的要求有概括性的描述，工作职责具体包括了思想理论教育和价值引领、党团和班级建设、学风建设、学生日常事务管理、心理健康教育与咨询工作、网络思想政治教育、校园危机事件应对、职业规划与就业创业指导、理论和实践研究。在此基础上要注意辅导员工作的发展变化。如在《规定》中有对于辅导员开展"思想理论教育和价值引领"职责中"引导学生深入学习习近平总书记系列重要讲话精神和治国理政新理念新思想新战略，深入开展中国特色社会主义、中国梦宣传教育和社会主义核心价值观教育"的相关表述，随着党的十九大通过的《关于〈中国共产党章程(修正案)〉的决议》，习近平新时代中国特色社会主义思想写入党章。辅导员的职责指标也应当随之更新和调整，增加对于习近平新时代中国特色社会主义思想宣传教育。在2020年发布的《教育部等六部门关于加强新时代高校教师队伍建设改革的指导意见》中指出要"引导广大教师坚持'四个相统一'，争做'四有'好老师，当好'四个引路人'"，增强"四个意识"、坚定"四个自信"、做到"两个维护"就需要体现在辅导员的工作要求中；要"强化高校教师'四史'教育，规范学时要求"，需要丰富到"理论和实践研究"指标中。再如2018年全国教育大会提出的培养"德智体美劳全面发展的社会主义合格建设者和可靠接班人"，需要将"美育""体育""劳育"体现在"日常思想政治教育"的具体指标项中。比如对于家庭经济困难学生是否做到了"扶困"与"扶志"相结合，是否帮助同学解决了经济困难，同时又培养了同学自立自强、诚实守信的品质。要通过辅导员的工作，检验是否起到了服务育人的效果。

《普通高等学校辅导员队伍建设规定》中指标项示例(学生日常管理模块)

一级指标	二级指标	具体内容	对应指标	对应文件
工作职责与要求	工作要求	(四)学生日常事务管理。开展入学教育、毕业生教育及相关管理和服务工作。组织开展学生军事训练。组织评选各类奖学金、助学金。指导学生办理助学贷款。组织学生开展勤工俭学活动，做好学生困难帮扶。为学生提供生活指导，促进学生和谐相处、互帮互助。	1. 完善精准资助育人。精准认定家庭经济困难学生，健全四级资助认定工作机制，完善档案、动态管理。建设发展型资助体系，加大家庭经济困难学生能力素质培养力度。 2. 把“扶困”与“扶智”、“扶困”与“扶志”结合起来，建立国家资助、学校奖助、社会捐助、学生自助“四位一体”的发展型资助体系，构建物质帮助、道德浸润、能力拓展、精神激励有效融合的资助育人长效机制，实现无偿资助与有偿资助、显性资助与隐性资助的有机融合，形成“解困—育人—成才—回馈”的良性循环，着力培养受助学生自立自强、诚实守信、知恩感恩、勇于担当的良好品质。	《普通高等学校辅导员队伍建设规定》《教育部等八部门关于加快构建高校思想政治工作体系的意见》《高校思想政治工作质量提升工程实施纲要》

四、辅导员能力评价

辅导员工作是一种专门的职业，有鲜明的职业特点和明确的职业要求。2013年，教育部印发《普通高等学校辅导员培训规划(2013—2017年)》，培训的主要内容为思想政治理论教育、专业素养提升、职业能力培养，从而健全完善分层次、全覆盖的三级辅导员培训体系，促进辅导员专业化、职业化发展，不断满足辅导员工作质量提升要求。

《普通高等学校辅导员队伍建设规定》《高等学校辅导员职业能力标准(暂行)》等文件是辅导员能力评价的依据，这些文件有助于辅导员工作质量评价的量化和考察。考核指标要依据岗位职责而定，考核体系基本覆盖辅导员工作的全部内涵，它不仅是考核的依据，更是辅导员日常工作的“指挥棒”。① 评价的内容应当体现出引导和激励。如北京市就制定了《北京高校辅导员考核评价指导意见》和《北京高校辅导员培训研修基地建设与管理基本标准(试行)》，并纳入《北京普通高等学校党建和思想政治工作基本标准》的

① 黄金标：《关于高校辅导员考核体系构建的几点思考》，载《教育与职业》，2011年第23期。

考核体系中，制度化、常态化地推进辅导员队伍建设，定期对高校辅导员队伍建设和培训基地开展督导评估，针对督导评估和日常工作中发现的常见难点和瓶颈问题，组织专家和一线辅导员开展科学研究和工作交流，不断丰富改进辅导员队伍建设和培养的质量标准，进而形成了“标准——督查——科研——标准”的质量标准改进闭环，有力推进辅导员队伍专业化发展。

《高等学校辅导员职业能力标准（暂行）》中将辅导员分为初级、中级、高级三个等级。对高校辅导员在思想政治教育、党团和班级建设、学业指导、日常事务管理、心理健康教育与咨询、网络思想政治教育、危机事件应对、职业规划与就业指导、理论与实践研究等九方面辅导员职业功能的工作内容进行了梳理和规范，对辅导员在不同职业功能上应具备的能力和理论知识储备提出了明确要求。

辅导员职业能力的九个方面基本可以看作是辅导员工作的业务范畴，可以作为辅导员工作中业务部分考察的主要标准。高校要根据辅导员职业能力标准，制定考核辅导员工作的具体办法。总之，高校辅导员工作中的质量评价涉及多个领域、部门、环节，是一项复杂的系统工程。要借鉴吸收现有各类评价中与辅导员工作相关的要素，形成通用的指标，促进当前辅导员工作的质量评价体系改进。

辅导员素质能力大赛本身也是一种评价的方式和手段，能够有效促进辅导员队伍建设和能力提升，还可以通过比赛促进辅导员相互交流、借鉴先进经验。理论知识的考察围绕政治性较强的热点问题，案例分析、谈心谈话环节侧重考察思想政治教育工作的知识和日常工作实务。理论宣讲环节主要考察辅导员对马克思主义理论、习近平新时代中国特色社会主义思想、党的十九大精神等的学习宣传阐释能力，以及对大学生开展理想信念教育、中国特色社会主义和中国梦宣传教育、社会主义核心价值观教育过程中的理论宣传阐释能力。相对于理论宣讲的以理服人，主题演讲重在以情动人，侧重考察辅导员对于学生工作中的情况进行判断，表达见解，阐释方法原理，说明立场和主张。理论宣讲和主题演讲都是考察辅导员的理论水平和业务能力，能力本领过硬才能成为处于人生“拔节孕穗期”的青少年的领路人，突出了“政治强”的职业要求。

第四节　高校辅导员工作中的质量评价方法

长期以来我国教育评价主要是由教育行政部门或教育管理者实施的自上而下的基于权力、控制、管理、甄别等逻辑的评价工作，遵循效率至上的管理逻辑，各级各类教育评价基本属于形式化的评价，致力于对教育评价对象的外部特征进行描述、分析和判断，很少反映甚至违背教育评价对象自身的本质要求。① 实际工作中，以往对于思想政治教育质量的评价处于经验性、描述性的阶段，有部分高校对于辅导员开展考核采取写自评报告、辅导员口头述职、民主测评等评价方式，评价的内容不够丰富，评价的形式过于单一，主要依靠经验判断方式居多，忽视了过程质量评价，这样的评价方式和结果难免有失客观、公正，且缺少相应的反馈机制，使得工作质量的评价流于表面化、形式化，缺乏针对性和实效性。

辅导员工作中的质量评价方法直接影响评价工作的成效和结果的准确性。这就需要创新辅导员工作质量评价的方式方法，运用新的技术手段，运用贴近测评对象的语言词汇，拉近距离，反馈真实信息，增强评价标准的透明度。特别是伴随互联网技术的发展，技术的创新加速了知识的迭代，提供了前所未有的便捷性，提高了效率。我们要用好信息技术，定性与定量评价相结合，全面评价与重点评价相结合，动态评价与静态评价相结合。开展分层分类发展性评价，避免出现评价注重结果、标准化、简单化的效率至上的窠臼。

一、定性评价方法

思想政治教育中的定性测评指的是对测评对象的整体及其性质进行分析、判断，侧重于质的方面的评价，以把握实践的效果和价值。常用的评价方法有文本记录评价、学生档案袋评价、制度评价等。文本记录主要是由参与评价的对象或者组织提供相应的文本信息，对照测评条目供评价主体进行验证和审核。

学生档案袋评价。档案袋是由学生个人、教师及同学收集并作出评论

---

① 石中英：《回归教育本体——当前我国教育评价体系改革刍议》，载《教育研究》，2020年第41期。

的材料。学生档案袋评价广泛应用于大中小学的学生评价体系中。学生档案袋的评价内容丰富，以此记录评价学生在能力发展上的进步情况。档案袋评价的形式实现了自评和他评的结合，定性评价和定量评价的结合，过程性评价和发展性评价的结合。学生档案袋评价使学生拥有了判断自己各方面发展进步的机会。档案袋评价的方法在于对学生进行连续考察而不是阶段性审计，契合了思想政治教育对于学生人格培养、精神塑造和德行养成的理念，持续动态记录学生全方位的发展轨迹。高校还可以通过信息技术建构特色档案袋，如诚信档案、经济档案、学习档案、社团档案、心理档案等。高校学生档案袋评价不仅可以作为资料档案留存，作为学生成长变化记录用于自我发展的参照，也可以为社会用人单位提供选拔人才的依据。

2016 年，团中央、教育部印发《高校共青团改革实施方案》，文件提出要普遍推行高校共青团"第二课堂成绩单"制度，推动工作的规范化、课程化、制度化。从工作内容、项目供给、评价机制等方面进行系统设计和整合拓展，客观记录、认证学生参与"第二课堂"活动的经历和成果，促进高校共青团"第二课堂成绩单"成为学校人才培养评估、学生综合素质评价、社会单位选人用人的重要依据。各高校，如合肥工业大学构建"项目发布—学生报名—成绩录入—学生评价"一体化流程，客观记录、科学评价、分级认证学生参与"第二课堂"经历和成果。制定"第二课堂"课程项目质量标准，明确项目性质类型、目标任务、内容环节和考核评价办法等，形成操作流程规范、育人质量可评、项目选择清晰的"第二课堂"教学计划。推进精准化指导实施，编写"第二课堂"教材《大学生第二课堂指南》，创办《第二课堂教育研究与实践》期刊，为推进"第二课堂"课程项目建设提供理论支撑和实践指引。建立标准化审核机制，从严、从优、从实审定"第二课堂"课程项目，依托系统平台建立"指导老师—院系负责人—模块负责人"三级审核机制，"项目发布—成绩提交"双重审查机制，保证"第二课堂成绩单"全面真实。开发集移动端、PC 端、自助打印端、大数据端四端一体的"第二课堂成绩单"信息系统。

制度评价。制度评价是组织制度体系建设评价的简称，包括组织制度体系建设的投入条件评价、建设过程评价、建设结果评价。在建设结果评价中，又包括针对制度体系建设的数量评价、质量评价与效能评价。① 制度评价就是通过科学方法、系统的研究活动，制定出衡量制度体系的质量指标进行评价，目的在于最大限度地实现组织个人的双赢发展。基于现有的制度评价体系的研究，得到关于辅导员组织制度体系建设评价相关启示：(1)高校要以《普通高校辅导员队伍建设规定》为指导进行组织制度体系的建设工作，研究建设本单位的辅导员制度体系，出台与实施相关的制度。(2)按照制度依据与科学成熟的标准进行辅导员制度体系设计，广泛地听取各方面意见，使制度能够反映辅导员的意志，进而提高遵守制度、维护制度的自觉性。(3)依据自我完善的标准进行制度体系建设与实践。所有辅导员制度规范必须包含对组织保障、行为责任的具体划分与界定。(4)依据执行效果进行辅导员组织制度体系建设的实践与检验，观察辅导员组织中制度体系建设的成效如何，所有辅导员与服务对象对制度体系及其执行过程的满意度如何。(5)高校从执行制度的效果、自我完善等标准来综合提升制度建设水平。(6)上级部门加强对于下属各级单位制度体系的审查。(7)组织制度体系建设要辅之以监督机制，把辅导员相关的制度转化为自觉行为，转化为良好品德素质。

二、定量评价方法

评价既是学理性问题，也是技术性问题。定量评价是一个对标的过程，也是科学决策的准备过程，以便及时掌握质量评价呈现出的反馈结果，积极寻求相应对策。比较常用的定量评价方法有调查问卷法、360 度绩效评价法、大数据运用及认知评价等。

问卷调查法。问卷调查法是指通过制定详细周密的问卷，要求被调查者依据问卷进行回答和收集资料的方法，是人们在社会调查研究过程中常用的资料收集工具。问卷调查法有诸多优势。第一，节省时间，方便快捷。特别是网上问卷流行兴起，省去了大量印制、发放、回收、统计问卷的流程，便于人们利用碎片化时间进行操作。第二，问卷结果容易进行量化统计。特别是结构性问卷调查有比较固定的表述，统计结果比较清晰。第三，问卷调查结果容易形成数据库用于比较研究和追踪调查。问卷调查法的不

---

① 萧鸣政：《组织内制度体系建设评价标准与应用研究》，载《北京大学学报(哲学社会科学版)》，2020 年第 57 期。

足之处在于题目设计受限，难以反映复杂问题，问卷的信效度等多方面因素都决定了收集资料是否有用，是否可以真实客观准确作出评价。目前，问卷调查法仍是高等教育质量评价的主要方法，在思想政治教育领域运用广泛，特别是结合大数据手段，可形成评估发展的报告，便于高校及时了解辅导员工作实况，对辅导员工作的效果进行监测和评估。

360度绩效评价法。360度绩效评价法在高校辅导员工作质量评价中的应用是指从与辅导员工作相关的多方主体获得评价对象信息。360度评价法可以对评价对象进行全方位、多维度的评价。这些信息来源包括：上级领导自上而下的评价、来自下属自下而上的评价、来自同一部门平级同事的评价、来自高校内部其他相关部门同事的评价、来自高校学生的评价、来自辅导员组织或个人的评价。360度绩效评价法在诸多行业被广泛应用，它的优势在于：第一，增强考核评价的全面性和综合性，有利于公平公正。在现实工作和人际交往中，评价双方有时碍于人情或者工作交集的远近等因素，忽略了评价的客观与公平，难以产生准确判断。360度评价方法避免了单个层面的偏见与意见盲点，被评价对象通过多个渠道了解不同的评价信息，提升自我发展意识，增强工作的主动性，从而提高工作能力与满意度。第二，促进评价的良性发展。360度绩效评价法在辅导员工作中的应用促进各要素之间的联动，促进辅导员全方位清晰定位，了解自身优势和不足，取长补短，促进发展。但是360度绩效评价法在实际操作方面也存在成本较高、综合处理信息工作难度较大等问题。同时，如果仅将“绩效”作为评价的手段，把教育目标作为可量化的指标，把教育看作短期的效益，容易将评价桎梏于工具化取向活动，导致急功近利从而影响教育质量。

人工智能技术的应用。将人工智能引入思想政治教育领域是时代发展的必然。“大数据发展日新月异，我们应该审时度势、精心谋划、超前布局、力争主动……推动实施国家大数据战略，加快完善数字基础设施，推进数据资源整合和开放共享，保障数据安全，加快建设数字中国。”①伴随信息技术革命的发展，教育评价数字化变革是大势所趋，大数据等科学技术丰富了教育质量评价方法和路径。运用大数据开展评价工作，可以实现多元统计、多重评价、多维分析的功能。通过数据的汇总，能够有效解决评

---

① 《习近平在中央政治局第二次集体学习时强调　审时度势精心谋划超前布局力争主动　实施国家大数据战略加快建设数字中国》，载《人民日报》，2017年12月10日。

价对象的复杂性问题。

辅导员工作的质量评价要适应时代发展特征，运用大数据是辅导员工作的质量评价的发力点和创新点，辅导员工作中的质量评价科学性直接取决于新技术手段的运用。首先，数据的记录与存储为辅导员工作的质量的分析、判断提供翔实依据，使辅导员工作的质量评价精准且简便易行。其次，大数据的核心价值在于预测性和反馈性优势。比如，学校的信息网络中心就是对学生采集、管理与应用教育大数据的组织机构，根据大数据的反馈情况，分析学生的成长背景与其思想行为的内在因素，高校可以通过对学生使用的信息设备大数据进行分析，掌握学生实时的思想行为信息。大数据具有前瞻性、预判性的功能，有助于辅导员对学生加以及时的引导和干预，促进学生工作精准化、个性化开展。总之，要运用数字思维和技术赋能教育评价，构建新时代高校思想政治教育评价体系，破解当前思想政治教育传统评价的困境，推进思想政治教育评价变革。① 通过信息化、数据化、智能化的手段和技术，优化高校辅导员工作中的质量评价方式方法。此外，还要及时扭转评价的工具化导向，提升评价内涵，才能真正有效发挥评价的引领作用。

三、混合评价方法

“目标管理”的概念源于美国学者彼得·德鲁克。目标管理评价法也是一种科学的评价方法，通过制定目标、措施—分解目标—安排进度—组织实施绩效评价等实现发展的目标。主要特点就是围绕目标的实现制定相关的措施，通过调动各种积极因素，让每个人围绕目标主动采取措施，充分发挥人的主观能动性，推进组织目标的实现，通过循环往复和螺旋上升的过程，不断推进新的目标实现，最终获得可持续发展。其中，目标管理评价法的目标制定要符合 SMART 原则，即：

S(Special results)：制定具体目标。

M(Measurable)：目标可以通过数量、质量的影响度来衡量。

A(Accepted)：目标可以被大家接受。

R(Relevant)：目标应该与组织的发展和个人的进步相关。

T(Time)：目标要有明确的时间要求，并可以实现相应结果。

---

① 董奇：《科技赋能教育评价改革时机已至》，载《中国科学报》，2021 年 1 月 12 日。

目标管理评价法对于辅导员工作的质量评价有积极的借鉴意义。第一，有助于辅导员从千头万绪的事务性工作中捋清任务目标，提高效率。实践证明，当目标具有挑战性并且如期完成而获得奖励时，评价的方法更具激励作用。第二，目标管理评价法不仅指向个人目标实现，同时注重组织目标提升，在推进辅导员个人全面发展的同时，也有利于辅导员队伍建设，促进组织目标的实现。第三，目标管理评价法有助于促进多方良性沟通，有益于形成和谐共赢局面，当总目标确定并分解下去后，每个人都相对清晰任务指向，时刻对标对表，及时修正工作中的偏差，避免辅导员工作权责利划分不明，职责没有边界的问题。

绩效评价。绩效从字义上看，“绩”指的是成绩，体现工作的结果，“效”指的是效率，体现工作的过程。绩效评价指的是通过系统的方法来评定、测量组织或成员在职务上的工作行为和工作效果。绩效评价可以分为政府评价、社会评价和自我评价。绩效评价的内容可以包括政策支持系统、环境支持系统、组织支持系统、经费支持系统以及人力资源系统等。绩效评价的评价范围广、综合性强，有助于组织实现战略目标，是人力资源管理的依据；有助于组织与个人进行沟通，是激励个体发展的重要途径。绩效评价复杂多样，通常可以划分为组织评价和个人评价。对于组织的评价主要体现在领导体制建设评价、规章制度评价、队伍建设评价以及工作目标落实情况的评价。基于个人的绩效评价可以按照个人表现进行划分，有个人品德评价、工作态度评价、工作能力评价、工作业绩评价等方面。就高校辅导员评价来说，不少高校对于辅导员个人采取德能勤绩廉几个方面的综合评价。

德：是指思想政治素质及师德师风、个人品德、社会公德等方面的表现。高校辅导员评价要坚持把师德师风作为第一标准，强化政治觉悟和理论水平的考察。

能，是指履行岗位职责的业务素质和能力。高校辅导员评价要侧重从思想引导、情感疏导、学业辅导、行为教导、就业指导等方面考察育人工作能力。

勤，是指责任心、工作态度、工作作风等方面的表现。具体包括开展教育活动、深度辅导、参加培训、宿舍走访、听课巡课、完成任务、工作记录、总结汇报等工作的情况。

绩，是指完成育人工作的数量、质量、效率和成效等实绩。具体包括开展学生思想政治教育工作的效果，日常管理服务工作的成果，以及培养典型模范和开展特色工作的情况。

廉，是指廉洁自律等方面的表现。

契约评价。心理契约(psychological contract)是由美国著名组织心理学家 Argyris 教授提出、Levinson 等学者完善的一种研究个体与组织行为的重要理论工具。① 心理契约涵盖了期望、责任、承诺、公平、认知等内容，可结合职业特点形成量表用于评价。心理契约通常是双向期望，结合个人认知差异，贴合实际管理需要，用于了解被评价对象的态度、行为及其影响因素，为组织提升管理效能提供依据。在高校，一般运用契约评价作为有针对性地改进学生管理模式和提高学生培养质量的工具。实践表明，师生间良好的心理契约，有利于激发学生的学习动机，端正学生的学习态度，从而提高教学效率，维持良好的教学秩序，保障教育教学的顺利进行。②

高校要面向未来，以发展为目的，推进实施“管办评分离”。高校辅导员评价的形式要多元化，既要包括过程性评价，还要包括效果性评价，通过信息传递、交换、反馈，优化辅导员工作评价系统。辅导员工作效果具有滞后性和隐性特征，个人陈述、同事打分、单位测评、讨论评议、总结鉴定等定性方法并不能完全反映辅导员工作的质量评价需求，应强化过程性评价的重要性，通过长期观察、反馈，重点关注高校辅导员工作的动态变化和长远效果，使评价内容更全面、评价方式更多元、评价结果更科学。

总之，质量评价是检测辅导员工作是否取得成效的重要手段。通过质量评价，肯定工作中的成绩、发现问题与不足，促进辅导员队伍建设高质量发展，促进人才培养高质量发展，促进思想政治教育工作高质量发展。高校应尽快构建起以立德树人为根本任务的新时代辅导员工作质量评估体系，寻求在评价的主客体、制度、内容和方法等方面的根本性变革。要通过积极探索辅导员工作中的质量评价发展与改革之路，回应新时代思想政治教育高质量内涵式发展的要求。

---

① 施恩:《职业的有效管理》，生活·读书·新知三联书店 1992 年版。

② 王晶梅:《试论高校思想政治理论课案例教学中师生的心理契约》，载《思想理论教育导刊》，2010 年第 12 期。

第十讲　高校辅导员自身的成长与发展

为顺应新时代高校思想政治教育工作的发展需要，党和国家对高校辅导员建设提出了新要求，推出了新举措，指明了新方向。① 高校思想政治教育在新时代要实现新作为、展现新风貌，应与时俱进地建齐配强辅导员队伍，推动辅导员更好更快地成长与发展，这是新时代高校思想政治教育高质量发展的应有之义。

第一节　职业理想引领辅导员成长发展

习近平总书记指出："发展是第一要务，人才是第一资源，创新是第一动力。"我们党历来高度重视辅导员队伍建设，把高校辅导员作为重要的政治工作人才进行打造。个人的追求只有融入时代，融入国家和民族的伟大事业中才能彰显出更大的价值和意义。作为一种目标追求，理想信念对个人成长发展具有导向引航功能。高校辅导员应胸怀为党育人、为国育才的初心使命，与党和国家同心同向同步同行，才能实现个人的远大理想和卓越追求，才能真正实现高质量的成长发展。

一、职业理想及其功能实现

在中国特色社会主义新时代，党中央把高校思想政治教育队伍的建设工作提升到全新高度，我国高校思想政治工作队伍发展和建设进入了新的发展阶段，呈现出更趋标准化、专业化和精细化的特征。② 高校辅导员应结合社会发展和时代要求，明确职业理想和工作定位，在培养德智体美劳全面发展的社会主义建设者和接班人的过程中，实现人生价值。

---

① 冯刚：《大学生思想政治工作概论》，北京师范大学出版社 2020 年版，第 251 页。

② 冯刚、张晓平、苏洁：《中国共产党高校思想政治教育发展史》，人民出版社 2021 年版，第 25—42 页。

(一)职业理想的内涵

职业理想是人们对职业活动和职业成就的超前反映，与人的职业期待、职业目标密切相关。职业理想包含了职业期待、职业目标以及对职业发展路径的预设。其中，职业期待是个人的职业意向以及从职业活动中想要获取的回报。个人的世界观、人生观、价值观深刻影响着其职业意向和职业态度。同时，个人的职业期待也会受社会条件、社会需要和周围环境的制约。合理的职业期待应综合考虑自身条件、能力和兴趣以及社会的需要、机会、环境等因素，辅导员应以此为基础对个人职业的未来发展进行战略规划。职业目标是个人在职业方面想要达到的境地、取得的成果及其标准，职业目标有短期、中期和长期之分。在职业目标的衡量及评估上，有些指标可以进行定量测量，有些指标则只能进行定性评价。也就是说，职业目标既有内在的主观性，也有外在的客观性，职业目标的形成是主观见之于客观的双向互动过程。

除了职业期待、职业目标外，职业发展路径的预设也是职业理想的重要内容。职业发展路径的预设，是指个人准备采取什么样的方法和路径去达成自己的职业期待、实现自己的职业目标。从理论上讲，达成职业期待和实现职业目标的方法和路径是多种多样的，但真正符合自身实际且能付诸实施的方法和路径则因人而异。人们通常会对自己的职业发展路径进行谋划，并结合客观实际采取相应的行动，通过持续的探索和实践推动职业发展。

(二)职业理想的功能

马克思对职业理想与人生发展动力之间的关系曾进行过深刻论述，他在青年时期就写道："如果我们选择了最能为人类而工作的职业，那么，重担就不能把我们压倒，因为这是为大家作出的牺牲。"①可见，职业理想对个人的成长和发展具有重要的导向和激励作用，同时对个人的职业生涯发展也具有整合资源的功能。

职业理想对辅导员的成长和发展具有导向功能。对未来有美好的期待、有理想的目标，才能有努力的方向。高校辅导员只有结合自身实际树立正确的职业理想，才能明确自己的前进方向。否则，"脚踩西瓜皮，滑到哪儿算哪儿"，没有奋斗的目标和努力的方向，就做不成什么事，更遑论成长和

① 《马克思恩格斯全集》第1卷，人民出版社1995年版，第459页。

发展了。

职业理想对辅导员的成长和发展具有激励功能。激励可以引导一个人是否努力及其努力的程度，包括物质激励、精神激励以及内部激励、外部激励。职业理想对辅导员的激励功能主要体现为职业理想可以为辅导员的成长和发展提供精神动力，进而推动辅导员为实现自己所设定的目标而更加努力地学习和工作。人是要有一种精气神的，如果辅导员缺乏理想的追求，缺乏明确的目标，缺乏坚定的信念，往往就会精神懈怠，就会动力不足，也就不可能有追求卓越的勇气和久久为功的韧劲。

职业理想对辅导员的成长和发展具有资源整合功能。从辅导员职业生涯角度看，职业理想实际上就是一种期待、一张蓝图，在某种程度上也是一个发展规划，具有资源整合功能。这种期待、蓝图和规划，可以有效整合起辅导员的时间、精力、财力、物力及其他各种资源，从而促进辅导员更好更快地成长和发展。正如社会学家威廉·托马斯所指出的，人们不仅对情境进行定义，而且将按自身对环境的定义进行反应，采取相应的行为方式①，往往就容易把注意力聚焦到与此相符的信息和特征上，并投入更多的资源。因此，高校辅导员在成长发展中要注意充分发掘职业理想的效能，从而为培育时代新人作出自己应有的贡献。

(三)职业理想的进阶

职业理想的树立并非一蹴而就，需要有一个不断廓清和深化的过程。高校辅导员的职业理想进阶，大致可以分为设计规划、持续精进、实现升华三个阶段。首先，高校辅导员要在了解职业全貌的基础上做好设计和规划。高校辅导员是开展大学生思想政治教育的骨干力量，是高等学校学生日常思想政治教育和管理工作的组织者、实施者、指导者。高校辅导员具有党政管理干部和教师双重身份，是高校党政管理队伍和教师工作队伍的重要组成部分。由于高校辅导员工作内容多、工作任务重，新任职的辅导员很容易陷入事务之中，难以抓住工作的重点。因而，高校辅导员要注意早做规划，要对辅导员工作内容进行全面系统的整理，条分缕析的梳理，学懂弄通高校学生教育管理相关规章制度，进而结合自身实际树立职业理想。

其次，高校辅导员要在开展工作实践的过程中持续精进。“理论是灰色

① 于海：《西方社会学思想史》(第3版)，复旦大学出版社2021年版，第251页。

的，而生活之树长青。”只有在工作的实践锻炼中，才能真正体会高校学生思想政治教育的真谛，才能真正实现对思想政治教育规律、教书育人规律、学生成长规律的把握。在实际工作中，高校辅导员通过实践锻炼和深入学习，无论是工作能力还是理论思维都将得到提升，可以为辅导员职业理想的进一步明晰奠定思想基础和实践基础。高校辅导员应注意结合自身实际，不断深化对职业理想的认知，及时调整和优化自己的职业期待和职业目标，在持续精进中成长发展。

再次，高校辅导员应在进行对标对表的评估中实现升华。职业理想的进阶需要开展评估反思，实施动态调整。评估需要对照一定的标准，才能在比较中发现问题、查找差距、总结经验、明确今后的努力方向。由此可见，职业理想规划是职业生涯发展评估的基础。高校辅导员应把当前所处的阶段和取得的进展与职业规划的内容进行比较，以纵向比较的视角来评估自身成长发展。同时，高校辅导员还要对标对表中央的决策部署、相关规章制度对辅导员的工作规定以及学校党委对辅导员的工作要求，与时俱进地动态调整自己的职业期待和职业目标，使自身的成长发展符合新时代、新形势、新任务的要求，致力于培养德智体美劳全面发展的社会主义建设者和接班人，从而实现个人职业理想的升华。

二、辅导员职业理想的建构

高校辅导员的职业理想建构，可以由内而外、以人的成长为中心，也可以由外而内、以成事为导向，还可以采用以点带面、点面结合的人与环境交融模式。

(一)由内而外建构职业理想

高校辅导员由内而外建构自己的职业理想，就是主要基于性格、兴趣、能力、专长、优势等自身条件和禀赋，以自己想要成为什么样的人为出发点和落脚点，进行职业理想建构。由内而外地建构职业理想，其优点是可以充分考虑当前个人的条件、能力和水平，实事求是地对自己的职业期待、职业目标、职业发展路径等进行评估和谋划。这种职业理想的建构模式，辅导员可以在较大程度上掌握职业发展的主动权，因而具有较强的可行性和实操性。辅导员由内而外建构职业理想的动机，是以需要为基础和背景的，既包括原发性动机和习得性动机。其中，原发性动机也称生物性动机，是以有机体自身的生物性需要为基础的。一般而言，原发性动机对于满足个人的生存是必不可少的。习得性动机也称社会性动机，是与个人的社会生活相联系、后天习得的，主要包括成就动机、亲和动机和权力动机等。每一种社会性行为的背后，均有其产生的内在动机。①

由内而外的职业理想建构，在切合自身实际的同时也存在一定的问题。高校辅导员在对自身职业理想关注较多但如果对工作对象的需求、外部环境的变化、社会形势的发展等考虑不够充分时，往往容易在个人职业理想和工作规范要求之间形成张力。特别是如果辅导员个人的性格、兴趣、能力、专长、优势等在与工作要求不相适应时，容易引发辅导员的角色紧张、角色冲突以及角色中断甚至角色失败。由此可见，高校辅导员由内而外建构自己的职业理想，还需要对自身状况及相关因素进行综合评估。高校辅导员可以采用类似企业战略分析法，对自身内在的优势(Strengths)、劣势(Weaknesses)以及辅导员工作的机会(Opportunities)、挑战(Threats)等进行统筹考虑，开展系统分析。也就是说，高校辅导员由内而外建构自己的职业理想，除了考虑自己想要什么、自己会干什么，还要考虑自己不想要什么、自己不会干什么，才能扬长避短、求胜避败，从而实现自己的梦想。

(二)由外而内建构职业理想

高校辅导员由外而内建构职业理想，实际上是设定自己奋斗目标和发展愿景的过程。职业目标是个人在职业方面欲达成的未来的一种状态、一种结果。就职业理想与职业目标的关系而言，职业理想包含了职业目标，同时职业理想又是超越职业目标的。也就是说，职业理想具有超越个人功利的价值意涵。但职业理想需要有职业目标作为基础，需要职业平台予以支撑。因而，职业目标对于职业理想的实现具有奠基性意义。如果只有远大的理想而没有清晰的目标，理想也就将成为空中楼阁。辅导员的职业目标一旦确定下来，它就将成为引导辅导员行动的重要激励和努力方向。当然，辅导员的职业目标要成为一种重要激励因素和行动方向，必须符合一定的条件。这些条件主要包含七个方面的内容，分别是：目标必须是经努力可以实现的；目标实现后应有相应的报酬配合；目标的表述应明确清楚；目标最好是自己首先提出来的；目标应符合组织成员的共同愿景；个人的

---

① 黄希庭、郑涌：《心理学十五讲》，北京大学出版社2005年版，第261—273页。

目标应与其他有关方面和成员的目标相协调；目标应易于考核评价。①

如上所述，职业理想是个人职业的终极目标，具有超越性和引领性。高校辅导员由外而内建构职业理想，需要有一个对标对表、循序渐进、不断升华的过程。在此过程中，职业目标是职业理想的操作化，职业理想的基本要素可经由职业目标以定量、定性等方式呈现出来。一般而言，目标可分为短期目标、中期目标和长期目标。辅导员由外而内建构自己的职业理想时，通常会以个人对未来的憧憬为框架，结合自身所处的职业阶段，设定自己的职业目标。因此，辅导员所处的职业阶段不同，职业目标也会有所差异，但其职业理想的核心要义、精神实质应该是基本相同的。辅导员由外而内建构职业理想，除了用定量或定性的职业目标进行建构外，寻找自己学习的榜样也是一种职业理想建构方式。榜样的力量是无穷的，高校辅导员如能把身边的先进典型、模范人物作为自己的榜样进行学习，也是促进自身快速成长的有效途径。

（三）点面结合建构职业理想

高校辅导员在建构自身职业理想时，要从人与环境相互作用的角度出发，把自己融入职业环境当中，充分考虑自身和环境之间的匹配，以点带面、点面结合，多维度、分层次、立体化地建构自己的职业理想。高校辅导员通过点面结合的方式建构职业理想，既可以把职业作为一个基本面，把自己作为一个点，通过自身能力与职业领域的匹配建构起个人的职业理想；也可以把自身综合素质能力作为一个面，从中进行比较后找出自身最大的优势作为增长点，并将之与职业环境、职业发展等结合起来，构建起适合自己的职业理想；还可以把职业领域方方面面的内容作为一个整体，从中找到自己感兴趣的点，作为自己的主攻方向，进而建构起自己的职业理想。

点面结合的职业理想建构方式，是由内而外及由外而内理想建构类型的融通，是一种立足个人与环境交互关系、统合综效的职业理想建构类型。这种个人与情境的交互作用之所以会发生，是因为不同的人会对某一情境的不同方面有所感应，或者相同的情境对不同的人意味着不同的场景。“一把钥匙开一把锁”，除非情境为个体提供合适的机会，否则个体就难以达成自己的目标。个人与情境之间是相互影响、相互选择的，情境选择个人，

---

① 芮明杰：《管理学：现代的观点》，上海人民出版社 2021 年版，第 388—389 页。

个人也能够选择情境。不同的情境会启动个人不同的方面，所处的环境不同将引发人们产生不同的目标和信念，从而影响其思考、感受以及行为的方式。同时，个人可以改变情境，情境也能够改变人。① 所以，高校辅导员在建构职业理想时，采用以点带面、点面结合的方法，把自身能力素质与职业环境条件综合起来考虑，并使之相互匹配与协调是非常重要的。

三、辅导员的职业生涯发展

辅导员的职业生涯发展是辅导员持续探索、不断精进的过程，是辅导员学习提升、完善自我的过程，也是辅导员立德树人、培养人才的过程。可采用专门化、专业化和专家化的实践路径，促成辅导员能力和水平的提升，以推动辅导员的可持续发展。

(一)专门化发展

高校辅导员工作的范围广泛、内容丰富，涉及学生培养的方方面面。按照《普通高等学校辅导员队伍建设规定》，高校辅导员的主要工作职责包括思想理论教育和价值引领、党团和班级建设、学风建设、学生日常事务管理、心理健康教育与咨询工作、网络思想政治教育、校园危机事件应对、职业规划与就业创业指导、理论和实践研究等。以上这些工作职责，仅仅其中的一项要做深做透就已经很不容易了。但高校辅导员的日常工作其实还不仅限于此，甚至还需要涵盖已经毕业的学生，也就是校友工作。此外，还要经常性地开展家校联动，等等。

高校辅导员在推动职业生涯发展时，要对职业理想和日常工作之间的关系有清晰的认知。职业理想要建立在踏实做好日常工作的基础上，日常工作是辅导员职业理想的出发点和立足点，职业理想是追求的方向和目标。为此，高校辅导员要注意在全面履行工作职责的基础上，选择其中的一个或若干个领域作为自己的主攻方向，并在选定的领域精耕细作，取得标志性成果。高校辅导员的这种职业发展路径是一种专门化的发展战略，是立足某一领域、以点带面推动整体工作的开展，进而为个人的职业生涯发展奠定良好基础。专门化发展路径，既有利于辅导员树立发展自信，也有利于辅导员立足当下做好工作，是基于辅导员工作实际的理性选择。

---

① [美]道格拉斯·肯里克、史蒂文·纽伯格、罗伯特·西奥迪尼：《西奥迪尼社会心理学》，谢晓非等译，北京联合出版公司 2017 年版，第 47—50 页。

从高校辅导员角度，要注意在全面了解和统筹自身工作的前提下，充分考虑所在单位的实际情况，结合个人的兴趣、能力和特长，选定辅导员工作中的一个或几个领域进行深化拓展，通过久久为功的努力，形成推动工作、成就自我的强大动力。从高校辅导员队伍建设的主管部门和主管领导角度，要在学生日常教育管理服务中多维度考察辅导员的工作表现，引领和指导辅导员结合自身实际和工作需要做好发展规划、建构职业理想，推动辅导员队伍高质量发展。

(二)专业化发展

当今社会对个人的经验和知识不断提出更高、更广、更深的要求，泛泛的知识和能力已经无法适应社会快速发展的需求。在此情况下，高校辅导员必须锻造自己的核心能力，精通自己所从事的工作领域，持续加强和丰富自己的专业知识，依靠训练强化自己的专业胜任力，推动自己向专业化方向发展。专业化通常应包括专业知识、专业技术、专业标准、专业伦理、专业能力、专业组织和专业精神等方面的内容。其中，专业知识是专业得以立足的基础，专业技术是应用专业解决实际问题的技巧和方法，专业标准是专业水平的评价尺度，专业伦理是专业行稳致远的道德意识、道德规范和道德实践，专业能力是开展专业工作的技能和水平，专业组织是共同推动专业发展的组织保障，专业精神是对专业品质的执着追求。

高校辅导员推动自身职业生涯向专业化发展，应该基于对思想政治工作规律、教书育人规律、学生成长规律的把握。辅导员要精通工作领域的专业知识、专业技术和专业标准，学懂弄通马克思主义科学理论，做社会主义核心价值观的坚定信仰者、积极传播者、模范践行者。高校辅导员的专业化发展，最重要的是提升思想政治工作的亲和力和针对性，用专业的技术和方法解决青年大学生所遇到的问题。为此，高校辅导员要不断提高专业能力，涵养专业精神，围绕学生、关照学生、服务学生，有效提高学生思想水平、政治觉悟、道德品质、文化素养。做好这些工作，不能仅仅依靠辅导员个人的经验和偏好，而是要系统学习专业知识、专业方法，要以专业伦理为规范、以专业能力为依托、以专业精神为引领。除此之外，高校还要下大力气建设好辅导员教育管理服务相关的专业化或专门化组织机构，全面提升辅导员人才培养能力这个核心点，带动辅导员的成长和发展。在辅导员个人层面，可以通过加入思想政治教育研究会、德育专业委员会、学生工作专业委员会等专业协会组织的方式，寻求专业交流、学习和提升的机会，更好地促成自己的职业生涯发展。此外，高校辅导员的专业化发展是一个长期持续的过程，只要实践不停步，专业的学习提升就永无止境。高校辅导员应该以钉钉子的精神，不断精进，追求卓越。

(三)专家化发展

教育部早在2005年就印发了《关于加强高等学校辅导员、班主任队伍建设的意见》，提出“鼓励和支持一批骨干攻读相关学位和专业进修，长期从事辅导员工作，向职业化、专家化方向发展”①。可见，专家化发展是高校辅导员职业生涯发展的一个重要方面。专家是对某一门学问有专门研究的人，或者是擅长某项技术的人。高校辅导员的专家化发展，需要内外兼修、双向发力。从辅导员自身而言，专家化的职业生涯发展路径要求辅导员在某一个专业领域有系统而深入的研究并取得实质性、标志性成果，或者辅导员精于某项专业技术并取得突破性进展。

为实现专家化发展，辅导员需要在长期实践锻炼的基础上，立足本职工作练就研究能力，不断提升专业技术水平。辅导员的研究能力不是一天两天就能得以提升的，必须经过长期积累和系统学习。研究首先要有专业作为支撑，要有专业的理论知识和专业的研究方法、研究技术，才能作出具有专业品质的研究成果。专家化发展是建立在专业化发展基础之上的，要基于专业实践打造精品项目，进而实现理论与实践的双向提升。高校辅导员没有专业化的实践积淀，也就不可能有专家化的发展提升。这也意味着，高校辅导员要精通专业才能成为行家，要精耕专业才能成就专家。

当然，专家并不是自封的，专家必须在本专业领域具有广泛影响力，必须得到本专业从业人员的普遍认可。所以，高校辅导员在推动自身专家化发展时，除了要立足岗位做好研究练就高水平，取得高质量研究成果外，还要通过专业产品的输出、专业技术的推广、专业成果的宣传等，取得业界和学界认同。高校辅导员的专家化职业生涯发展历程，就是辅导员不停地实践、学习、研究的过程，也是辅导员持续与业界、学界进行专业交流、专业互鉴、专业互通的过程。高校辅导员就是在这种内强专业能力、外树专业形象、深拓专业理论的过程中，不断推进自身专家化职业发展进程的。

---

① 教育部思想政治工作司：《加强和改进大学生思想政治教育重要文献选编(1978—2014)》，知识产权出版社2015年版，第283—284页。

第二节　职业能力推动辅导员成长发展

高校辅导员从事的是立德树人的工作，需要有较强的职业能力和综合素养。辅导员的职业能力主要包括思政工作能力、组织管理能力、沟通协调能力、危机应对能力等方面，这些能力是推动辅导员成长发展的基石。

一、辅导员的思政工作能力

高校辅导员要把思想政治工作贯穿于学生日常教育管理服务的各方面、全过程，不断提升政治引领能力、价值引领能力、思政教育能力、心理疏导能力和思政实践能力，努力培养德才兼备、全面发展的时代新人。

(一)政治引领能力

我国是中国共产党领导下的社会主义国家，必须把培养社会主义建设者和接班人作为教育的根本任务。政治性是高校辅导员工作的根本特性，政治引领力是高校辅导员的首要工作能力。一是要结合日常教育管理服务工作树立学生正确的政治认同，自觉贯彻落实党的教育方针，坚持马克思主义的指导地位，坚持社会主义办学方向，引导学生坚持正确的党史观、树立大历史观，引领学生树立崇高的理想信念，正确认识世界和中国发展大势、中国特色和国际比较、时代责任和历史使命、远大抱负和脚踏实地，增强“四个意识”，坚定“四个自信”，做到“两个维护”。二是要以党建为引领增强学生对党的政治认同，在青年学生中做好党员发展工作，加强学生党员的教育管理，教育引导广大青年学生自觉坚持党的领导，听党话、感党恩、跟党走。三是要以中华民族伟大复兴为旗帜引领学生的政治行为，提升青年学生的政治判断力、政治领悟力和政治执行力。要引领广大青年学生自觉为人民服务、为中国共产党治国理政服务、为巩固和发展中国特色社会主义制度服务、为改革开放和社会主义现代化建设服务，把个人理想追求融入国家和民族的发展伟业中。

(二)价值引领能力

价值引领在高校思想政治工作中具有基础性地位，是高校学生思想政治工作的重要任务。价值观自信，是一个国家和民族在推进文化发展的进程中有所依循、知所趋止、顽强进取的定力与韧劲所在，也是一个国家和民族面对各种文明创造和文化滋养择善而纳、从容吞吐的气度和尺度所在。① 高校作为意识形态斗争的前沿阵地，做好青年学生的价值引领是非常重要的。高校辅导员要不断增强自身做好价值引领的能力水平，教育引导学生树立正确的价值观念、作出正确的价值抉择、开展积极的价值实践。高校辅导员要坚持不懈培育和弘扬社会主义核心价值观，注重用社会主义先进文化、革命文化、中华优秀传统文化培根铸魂，广泛开展中国特色社会主义和中国梦的宣传教育，落细落实理想信念教育，引导广大学生做社会主义核心价值观的坚定信仰者、积极传播者、模范践行者。高校辅导员还要以校园文化为载体，以文化人、以美育人，引导学生从自己做起，从小事做起，从身边做起，涵养学生的集体主义精神和家国情怀。

(三)思政教育能力

高校辅导员既是党政管理人员也是教师，具有双重身份，讲授思想政治理论课是其必备的专业能力。高校辅导员应结合学生思想状况的动态变化和形势发展的需求，深入开展思想政治教育，坚持不懈传播马克思主义科学理论，抓好马克思主义理论教育，用习近平新时代中国特色社会主义思想铸魂育人，增进学生对习近平新时代中国特色社会主义思想的政治认同、思想认同、理论认同、情感认同，为学生一生成长奠定坚实的思想基础。为此，辅导员应在学习研究的基础上，熟练掌握马克思主义理论知识以及思想政治教育的基本原理、基本理论、基本方法。高校辅导员开展学生思想政治教育，一方面可以依托第一课堂主渠道，通过讲授思想政治理论课的方式，以学术话语讲政治，为学生释疑解惑、启智润心；另一方面，可以把第二课堂活动作为载体，结合主题活动通过灵活多样的方式进行学生思想政治教育。在此过程中，要把第二课堂与第一课堂贯通起来，把显性教育与隐性教育结合起来，形成共同做好学生思想政治教育的合力，使思想政治工作贯穿学生教育、管理和服务的各环节、全过程。高校辅导员在推进思想政治教育第一课堂和第二课堂一体化构建的同时，还要充分认识到网络对学生思想和行为的重要影响，注重用新媒体的方式开展学生思想政治教育，做好网络思政工作，大力增强思想政治教育的亲和力和针对性。

(四)心理疏导能力

随着社会的飞速发展、城镇化的快速推进以及互联网、新媒体的广泛

---

① 沈壮海等：《文化何以自信》，中国人民大学出版社2020年版，第51页。

普及，高校青年大学生的社会交往、行为模式和生活方式等方面受到社会变迁的深刻影响。在此过程中，青年大学生的社会适应问题、人际交往问题、心理问题也多发频发，这对高校辅导员的心理工作能力提出了新的要求。为更好地助力学生健康成长，高校辅导员应通过学习培训，掌握心理咨询的基本知识以及学生危机干预的基本技能，不断提升自己开展学生心理疏导工作的能力，培养学生阳光正向、平和理性的健康心态。由于心理疏导通常采用谈心谈话、团体辅导、角色扮演等方式进行，所以辅导员要深入了解个案工作、团体工作和社区工作的知识、方法和技巧，针对不同学生的心理健康状况，有的放矢地开展工作。当然，由于辅导员并不是专业的心理咨询专家，更不是医疗机构的精神心理科医生，在遇到有严重心理问题的学生时，辅导员要及时把这些学生转介给相应的专业机构，让学生得到更好的治疗和帮助，确保学生的安全和健康。

(五)思政实践能力

高校辅导员的思政实践能力就是立足大学生日常教育管理服务，把解决学生思想问题与解决学生实际问题相结合起来的能力。按照高校辅导员队伍建设规定，高校要按照师生比不低于 1∶200 的比例配齐建强辅导员队伍。也就是说，每位高校辅导员所要日常跟进负责的学生不能多于 200 人。面对这么一个学生群体，辅导员要因事而化、因时而进、因势而新地开展学生日常思想政治教育。因此，辅导员必须以系统思维开展工作，统筹学生日常思想理论教育和价值引领、党团和班级建设、学风建设、日常事务管理、心理健康工作、网络思想政治教育、职业规划与就业指导等工作，把全面覆盖与分类指导结合起来，因地、因人、因事、因时开展好学生思想政治教育工作。同时，高校辅导员要注重结合学科特色和专业特点，推动第二课堂与第一课堂的有机融入，教育引导学生把专业理论学习与实习实践、志愿服务等有机结合起来，推动“五育并举”，助力学生德智体美劳全面发展。

二、辅导员的组织管理能力

高校立德树人包含着学生的组织管理工作，辅导员应在党团班组织管理、学生社团组织管理、学生宿舍组织管理、学生骨干组织管理、学生活动组织管理等工作的实践锻炼中，不断历练组织管理能力，提升工作效能。

(一)党团班组织管理

党团班是高校学生工作的基本载体，学生党团班建设和组织管理是高校辅导员工作的重要内容。在功能上，学生党支部、团支部、班委会是既有联系又有区别的组织类型。新时代高校辅导员开展学生党团班组织管理工作，要树立起党团班一体化建设意识，以学生党建为统领，以党建带团建、促班建。党团班一体化建设的核心任务是落实党的全面领导，深入推进党建引领，把思想政治工作贯穿学生党建、学生团建和学生班级建设的全过程、各环节。因此，高校辅导员抓学生党团班组织管理工作的关键是实施政治引领、思想引领和价值引领，指导学生党支部、团支部和班委会制定组织的发展目标，推动学生党员、入党积极分子担任学生骨干并深入参与党支部、团支部及班委会的组织管理工作，并依托学生党支部、团支部和班委会做好学生党员的发展和管理工作。也就是说，高校辅导员要充分发挥党员、团员在服务学生、凝聚学生、推动学生发展方面的作用，实现学生工作的高质量发展。

(二)学生社团组织管理

学生社团是高校开展育人活动的重要阵地，也是大学生乐于参与的第二课堂形式。尽管大学生自身在学生社团的组织管理中起主体作用，但这并不意味着学校可以放任不管。近年来，有些高校的学生社团由于学校层面重视不够、建设不力、管理不善，出现了学生社团骨干乱作为、不作为等方面的问题，有的高校学生社团甚至还出现了政治方面的偏差问题。事实证明，只有坚持党对学生社团的全面领导，以立德树人为导向做好学生社团的组织管理工作，才能确保高校学生社团行稳致远。从高校辅导员工作角度，应该大力加强学生社团的管治能力，要从坚持党的全面领导、落实立德树人根本任务的高度，结合学科特点和专业特色来建设学生社团。要从为党育人、为国育才的职责使命出发，推动学生社团的发展，重点要把好学生社团的政治关、安全关、人员关、活动关、经费关等，避免因学生社团组织管理不善而产生意识形态风险、人身安全风险、财物风险等，为学生健康成长提供有力保障。

(三)学生宿舍组织管理

学生宿舍是大学生学习生活的基本单元，也是高校立德树人的重要阵地。青年学生的许多美好记忆都与宿舍同学的互帮互助有关，青年学生的许多问题也与宿舍同学的关系处置不当相连。学生宿舍的组织管理关乎学生的人际关系、心理健康、生活状况、学业发展、人身安全等诸多方面，辅导员要把学生宿舍的组织管理作为重中之重，下大力气抓实抓好。辅导员开展学生宿舍的组织管理工作，可以从学校与学生宿舍管理相关的规章制度入手，紧盯学生宿舍规章制度的学习教育、贯彻落实、效果评估等工作，围绕学生成长成才建设健康向上的学生宿舍文化氛围，充分发挥学生党员的先锋模范作用，配齐建强学生宿舍长工作队伍，加强与宿管员的工作支持和配合，以网格化管理为基本模式，推动学校职能部门—院系—党团班—学生宿舍的一体化协同，做好学生宿舍行为规范教育和突发事件应急演练，让学生宿舍成为正能量充沛的育人平台。

(四)学生骨干组织管理

学生骨干是学生中的积极分子，是学生工作的中坚力量，是在学生群体中起模范带头作用的人员。鉴于学生骨干的示范引领作用，辅导员要以高标准、严要求做好学生骨干的组织管理工作。辅导员开展学生骨干的组织管理，要以严管厚爱为基本工作理念，不断提高学生骨干的思想水平、政治觉悟、道德品质、文化素养。“打铁还靠自身硬”，“严管”要严在纪律、严在日常、严在经常。学生骨干只有在日常的实践锻炼中锤炼意志品质，才能在关键时刻、危难之时发挥“骨干”作用。“厚爱”就是要遵循学生成长规律，充分体谅青年学生成长过程中遇到的思想认识问题和具体实际问题，提升思想政治教育的亲和力和针对性，把解决思想问题和解决实际问题结合起来，满足学生成长发展需求。高校辅导员要把严管和厚爱有机结合起来，推动学生骨干成长为引领广大青年学生成长发展的青春榜样。

(五)学生活动组织管理

学生活动是促成青年学生德智体美劳全面发展的重要载体。与高校辅导员相关的学生活动主要有三类，一是思想政治教育主题活动，需要覆盖全体学生或有针对性地向特定学生群体开展；二是有组织的第二课堂活动，以服务学生的综合素质提升为目标；三是由学生自主申请举办的活动，这些活动一般需要按学校规定的流程审批并由辅导员跟进指导。高校辅导员开展学生活动的组织管理工作，目的是落实党对学生活动的全面领导，把握意识形态领导权、管理权和话语权。因此，学生活动的组织管理要抓好管人、管事、管经费、管阵地、管宣传等工作，把课上课下、网上网下、校内校外等各方面统筹起来，切实落实好意识形态责任制。要把学生活动的多样性和统一性、主导性和主体性结合起来，形成既有纪律又有自由，既有规模又有质量的良好局面。

三、辅导员的沟通协调能力

高校辅导员工作经常会涉及信息的发布、资源的配置以及任务的分担等事项，这都需要进行有效的沟通和协调。在此过程中，辅导员要采用上下沟通、内外互动、左右联动等多种方式，以形成良好的部门互通、校院贯通、内外联通以及家校沟通的工作格局。

(一)部门互通

习近平总书记指出，“高校是立德树人的地方，只有能培养出一流人才的高校才是一流高校”。高校各部门之间虽然有工作上的分工，但目标都是为了立德树人、培养优秀人才。当然，在总体目标一致的前提下，学校内部还是有不同的职责分工。为了构建全员、全过程、全方位的育人格局，需要把各部门、各环节、各方面的力量协同起来。在学生的日常教育管理工作中，只有整合起各部门的资源，才能有效服务学生的成长成才。为此，高校辅导员要学会跨部门的平行沟通和双向协作，通过主动的沟通和交流，消除人才培养过程中的部门壁垒。

在院系工作层面，辅导员要注意与本单位的党政办公室、教务部门、科研部门等做好工作上的沟通和对接。这些沟通和对接，有利于实现多部门的工作协同，做好学生的党建工作，服务学生的教育教学，推动科研育人，为学生提供有效的后勤保障等。需要注意的是，部门沟通和协同不能变成各部门把工作都布置给辅导员，最终变成由辅导员去落实本该由其他部门跟进落实的工作。这在高校日常工作中经常发生，由此使得辅导员变成了其他部门的“秘书”和“代理人”，疲于应对繁杂的行政事务，以致无暇顾及学生工作主责主业，这实际上是最为失败的沟通和协同，恰恰反映出高校辅导员提升部门沟通能力的重要性和必要性。辅导员应该认识到，部门之间的沟通主要是为了信息传输的双向到位，应避免工作任务的部门易位。

(二)校院贯通

校院贯通是在纵向沟通协调基础上形成的良性运行机制，以使人、财、物等资源与工作目标能够在上下层级之间有效衔接起来。高校辅导员的工作涉及学生的方方面面，仅靠一个辅导员或几个辅导员无法完成立德树人的全部任务。辅导员的纵向沟通协调工作涉及许多内容，与学生切身利益密切相关，稍有不慎还可能引发舆情，对辅导员的能力水平是一个很大的挑战。

辅导员纵向沟通协调首先表现为学生日常教育管理服务工作的沟通协调，包括学生思想政治教育工作、行为规范管理、奖学金助学金发放、毕业生就业、违纪处理等。日常学生工作牵涉的面是很广的，辅导员要注意做好与上级领导和主管部门的有效沟通、及时协调，以便工作的落细落小落实。其次，辅导员纵向沟通协调还包括重要事项的请示报告。辅导员在工作中难免会遇到一些涉及学生或老师的重要事项，在此情况下，辅导员不能擅自做主，而应该主动向上级领导和主管部门请示报告，以得到上级领导和主管部门的指导、支持和配合。此外，学生突发事件的应急处置也是纵向沟通协调的重要内容。由于该类事件关系到学生的安全健康、关系到学校的和谐稳定，需要学校相关部门联合行动、采取特殊应急措施才能妥善处置，因而辅导员要第一时间向上级领导和主管部门进行报告，在处置过程中也要及时沟通协调，以便快速稳妥有效处置。

(三)内外联通

高校辅导员的工作不仅局限于所在院系，还会涉及兄弟单位、校友以及校外单位等。在大学期间，青年学生的教育教学活动尽管主要由所在院系统筹安排，但学生的学习、活动、交往等并不局限于本班级、本院系范围，特别是学生的课外活动和交往关系通常是跨班级、跨院系甚至是跨校的，辅导员只有在平时注意与校内兄弟单位的同事建立联系，关键时刻才能做好沟通协调。此外，校友是学校学生培养的重要资源，作为平时与学生接触最为密切的人员，辅导员也要注意做好校友的沟通联络工作，为人才培养和单位发展凝聚校友力量。校外单位的沟通协调也是高校辅导员经常需要面对的工作，其中接触最多的是毕业生招聘单位，做好该类型单位的沟通协调是为了做好毕业生求职就业工作。另外，校外合作单位对高校育人资源的拓展也具有特殊重要的作用，包括捐赠单位、学生实习实践基地、学生活动合作单位等，辅导员也要注意做好沟通和协调，按照学校相关管理规定，把校外资源与学生发展需求有效对接起来。

(四)家校沟通

进行家校沟通协调是高校辅导员的重要工作，也是助力青年学生成长发展的有效途径。高校辅导员开展家校沟通工作，包括常态化沟通协调和应激性沟通协调两种类型。常态化沟通协调主要是辅导员把学生在校学习工作生活等方面的情况向学生家长进行反馈，以便学生家长及时掌握学生在校表现，并采取相应措施与学校共同为学生的成长发展做好支持保障。常态化沟通可以采取线上方式，也可以采取线下方式，有些辅导员还建立了家长沟通的网络群组。线上方式及网络群组为家校互通提供了即时沟通平台，但也存在一定的风险，特别是涉及学生隐私、切身利益等方面的问题，如果通过网络方式进行传播，容易引发网络舆情风险，辅导员要特别注意避免。应激性沟通协调常常在发生特殊情况时启动，辅导员在进行学生突发状况处置时应事先向主管领导请示报告，按照应急处置流程及时做好家校沟通。为做好家校沟通工作，辅导员在平时要注意做好学生及其家庭基本信息的登记和动态更新，否则家校沟通就无从谈起。

四、辅导员的危机应对能力

青年学生在成长过程中难免遇到各种各样的问题，作为与学生朝夕相处的高校辅导员，需要结合学生实际和工作实践，不断增强应对学生危机事件的能力。

(一)底线思维

高校辅导员要树立学生“安全第一、健康至上”的工作理念，强化底线意识和底线思维。这就意味着，高校辅导员对当前国内国际的斗争形势要有清醒的认识，尤其是对敌对势力的渗透破坏企图要有警惕之心。事实上，由于中美博弈的大国角力局面将长期存在，全球政治经济社会发展的不平衡将长期存在，高校作为意识形态斗争的前沿阵地，势必在不同程度上会受到国际国内形势的影响。同时，由于当今开放社会和信息社会环境，青年学生面临的机遇和挑战有了类似金融领域的“杠杆效应”，无论是机遇还是挑战都容易呈几何级数增长，产生的影响也有着强大的烈度。作为高校辅导员，要强化风险意识和危机意识，防患于未然，把功夫下在预防方面和平时的基础工作上，提前做好学生风险隐患排查，建立重点关注学生的工作清单，采取有针对性的措施开展风险化解工作，为学生安全健康成长奠定良好基础。

(二)系统发力

学生突发事件的防范和处置仅由辅导员个人是无法完成的，需要依靠广大师生的共同努力。作为高校辅导员，要把学生突发事件的防范和处置作为重要工作，系统谋划、整体推进，建立起全员参与、全过程跟进、全方位发力的制度机制。其中，全员参与就是专任教师、党政人员、教辅人员、辅导员、班主任、全体学生、宿管员、安保人员、学生家长等，都应该纳入学生突发事件防范和处置的工作网络之中。辅导员要从建立健全工作网络的角度，梳理各方面人员在学生突发事件防范和处置中所具有的资源及所能承担的职责，厘清各方面人员的通信方式、居住地址等相关信息，并通过正式或非正式途径加强培训及沟通交流，为防范学生突发事件做好基础性工作。全过程跟进，就是辅导员要通过多种方式，全程跟进学生在学期间的安全和健康状况。辅导员要从新生入学开始就抓紧抓实安全教育、健康教育、纪律教育和法治教育，跟进学生在学期间的各方面表现情况，因事而化、因时而进、因势而新做好学生安全稳定工作。全方位发力，就是通过网格化的教育管理服务，确保学生的安全和健康，为学生发展营造风清气正的校园文化氛围。

(三)稳妥处置

高校学生危机事件的发生是长期积累的结果，危机事件的发生原因也是多方面的。辅导员处置危机事件关键是要把握好快速稳妥的原则，设身处地从学生及其家长角度出发，帮助学生及其家庭渡过难关。所谓“快速”，就是当学生危机发生后，辅导员应第一时间启动应急预案，采取有效措施进行处置，第一时间赶往现场，第一时间向上级领导及主管部门报告，第一时间联系学生家长。“稳妥”，就是要把情理法结合起来，对学生及学生家长要用心用情，从关心关爱的角度做好与学生和家长相关的各项工作。要以生命至上、健康至上为准绳，动员一切可用资源，应为学生或家长提供心理咨询和心理疏导，确保学生的安全和健康；遇到学生或家长不清楚的问题，要耐心地讲清道理，不遮掩、不逃避，以对学生负责、对家长负责、对自己负责、对学校负责、对历史负责的态度，实事求是、认真负责地开展危机事件处置；当遇到矛盾纠纷时，要通过法律途径，依法依规处理，必要时可以引入公安、司法及律师等方面的力量，以便通过客观中立的第三方进行矛盾纠纷的处理。

第三节　科研能力深化辅导员成长发展

科学研究是发现问题、分析问题并推动问题解决的重要活动，也是推动社会发展的重要创造性劳动。高校辅导员参加科研既可以为学术共同体的发展贡献力量，又可以提升自身理论素养，从而推动工作向前发展。

一、辅导员可以研究什么

研究是为了厘清真实问题、把握事物规律、推动事业发展。高校辅导员作为开展大学生思想政治教育的骨干力量，需要通过开展系统而深入的研究，才能把握学生成长规律、思想政治工作规律和教书育人规律，从而不断提高工作能力和水平，推动高校思想政治教育高质量发展。

(一)研究青年学生成长发展

高校思想政治教育从根本上说是做人的工作，必须围绕学生、关照学生、服务学生，要对青年学生有深入的了解，要把握青年学生的成长规律，要掌握新时代推动青年学生成长的新理念、新技术、新方法。在青年发展成长的研究方面，高校辅导员可选择的研究议题是很多的，例如可以研究青年个人、群体与组织的问题，可以研究青年发展的历史、现状与未来，可以研究青年的学习、工作和生活，可以研究青年的人际、情感和婚姻，可以研究高校学生的党团、班级与宿舍等。为了做好青年学生的成长发展研究，高校辅导员要结合自身工作实际加强学习，要持续深入地学习习近平新时代中国特色社会主义思想，把青年研究的前进方向聚焦于世界和中国发展大势上，把青年研究的理论阐释置于中国特色和国际比较的语境中，把青年发展的主题主线落到时代责任和历史使命的担当上，把青年发展的路径选择引领到远大抱负和脚踏实地的奋斗中。

(二)研究思想政治教育工作

思想政治教育是高校辅导员工作的底色，也是高校辅导员应该具备的基本功。高校思想政治工作关系高校培养什么样的人、如何培养人以及为谁培养人这个根本问题。辅导员开展思想政治教育研究，既可以是理论研究，也可以是实践研究，还可以开展综合研究。伟大的实践造就伟大的时代，伟大的时代产生伟大的理论，伟大的理论引领伟大的时代。习近平新时代中国特色社会主义思想特别是习近平总书记关于教育的重要论述，蕴含着丰富科学的理论内涵，体现了深邃广博的思想精髓，深刻揭示了大学生思想政治教育的内在规律，为新时代加强和改进大学生思想政治教育提供了科学指引和理论指南。① 高校辅导员应该在学懂弄通当代中国马克思主义、21 世纪马克思主义的基础上，开展高校思想政治教育研究。在开展理论研究时，既要植根于马克思主义的理论支撑，也要把握中国共产党的理论创新，同时又要扎根中华优秀传统文化，借鉴其他人文社会科学理论，守正创新推动思想政治教育高质量发展。“理论是灰色的，而生活之树常青。”从立足自身优势的角度，高校辅导员应该多结合自身工作开展实践研究。高校辅导员在开展日常学生工作的过程中，会遇到各种各样的实际问题。辅导员在解决这些具体问题的过程中，会有很多的思考，需要通过学习和研究才能消解这些问题。如果能够把解决具体问题的经验上升为工作模式的总结甚或是理论的阐释，辅导员就能很好地把辛苦转化为成果，实践的探索也就有机会上升为科学的理论。在此过程中，实践与理论形成了良性互动，共同提升了辅导员的能力和水平，进而推动辅导员的成长和发展。

(三)研究高等教育相关问题

我国高等教育肩负着培养德智体美劳全面发展的社会主义建设者和接班人的重大任务，必须扎根中国大地办好高等教育。人是生活在环境之中的，人与环境相互交融。无论是辅导员还是青年学生，都是我国高等教育的重要组成部分。辅导员为了更好地推动工作向前发展，可以结合自身的专业、兴趣和能力，就高等教育相关问题以及高校的实际运行开展研究。例如，可以就高校如何落实党的全面领导开展学生党建方面的研究，引领青年学生听党话、跟党走，积极向党组织靠拢；可以就如何推进全员育人、全过程育人、全方位育人开展“三全育人”方面的研究，从而凝聚起立德树人的工作合力；可以就如何开展新时代教育评价改革进行研究，特别是结合自身工作特点深入开展学生评价方面的研究；可以就如何推动高等教育高质量发展、办人民满意的教育角度进行研究；还可以就高等教育与经济社会发展联动的角度切入，开展更为宏观层次的研究，探讨高等教育为党育人、为国育才的方法和路径。事实上，高校辅导员只要用心思考，就一定能发现新时代高等教育许多值得研究的课题。开展这些课题研究，不仅可以为新时代高等教育的发展添砖加瓦，而且也可以丰富辅导员的知识、

① 冯刚、彭庆红等：《新时代高校思想政治教育学原理》，人民出版社 2021 年版，第 1 页。

拓展辅导员的视野、提升辅导员的工作能力，是一举多得的好事。

二、辅导员为何开展科研

就个体而言，高校辅导员开展科研工作的动因具有多样性。在人生发展的不同阶段，辅导员也会有不同的科研感悟，从事科研的内生动力也会有所差异。从个人成长和发展的角度，高校辅导员开展科研工作主要是基于解决工作问题的需要、提升专业能力的需要、推动持续学习的需要以及促成自我实现的需要。

（一）解决工作问题的需要

由于辅导员的工作面非常之广，接触到的有关学校及学生的具体问题也会非常之多。同时，又因为个人知识、认知、能力、经验等方面总会存在一定的局限，高校辅导员在日常工作中难免遇到一些困惑，甚至有些时候自己也可能陷入困顿。为了解决这些问题，高校辅导员可以向前辈或同事请教，可以寻求领导的支持和帮助，也可以通过查找资料进行经验借鉴。不管采取什么方式，最终都是为了解决工作上遇到的问题。“铁打的营盘，流水的兵”，尽管每个学生的问题可能都是不一样的，但就青年学生群体而言，就学生工作而言，开展工作还是有规律可循的。因此，结合工作开展力所能及的研究就成为辅导员解决具体工作问题、推动工作发展的实际需要了。基于工作中的具体问题开展研究，本质上是一种实践研究，是辅导员在经验总结的基础上进行的提炼和升华。结合工作开展科研，把辛苦转化为成果，把经验上升为科学，在工作中再遇到类似的问题时就可以通过知识的迁移，很快找到解决问题的方法和路径，辅导员就不会经常性地陷入紧张、困惑和迷茫的境地，对推动工作发展将起到事半功倍的效果。

（二）提升专业能力的需要

高校辅导员的专业能力既包括用专业开展实际工作的能力，也包含对实际工作开展专业研究的能力。专业能力必须有一定的专业标准，专业研究也需要在学术共同体中进行讨论、交流和传播，以得到进一步验证和拓展。科学研究在本质上是为了探索新知，推动知识的积累和社会的进步。从高校辅导员自身的成长和发展角度，辅导员需要通过专业研究、专业交流、论文发表、项目承担等方式，证明自身的专业能力和水平。从高校学生思想政治教育角度，学生思想政治教育的专业研究、高校学生工作中诸多问题的探讨，需要高校辅导员、思想政治理论课教师、党政干部等高校教育教学及管理人员的共同参与，如此才能推动高校思想政治教育守正创新发展。思想政治教育专业并不是一门流于空谈的学问，而是需要"从实践中来，又回到实践中去"的专业，理论性与实践性的结合是这门学科的重要特色。由此可见，高校辅导员应坚持在实践中研究，在研究中实践，把研究与实践统一起来，把自身成长与专业发展统筹起来。当然，高校辅导员的研究能力和专业水平，并不只是单纯通过论文、课题及获奖等就能体现出来的，科研工作在根本上是为了培养理论思维、涵养专业能力、形成专业影响，以推动事业向前发展。

(三)推动持续学习的需要

科学研究是基于学习同时又高于学习的探究活动。科学研究要基于学习，如果没有深入系统的学习，提出的问题就会非常肤浅，寻找答案的路径和方法就会流于简单，研究内容的价值也会大打折扣。因此，研究的过程就是研究人员不断问问题，不断寻找问题的原因，不断查找相关资料、深入调查研究、咨询同行专家的过程。在此过程中，辅导员的知识将得到积累，视野将得以开阔，学术影响也得以扩大。研究既要建立在既有知识的基础上，也要植根于现实问题的沃土中。这就意味着，高校辅导员在开展研究过程中，必须对与研究主题相关的知识进行梳理、整理、总结，也要结合现实问题对既有的材料、知识和理论进行分析、归纳、深化，从而使自己的知识更为系统化，使自己对问题的认识更为专业化，进而持续推动自身的成长与发展。

(四)促成自我实现的需要

马斯洛的需要层次理论认为，人除了有生理的需要、安全的需要、爱与归属的需要、尊重的需要外，还有自我实现的需要。人与动物最大的区别在于，人是有情感和思想的，能够进行自主选择，并且具有自我实现的愿望。对个人而言，无论外界有多么轰轰烈烈或翻天覆地，如果与个人没有任何联系，也就不容易引发个人心理的波澜。但是，个人总会用这样或那样的方式去追求自我的实现。对于高校辅导员来说，忙碌的事务是其工作的常态，面对青年学子各种各样的问题也是他们的日常。而从事与工作相关的科研，可以让高校辅导员跳出工作看工作，超越现象看本质，超脱现实看未来。经由科学研究这一路径，高校辅导员不仅可以在知识上、理论上、方法上不断提升自己，而且可以在视野上、格局上、情怀上不断拓展自己。如果在此基础上努力精进，则可以让自己的工作超凡脱俗，为立德树人带来新动能，在培养德智体美劳全面发展的社会主义建设者和接班人的征程中实现自身价值。

三、辅导员如何开展科研

高校辅导员要从实际出发，坚持问题导向以做实研究，追踪前沿热点以创新研究，立足专业视角以规范研究，注重以小见大以深化研究，参与学术交流以升华研究。

(一)坚持问题导向

问题是高校辅导员开展科研工作的逻辑起点。如果没有问题，研究就无从谈起。从根本上讲，高校辅导员进行科研工作，就是在精准发现问题的基础上分析问题并探寻问题解决之道。高校辅导员研究的问题，既可以是理论问题，也可以是实践问题，进而研究可以分为理论研究和实践研究。理论研究是纯理论探讨，是思辨性质的研究，是在概念、思维、思想及哲理等层面的系统性研究。实践研究是为了解决工作中遇到的问题，开展系统性的深入探讨，搞清问题的来龙去脉，厘清问题的历史、现实及未来发展趋势，寻求解决问题的方法和路径。从研究取向看，高校辅导员既可以选择理论问题进行研究，也可以结合实际工作开展实践研究。但不管是开展理论研究还是实践研究，都应该研究“真问题”，而不是“伪问题”，而且是要“真”研究“问题”。当然，从实现辅导员角色要求的角度，为更好地推动工作，还是应聚焦工作实际来开展研究，把理论与实践结合起来，才能既做到研究“真问题”，又“真”研究“问题”。

(二)追踪前沿热点

“文章因时而作”，做研究也要注重“因事而化、因时而进、因势而新”。“因事而化”就是研究要实事求是，不能空洞无物，要有实际内容，彰显客观性；“因时而进”就是要扎根伟大时代、担当时代责任，与时俱进，体现时代性；“因势而新”就是要抓住主流本质，要体现发展趋势，敢于在中华民族伟大复兴和世界百年未有之大变局中洞察先机、开拓新局，具有创新性。新时代高校辅导员在开展研究过程中，首先要学懂弄通21世纪马克思主义、当代中国马克思主义，要把学习贯彻习近平新时代中国特色社会主义思想作为一个系统工程来抓好抓实，要全面系统学、及时跟进学、深入思考学、联系实际学，为进行思想政治教育的前沿热点问题研究奠定思想基础和理论基础。其次，高校辅导员要关注形势与政策热点问题，因为形势与政策热点是全社会高度关心关注的，势必会影响到高校师生。研究形势与政策及与高校学生紧密相关的内容，既可拓展研究视野，也有利于推动工作发展。此外，高校辅导员还要跟进掌握青年学生的新问题、新思潮、新动向，注意把青年学生关注的问题、思想的动态、价值的取向等，作为前沿热点来追踪研究，以产出高质量的研究成果。

（三）立足专业视角

高校辅导员开展研究具有很强的实践优势，但科研工作必须具有一定的理论深度和系统思维。因而，高校辅导员的科研应该有专业学科的依托，要符合专业和学科的理论范式。所谓的理论范式，就是对问题进行阐释的理论框架。每一个学科、每一门专业，都需要有研究问题的特定理论范式。在此理论范式下，学术共同体成员才能进行对话和交流，学术的积累和发展才能得以延续。高校辅导员在开展研究时，应该结合自身专业背景以及所研究的问题，找到合适的理论框架，并采取与之相适应的研究方法和技术路线开展深入研究。鉴于工作对象、工作内容和工作环境等的全面性、复杂性，高校辅导员在开展研究时，往往需要采取多学科、多专业视角进行分析，这在客观上是有利于全面、系统开展问题探究的。但这也对辅导员提出了更高的要求，那就是辅导员需要多学习、多钻研，以便对相关学科具有较为深入的掌握，否则研究就将流于表面，成为“半吊子”的不同专业知识的机械组合。

（四）注重以小见大

高校辅导员开展科研工作，要注意处理好“大”和“小”的关系。一是在选题方面，要“小题大作”，而不是“大题小作”。“小题”就是选题要聚焦，不能太宽泛和发散。选题一旦宽泛就难以把握其中的精要，研究论文就无法形成自洽的体系，就只能东拼西凑，什么都写到了、说到了，但没有任何一个方面是有深度的。这样的“研究”在专业上是无法进行传播的，在知识体系上也无法形成新的贡献。而“小题大作”则与之相反，可以从小切口入手，深入地研究一个问题，聚焦其中一个方面，做深做透，探究规律性，形成系统性。二是在立意方面，要“以小见大”。在这里，“小”指的是从一个小问题入手，从一个小的方面开始着手，找到“大”的规律性、趋势性的原理、道理和机理。三是在研究负荷方面，要“从小到大”。高校辅导员开展研究，要一点一点积累，切忌“一口吃成大胖子”。写研究论文也要从小篇幅到大篇幅，从“小”文章到“大”著作，逐步树立起自身的学术自信和学术形象。

(五)参与学术交流

高校辅导员参加学术交流的方法和路径是很多的。首先，论文发表是参与学术交流最为常见的方式。高校辅导员可以把自己的科研成果凝练成论文，投稿专业期刊进行发表。不同的专业期刊有不同的风格，选题方面也会有所差异，但都对发表的论文有质量方面的要求。一般而言，言之无物、泛泛而谈、人云亦云的论文是难以发表的。事实上，从论文的投稿、按编辑要求进行修改到见刊发表有一个比较长的周期。发表的过程也就是作者与编辑、读者切磋和交流的过程，对提升研究的专业性有很好的帮助。其次，参与学术会议是进行学术交流的常态化模式。高校辅导员具有参与学术交流的天然便利条件，因为高校是学术资源密集的地方，这里专家云集，不仅校内专家多，而且还经常有校外专家来访。特别是在综合性高校，各专业学科的专家学者都有，为跨学科交流创造了条件。高校辅导员可以充分利用这些学术资源，主动参与感兴趣的学术交流活动。除了校内学术交流，高校辅导员还可以通过走出去的方式，主动参加国内国际学术交流活动，以扩大视野、提升学术水平。此外，高校辅导员还可以通过做访问学者、担任专业协会或专业学会职务等方式，积极参与到学术团体或专业组织的学习交流活动中，以更好地提升学术水平、增强学术自信、树立学术形象。

第四节　发展潜力拓展辅导员成长发展

高校辅导员队伍聚集着一批具有较高政治素质和专业能力的青年人才，他们具有较强的综合素质和理论素养，具有良好的发展后劲，是思政教师、党政干部、专业人才的有效来源。

一、辅导员是思政教师的组成部分

2019年，习近平总书记在主持召开学校思想政治理论课教师座谈会上强调，要配齐建强思政课专职教师队伍，建设专职为主、专兼结合、数量充足、素质优良的思政课教师队伍。高校辅导员作为开展大学生思想政治教育的骨干力量，可以通过担任思政专任教师、思政兼职教师、思政专题教师等方式，不断提升理论素养和教育教学水平。

(一)思政专任教师

高校辅导员具有党政管理人员和教师双重身份，同时可以在职务和职称方面双重晋升。这种双重身份为高校辅导员成为思政专任教师创造了制度条件。当然，就单个辅导员来说，要成为思政专任教师还需要符合一定的条件。首先，应取得高校教师资格证书。取得高校教师资格证书是成为高校专任教师的准入条件。如果没有获得教师资格证就“无证上岗”，这在政策上是不合规的。因此，高校辅导员如果想成为思政专任教师，应在接受培训和学习的基础上通过高校教师资格考试并取得资格证书。其次，要在学校人事归属上完成教师身份的认定。一般来说，高校人事部门会通过专门的程序来对人员编制进行认定，思政专任教师的人事关系通常归属于高校的马克思主义学院。人事部门只有通过规定的流程，把符合条件的辅导员聘任为马克思主义学院的思政专任教师，才能在人事系统方面获得专任教师身份。再次，思政专任教师需要担任专业的思政课程。这就要求辅导员必须具备思政专任教师的能力和水平，在做好日常具体的学生教育管理工作的同时，要能够承担起思政课程的教育教学工作。

(二)思政兼职教师

思政兼职教师与思政专职教师的最大不同有两点，一是在教师资格的认定方面，思政兼职教师不一定需要获得教师资格证书，而思政专职教师则须持证上岗；二是在人事归属方面，思政兼职教师的人事关系不一定归属马克思主义学院，甚至其职业也不一定是教师，只是高校为更好开展思想政治教育工作而设置的兼职岗位。尽管思政兼职教师和思政专职教师有以上方面的不同，但无论是思政兼职教师还是思政专职教师，都必须符合思想政治理论课教师的条件，做到政治强、情怀深、思维新、视野广、自律严、人格正，全面贯彻党的教育方针，坚持为党育人、为国育才。高校辅导员担任思政课兼职教师，学校需要通过一定的程序予以聘任。有的高校是由学校人事和教务部门根据学校制度规定予以办理，有的高校是通过马克思主义学院进行思政课兼职教师的聘任。高校辅导员担任思政课兼职教师必须具备思想政治理论课教师的基本条件，否则就无法发挥应有的作用。因此，担任思政课兼任教师也是辅导员提升能力和水平的有效路径与方法，有利于辅导员的成长和发展。

(三)思政专题教师

开展思想政治教育专题教育，这是高校辅导员的常态化工作。高校辅导员的教师身份，主要源于高校辅导员是开展学生日常思想政治教育的骨干力量。也就是说，高校辅导员的教师角色，主要不是因为辅导员承担了多少第一课堂的教学工作量，而是基于辅导员在日常学生教育管理工作的思想政治引领功能。由此可见，结合学生的实际和形势与政策情况开展思想政治教育专题教育，这是高校辅导员承担思政教师角色、发挥思政引领功能的主要方式。高校辅导员开展思政专题教育的形式是多样的，可以用课堂讲授的方式进行，如讲授专题党课、团课，组织主题班会、年级大会，讲授形势与政策课程，开设学生职业生涯发展、心理健康教育等课程，组织开展劳动教育、艺术教育等活动。思政专题教育是为了及时回应学生关心关切的时政热点和现实问题，讲好思政教育专题课程并不容易，需要高校辅导员认真对待、充分准备、不断积累，这也对辅导员基于日常教育管理工作不断精进提出了很高的要求。

二、辅导员是党政干部的后备力量

高校辅导员是高校、党和国家机关以及校外企事业单位党政干部的重要来源，这既为高校辅导员的成长和发展提供了可能的路径，也为各级各类组织部门提供了充足的党政干部人才储备。

(一)高校党政管理干部

高校辅导员是高校党政管理干部的重要来源，这既是制度性的安排，也是实际工作的需要。中共中央、国务院 2021 年印发的《深化新时代教育评价改革总体方案》指出，要完善学校党政管理干部选拔任用机制，原则上应有思政课教师、辅导员或班主任等学生工作经历。这是党和国家对高校辅导员成长发展的制度性安排，具有重要战略意义，充分体现了党和国家对高校思政课教师、辅导员、班主任队伍的重视和重用。高校辅导员作为直接从事学生工作的人员，他们对学生有较为深入的了解，熟悉青年学生的思想动态和行为特征，了解青年学生的实际需求和发展诉求，从优秀的高校辅导员中选拔任用党政管理干部，有利于高校落实立德树人根本任务。同时，由于高校辅导员的工作特点和对象特征，担任高校辅导员工作需要具备较强的综合素质和较好的政治素养。以上情况也表明，高校辅导员只有具备了良好的政治素质、强烈的学习劲头、较高的工作能力，才能成长为高校高水平的党政管理干部。

（二）党和国家机关干部

这里所指的党和国家机关，泛指党的机关、人大机关、行政机关、政协机关、审判机关、检察机关以及各级党政机关派出机构、直属事业单位及工会、共青团、妇联等人民团体。高校辅导员进入党和国家机关的途径主要是通过公务员考试或组织部门的选调。辅导员无论通过哪一种方式进入党和国家机关，都需要具备良好的综合素质和过人的能力水平。尤其是进入新时代，党和国家对年轻党政干部的要求越来越高。这种要求不仅体现在工作能力和水平方面，更体现在政治判断力、政治领悟力和政治执行力等方面。作为专门从事高校学生思想政治工作的专门人员，辅导员在“政治三力”以及在综合素质方面具有较强的优势，因而也受到党和国家机关组织人事部门的欢迎。

（三）企事业单位党政干部

思想政治工作是党的优良传统、鲜明特色和突出政治优势，是一切工作的生命线。中共中央、国务院 2021 年印发的《关于新时代加强和改进思想政治工作的意见》指出，要提升基层思想政治工作质量和水平，并就加强企业、农村、机关、社区、网络等方面思想政治工作提出了明确要求。做好各类群体的思想政治工作，开展思想政治引领行动，目的是把广大群众团结凝聚在中国特色社会主义伟大旗帜下。高校辅导员具有党政管理人员和教师双重身份，具有从事思想政治工作和专业工作的双重优势。在高校，有相当部分的辅导员具有与企业或事业单位相匹配的专业特长，这些辅导员在职业生涯的合适时机，通过遴选进入到企事业单位任职，可以获得成长和发展的另一片天地。

三、辅导员是专业人才的有效来源

习近平总书记在中央人才工作会议上的重要讲话中指出：“当前，我国进入了全面建设社会主义现代化国家、向第二个百年奋斗目标进军的新征程，我们比历史上任何时期都更加渴求人才。”高校辅导员队伍聚集了一批懂政治的专业人才，在符合条件的情况下也可以输送到高校、研发机构及其他相关行业的专业部门。

（一）高校专业人才

从高校辅导员制度的顶层设计看，党和政府是大力促进高校辅导员与高校专业人才融合发展的。中共中央、国务院印发的《深化新时代教育评价改革》指出，高校青年教师晋升高一级职称，至少须有一年担任辅导员、班主任等学生工作经历。高校辅导员和专业人员的融合发展，是辅导员工作领域与其他学科专业领域的双向贯通，出发点和落脚点是为了落实立德树人根本任务，培养德才兼备、全面发展的社会主义建设者和接班人。高校辅导员与高校专业人才的融合发展，一方面为高校辅导员的发展开辟了更为广阔的职业空间，另一方面也为高校相关专业领域拓展了人才来源的渠道，是一举多得的好事。高校辅导员作为高校思政专门人员，担负着青年学生日常教育管理和服务的重要职责。作为一个专门的职业领域，高校辅导员队伍也会有一个新老更迭的过程。同时，个人也会随着职业生涯发展的不同阶段面临多样选择。高校的专业人才包括各门学科的专任教师、财会人员、图书档案人员、技术人员等。在个人职业生涯发展过程中，一部分符合专业人才标准的辅导员亦有可能选择转聘到高校相应的专业岗位上。

(二)研发机构人才

研发机构人才既包括专业研究机构的人才，也包括企事业单位从事专门研究的人才。高校辅导员在自己的职业生涯发展过程中，通过探索和尝试，逐步明晰自身在研究方面的潜力和兴趣，在条件允许的情况下可以转到研发机构进行发展。高校辅导员在研发机构工作，可以进行理论研究也可以从事产品研发。作为高校最贴近学生的人，辅导员对青年学生的价值取向、思想状况、行为模式、消费偏好等具有较为全面的掌握。由于有了青年工作的经历以及思想政治工作经验，高校辅导员进入研发机构工作后，常常能够较好地从青年角度和政治高度看问题、做规划、谋发展，因而也能够比较好地从整体视角和创新发展角度来推动事业进步，这将成为高校辅导员转为研发机构人员后的特殊优势。

(三)行业专项人才

习近平总书记指出："创新驱动本质上是人才驱动，立足新发展阶段、贯彻新发展理念、构建新发展格局、推动高质量发展，必须把人才资源开发放在最优先位置，大力建设战略人才力量，着力夯实创新发展人才基础。"高校辅导员是一支素质高、能力强、业务精的工作队伍，不少行业都乐意从辅导员队伍中选拔所需的专项人才。高校辅导员可以结合个人的专长和发展规划，在条件适合的情况下参与行业专项人才的选拔，主动响应人才强国战略，根据国家发展急迫需要和长远需求，立足当代中国正在经历的变革和创新实践，心怀"国之大者"，矢志爱国奋斗，锐意开拓进取，为中华民族伟大复兴作出自己应有的贡献。

参考文献

一、著作类

[1]《马克思恩格斯选集》第 1 至 4 卷，人民出版社 2012 年版。

[2]《马克思恩格斯全集》第 23、37 卷，人民出版社 2006 年版。

[3]《毛泽东选集》第 1 至 4 卷，人民出版社 1991 年版。

[4]《毛泽东文集》第 7 卷，人民出版社 1996 年版。

[5]《邓小平文选》第 1 至 3 卷，人民出版社 1994、1993 年版。

[6]《江泽民文选》第 1 至 3 卷，人民出版社 2006 年版。

[7]《胡锦涛文选》第 1 至 3 卷，人民出版社 2016 年版。

[8] 习近平：《之江新语》，浙江人民出版社 2007 年版。

[9]《习近平谈治国理政》第 1 至 3 卷，外文出版社 2018、2017、2020 年版。

[10]《建国以来重要文献选编》(第 1 至 20 卷)，中央文献出版社 2011 年版。

[11]《十二大以来重要文献选编》(上、中、下册)，中央文献出版社 2011 年版。

[12]《十三大以来重要文献选编》(上、中、下册)，中央文献出版社 2011 年版。

[13]《十四大以来重要文献选编》(上、中、下册)，中央文献出版社 2011 年版。

[14]《十五大以来重要文献选编》(上、中、下册)，中央文献出版社 2011 年版。

[15]《十六大以来重要文献选编》(上、中、下册)，中央文献出版社 2011 年版。

[16]《十七大以来重要文献选编》(上、中、下册)，中央文献出版社 2011 年版。

[17]《十八大以来重要文献选编》(上、中、下册)，中央文献出版社

2014、2016、2018年版。

[18]《习近平总书记系列重要讲话读本》，学习出版社2016年版。

[19]《习近平关于社会主义文化建设论述摘编》，中央文献出版社2017年版。

[20]《习近平关于青少年和共青团工作论述摘编》，中央文献出版社2017年版。

[21] 中共中央宣传部：《习近平新时代中国特色社会主义思想学习纲要》，人民出版社2019年版。

[22] 中共中央宣传部：《习近平新时代中国特色社会主义思想三十讲》，学习出版社2018年版。

[23] 教育部课题组：《深入学习习近平关于教育的重要论述》，人民出版社2019年版。

[24] 教育部思想政治工作司：《大学生思想政治教育理论与实践》，高等教育出版社2009年版。

[25] 教育部思想政治工作司：《加强和改进大学生思想政治教育重要文献选编(1978—2008)》，中国人民大学出版社2008年版。

[26] 陈万柏、张耀灿主编：《思想政治教育学原理》，高等教育出版社2015年版。

[27] 陈元辉：《老解放区教育资料(一)》，教育科学出版社1981年版。

[28] 冯刚、张晓平、苏洁：《中国共产党高校思想政治教育发展史》，人民出版社2021年版。

[29] 冯刚、彭庆红、佘双好、白显良等：《新时代高校思想政治教育学原理》，人民出版社2021年版。

[30] 冯刚：《大学生思想政治教育工作概论》，北京师范大学出版社2020年版。

[31] 冯刚：《改革开放以来高校思想政治教育发展史》，人民出版社2018年版。

[32] 冯刚、高山：《新时代高校思想政治教育治理论》，中国社会科学出版社2021年版。

[33] 冯刚、彭庆红等：《新时代高校思想政治教育学原理》，人民出版社2021年版。

[34] 冯刚：《辅导员队伍专业化建设理论与实务》，中国人民大学出版

社 2009 年版。

[35] 冯刚：《改革开放 40 年高校思想政治教育编年史(1978—2018)》，北京师范大学出版社 2019 年版。

[36] 何东昌：《中华人民共和国重要教育文献(1949—1975)》，海南出版社 1998 年版。

[37] 黄希庭、郑涌：《心理学十五讲》，北京大学出版社 2005 年版。

[38] 李才栋：《中国教育管理制度史》，江西教育出版社 1996 年版。

[39] 刘一凡：《中国当代高等教育史略》，华中理工大学出版社 1991 年版。

[40] 芮明杰：《管理学：现代的观点》，上海人民出版社 2021 年版。

[41] 沈壮海、王培刚、段立国：《中国大学生思想政治教育发展报告 2015》，北京师范大学出版社 2016 年版。

[42] 郑杭生：《社会学概论新修(精编本)》，中国人民大学出版社 2015 年版。

[43] [美]罗伯特·希斯：《危机管理》，王成等译，中信出版社 2004 年版。

[44] [美]艾里希·弗洛姆：《存在的艺术》，上海译文出版社 2019 年版。

[45] [美]罗纳德·英格尔哈特：《发达工业社会的文化转型》，社会科学文献出版社 2013 年版。

[46] [美]道格拉斯·肯里克、史蒂文·纽伯格、罗伯特·西奥迪尼：《西奥迪尼社会心理学》，谢晓非等译，北京联合出版公司 2017 年版。

二、期刊类

[1] 陈帅、叶定剑等：《高校辅导员谈心谈话长效机制探析》，载《学校党建与思想教育》，2020 年第 6 期。

[2] 陈勇、朱平：《高校辅导员“双重身份”的现实与未来》，载《思想理论教育导刊》，2016 年第 10 期。

[3] 代玉启、李济沅：《网络社会青年信仰功利化风险及其化解举措》，载《中国青年研究》，2020 年第 1 期。

[4] 冯刚、严帅：《新时代大学生思想政治教育工作质量评价的方法和路径》，载《国家教育行政学院学报》，2019 年第 5 期。

[5] 冯刚、王莹：《习近平总书记关于时代新人重要论述的基本内涵与时代特征》，载《湖南大学学报(社会科学版)》，2021 年第 35 期。

[6] 冯刚：《高校辅导员队伍专业化、职业化建设的发展路径——〈普通高等学校辅导员队伍建设规定〉颁布十年的回顾与展望》，载《思想理论教育》，2016 年第 11 期。

[7] 冯刚：《互联网思维与思想政治教育创新发展》，载《学校党建与思想教育》，2018 年第 3 期。

[8] 冯刚：《坚持思想政治教育热点研究的实践导向》，载《思想理论教育》，2020 年第 3 期。

[9] 冯刚：《深化新时代高校辅导员队伍专业化职业化建设的逻辑理路》，载《高校辅导员》，2021 年第 2 期。

[10] 冯刚：《深化新时代高校辅导员队伍专业化职业化建设的逻辑理路》，载《高校辅导员》，2021 年第 2 期。

[11] 冯刚：《在遵循规律中提升思想政治工作质量》，载《思想教育研究》，2017 年第 4 期。

[12] 金芳芳、施慧慧等：《"守门人"理论视角下高校辅导员队伍建设》，载《高校辅导员学刊》，2020 年第 6 期。

[13] 孔夏萌：《大学群体文化博弈中的辅导员角色定位——从角色尴尬到身份认同》，载《江苏高教》，2019 年第 1 期。

[14] 李辉、孙晓晖：《精准思政：必要与可行》，载《思想教育研究》，2020 年第 6 期。

[15] 李辉：《思想政治教育创新的时间维度》，载《教学与研究》，2019 年第 5 期。

[16] 李济沅、蔡文舢：《高校辅导员思想政治教育亲和力彰显的省思》，载《高校辅导员学刊》，2019 年第 4 期。

[17] 刘润：《美日高校学生危机管理的启示》，载《高校辅导员学刊》，2018 年第 6 期。

[18] 楼艳：《高校辅导员职业角色定位的再认知》，载《学校党建与思想教育》，2021 年第 13 期。

[19] 罗公利、聂广明、陈刚：《从国际比较中看我国高校辅导员的角色定位》，载《中国高等教育》，2007 年第 7 期。

[20] 马元方：《对高校辅导员队伍职业化与专业化建设的再思考》，载《毛泽东思想研究》，2009 年第 7 期。

[21] 漆小萍：《中外大学生危机事件管理的比较》，载《思想政治教育研究》，2008 年第 3 期。

[22] 佘双好、罗佳：《新中国成立以来思想政治教育模式的创新发展》，载《理论与评论》，2020 年第 2 期。

[23] 王胡英、黄核成：《论我国高校辅导员的角色演变》，载《中国青年政治学院学报》，2012 年第 4 期。

[24] 王晶梅：《试论高校思想政治理论课案例教学中师生的心理契约》，载《思想理论教育导刊》，2010 年第 12 期。

[25] 王帅：《改革开放以来影响大学生思想热点发展演进的四重因素》，载《学校党建与思想教育》，2019 年第 10 期。

[26] 韦幼青：《高职院校辅导员职业化、专业化建设路径探索》，载《湖南工业职业技术学院学报》，2013 年第 3 期。

[27] 邬小撑：《新时代高校辅导员专业化发展指向论析》，载《思想理论教育》，2021 年第 5 期。

[28] 吴惠：《辅导员在班集体建设中的角色转换及策略分析》，载《思想理论教育导刊》，2009 年第 9 期。

[29] 徐璐、杨湘弘：《基于交往实践观的高校网络思想政治教育图式构建》，载《学校党建与思想教育》，2021 年第 12 期。

[30] 徐兴丽、陈华桂：《从辅导员工作的角度谈大学生危机事件管理的预防策略》，载《思想教育研究》，2009 年第 S1 期。

[31] 杨增岽：《论新时代网络思想政治工作的根本遵循——学习习近平关于网络工作的系列重要论述》，载《思想理论教育导刊》，2020 年第 1 期。

[32] 于正伟：《辅导员在校园危机处理中的角色定位》，载《高校辅导员学刊》，2011 年第 4 期。

[33] 张斌、骆郁廷：《大学生日常思想政治教育长效机制的构建》，载《思想教育研究》，2010 年第 2 期。

[34] 张新平、王宇凡等：《努力成为学生喜欢"骚扰"的对象——辅导员与学生谈心谈话的技巧与体会》，载《高校辅导员》，2020 年第 2 期。

[35] 郑永廷、林伯海：《教书育人规律及其遵循对策研究》，载《思想教育研究》，2017 年第 6 期。

[36] 郑永廷：《高校辅导员工作专业化的任务与实现方式》，载《高校辅导员》，2010 年第 1 期。

[37] 郑永廷：《思想政治教育基本规律研究——马克思主义唯物史观的科学揭示》，载《思想理论教育导刊》，2001 年第 1 期。

[38] 周作福：《改革开放以来大学生思想政治教育政策设计的内涵及演进》，载《学校党建与思想教育》，2021 年第 1 期。

[39] 朱平：《高校“三全育人”体系协同与长效机制的建构——以全员育人为中心的考察》，载《思想理论教育》，2019 年第 2 期。

三、报纸类

[1]《习近平在全国高校思想政治工作会议强调：把思想政治工作贯穿教育教学全过程开创我国高等教育事业发展新局面》，载《人民日报》，2016 年 12 月 9 日。

[2]《习近平在全国教育大会上强调：坚持中国特色社会主义发展道路培养德智体美劳全面发展的社会主义建设者和接班人》，载《人民日报》，2018 年 9 月 11 日。

[3]《习近平主持召开学校思想政治理论课教师座谈会强调用新时代中国特色社会主义思想铸魂育人 贯彻党的教育方针落实立德树人根本任务》，载《人民日报》，2019 年 3 月 18 日。

[4]《习近平在庆祝中国共产党成立 100 周年大会上的讲话》，载《人民日报》，2021 年 7 月 2 日。

[5]《习近平在中共中央政治局第三十一次集体学习时强调用好红色资源赓续红色血脉 努力创造无愧于历史和人民的新业绩》，载《人民日报》，2021 年 6 月 27 日。

[6]《习近平在党史学习教育动员大会上强调 学党史悟思想办实事开新局 以优异成绩迎接建党一百周年》，载《人民日报》，2021 年 2 月 21 日。

[7]《中共中央国务院印发〈关于加强和改进新形势下高校思想政治工作的意见〉》，载《人民日报》，2017 年 2 月 28 日。

[8]《中共中央国务院印发〈深化新时代教育评价改革总体方案〉》，载《人民日报》，2020 年 10 月 14 日。

[9] 刘延东：《深入推进创新创业教育改革　培养大众创业万众创新生力军》，载《中国教育报》，2015 年 10 月 26 日

[10] 范绪锋：《永葆生机的“双肩挑”——写在清华大学学生政治辅导员制度走过 50 年之际》，载《中国教育报》，2003 年 11 月 16 日。

后　记

高校辅导员作为大学生成长发展的指导者和引路人，肩负着落实立德树人的根本任务，其专业化职业化建设一直是高校思想政治工作关注的重要内容。进入新时代，高校思想政治工作经历了从教育理念到教育方式再到教育评价的一系列深刻变革，国家社会发展的现实情景赋予了高校思想政治教育新内涵、新使命、新要求。辅导员是中国特色社会主义高等教育的重要组成部分，是加强和改进大学生思想政治教育的重要力量，是培养德智体美劳全面发展的社会主义事业建设者和接班人的重要保障，其专业化职业化水平应伴随社会历史进程不断进步、不断完善、不断提升。为了进一步推进辅导员队伍建设，提升高校辅导员工作质量，我们特组织全国知名高校思想政治教育与学生工作部门的负责同志及有关专家学者编写了《新时代高校辅导员工作十讲》一书。

《新时代高校辅导员工作十讲》一书由教育部思政司原司长、北京师范大学思想政治工作研究院院长冯刚教授负责策划和整体设计，并担任主编。经过多次研讨和认真准备，编写工作于2021年10月正式启动。全书具体分工如下：前言(冯刚)、第一讲(周作福)、第二讲(蒋利平)、第三讲(布超)、第四讲(马天威)、第五讲(刘宏达、吴光梅)、第六讲(刘宏达、楚亚萍)、第七讲(金芳芳)、第八讲(王洁松)、第九讲(严帅、冉欣)、第十讲(钟一彪)。冯刚、刘宏达、钟一彪、马天威、周作福、刘嘉圣等负责全书统稿工作。胡忠浩、徐小强、吴放、李树学、孙贝、陈梦霖、杨小青、王天玲等负责相关文献整理和资料收集工作。

本书编撰过程中，除经典著作外还参考了大量专家学者的研究成果，在此深表感谢！文中采用脚注方式进行了标明，还在书末列出了主要参考文献。因时间有限、工作量较大，本书肯定有疏漏和不足之处，恳请读者批评指正。

编者

2022年4月

图书在版编目(CIP)数据

新时代高校辅导员工作十讲/冯刚，刘宏达主编. —北京：北京师范大学出版社，2022.8（2022.11重印）
ISBN 978-7-303-27983-8

Ⅰ. ①新… Ⅱ. ①冯… ②刘… Ⅲ. ①高等学校－辅导员－工作－研究 Ⅳ. ①G645.1

中国版本图书馆 CIP 数据核字(2022)第 129730 号

营销中心电话 010-58805385
北京师范大学出版社
主题出版与重大项目策划部 http://xueda.bnup.com

XINSHIDAI GAOXIAO FUDAOYUAN GONGZUO SHIJIANG
出版发行：北京师范大学出版社 www.bnupg.com
北京市西城区新街口外大街 12-3 号
邮政编码：100088
印 刷：北京盛通印刷股份有限公司
经 销：全国新华书店
开 本：710 mm×1000 mm 1/16
印 张：18.75
字 数：300 千字
版 次：2022 年 8 月第 1 版
印 次：2022 年 11 月第 2 次印刷
定 价：58.00 元

策划编辑：祁传华 责任编辑：祁传华
美术编辑：王齐云 装帧设计：王齐云
责任校对：陈 民 责任印制：赵 龙